THE HAPPY BRAIN

別讓大腦不開心

The Science of Where Happiness Comes From, and Why

神經科學家告訴你「快樂」的祕密，讓我們打造更美滿的生活

迪恩・柏奈特
Dean Burnett——著
鄧子矜——譯

獻給每個買這本書的人，這是你自己犯的錯。

目次

Contents

引言 007
第一章 腦中的快樂 011
第二章 世上只有家最好 053
第三章 工作讓你的腦快樂 085
第四章 快樂來自於他人 121
第五章 性、愛、狂歡 161
第六章 你該笑一下 207
第七章 快樂的黑暗面 247
第八章 生命各階段中的快樂 287
結語 327
致謝 334
註釋 337

引言

就如同某位充滿智慧的哲學家所說的：「快樂啊快樂！是我得到的最棒天賦。」我想是亞里斯多德，或是尼采？聽來就像是他會說的話。但其實誰說的並不重要，重要的是這句話有道理：快樂的確重要。

有能讓每個人都快樂的事物嗎？為什麼不同的人因不同的事物感到快樂？或是在不同的時間感到快樂？快樂的要點是什麼？有這種要點嗎？我對這些問題感興趣是因為我得寫第二本書，但是對於內容卻是半點想法也沒有。我問了一些人，得到的建議都不同，但是他們最後都說：「寫些會讓你快樂的東西吧。」身為一板一眼的科學家，我開始尋找答案，「什麼讓人快樂？」然後找到了成堆的管理風尚和技術、一派胡言的哲學理論、自助手冊、教人生活的導師和大師。他們說的話全都含含混混，也堅稱自己完全知道讓人快樂的祕密，不論對象是誰都管用。其實我根本懶得理會他們，但是這些「祕密」幾乎都不相同，表示其中有許多都是廢話。

舉個適當的例子，惡名昭彰的英國報紙《每日郵報》（*Daily Mail*）有些新聞標題是這樣的：「錢不重要，性和睡才是快樂之源」、「快樂之源？從年薪五十鎊開始」、「為什麼快樂的祕密是有三十七件衣物可穿？」、「把自己當成嬰兒對待是快樂之源嗎？」、「年過五十五的快樂訣竅？買個新寵物、單日小旅行、每個月到酒吧午餐一次」、「快樂的泉源？在街頭免費發放糕點」等，你想怎樣都可以！

不過更讓人惱怒的，對我這樣的神經科學博士、科學作家、顯然對於主流腦科學新聞充滿善意的人來說，這些所謂的祕密，往往引用到我專長領域中的知識，不然就是一直提到聽起來可靠、實際上並沒有特別意義的腦部相關詞彙，例如「多巴胺」（dopamine）、「催產素」（oxytocin）和「情緒中樞」（emotion centre）等，好支持新聞中所宣稱的內容。對於經驗豐富的神經科學家來說，能夠輕易地看出有些只是借用了那些神經科學領域的名詞，好讓自己的想法可信，而非了解這些詞彙實際應用的意義。

然後我就想，如果要了解我所研究的領域，至少要費點心力學習吧。當然腦部並不完美，這點我比你還要清楚，但是那依然是人類所研究的對象中最為奇妙與複雜的。並非只靠兩行含糊籠統的新聞標題，或是一些聽起來好厲害的科學辭彙，就能夠真正解釋腦部怎樣產生快樂，應該要一整本書才行……

這就是我逐漸領悟到的事：我該寫本書！寫一本書談腦部處理快樂的科學基礎，你現在就拿著這本書。因為如果有件我該做的事，那就是採取極端手段解決那些牢騷與不滿，縱使那些引發牢騷的人完全不知道我的存在。

所以我就寫了本書，說明快樂及腦中的快樂如何出現。什麼事物會引起快樂？怎麼引起的？我們的腦為什麼會那麼喜歡某些事物？但是不喜歡其他的？許多人宣稱有特定能夠讓人快樂的方式，就像是輸入密碼便能登入銀行帳號般。真的有這類方法嗎？永恆的快樂真的存在嗎？或是真的令人嚮往嗎？多年來每天都體驗到相同的事情，應該會讓人瀕臨瘋狂邊緣，而非得到永遠的滿足吧？我們還有其他許多問題。

但是從有那麼多各式各樣所謂的「快樂祕密」，可以得到一個非常清楚的結論：快樂毫無疑問是非常主觀的。對於哪些事物讓我們覺得快樂，或是自認為會讓人快樂的事物，例如財富、名聲、愛情、性愛、權力、歡笑等，我們都有不同的見解，而且只有自己才知道哪些真的會讓自己快樂。因此我想在本書收錄一些過著不同生活的人所抱持的想法，看看是哪些事物讓他們快樂（或不快樂）。我訪問了舞台和電影明星、百萬富翁、頂尖科學家、媒體記者、鬼魂獵人，還有某人……這樣說好了，在之前的各種研究工作當中，我從未聽到「性愛地下室」（sex dungeon）那麼頻繁與自由地使用過。

不過我得先提醒你，這可不是本自助書，或是能夠讓你的生活過得更快樂美滿等相關的內容。我只是好奇腦及腦的種種功能，其中一件功能便是讓人有快樂的感覺。我想要盡其所能解釋這個腦是怎麼完成這件事的。我希望這能夠讓你快樂。但是如果你不快樂，我也能夠了解。

當你讀完這本書，你也會了解的。

第一章

腦中的快樂

你會想要塞進一根大管子裡面嗎?頭先進去。

還不需要回答，因為狀況可能更複雜。

你願意從頭先開始，塞到一個大管子中，這根管子冰冷又密閉，而且在管中不能移動，每次要待幾個小時?這根管子還會發出巨大的噪音，嘈雜尖銳，還夾雜像是憤怒的金屬海豚所發出的尖嘯。

對於這個問題，大部分的人在找到現場負責主管前，會回答「不要」。但是想像一下，有些人不僅同意進去，甚至是自願進入!而且一而再、再而三地進去。到底什麼樣的人會幹這種事?

嗯，就是我，我進去那個管子許多次，如果有需要我會再進去。我並不是個怪人，也沒有什麼不可思議的奇特戀物癖，就只是個神經科學家、熱心研究腦部的人及科學狂熱者，因此曾自願參加各種神經科學與心理學實驗。到了第二十一世紀，許多相關的實驗開始利用到功能性磁振造影（fMRI）研究腦袋。*

磁振造影（Magnetic Resonance Imaging）是個複雜的尖端科技，利用強大的磁場、無線電波，以及其他魔法般的科技，顯現出人類身體中的清晰影像，如折斷的骨頭、柔軟的腫瘤組織、肝臟上的損傷，可能還有外來的寄生蟲。

閱讀仔細的讀者或許會注意到我說的是功能性磁振造影。其中這個「功能性」很重要，指的是這種看視身體內部的磁振造影，能夠用來觀察運作中的腦部活動，讓人目睹腦中無數神經元彼此的交互作用。聽似沒什麼了不起的，不過這種細胞活動正是人類心智與意識的基礎，就像身體是由許多細胞組成的（細胞以複雜的方式連接構成組織，組織以複雜的方式連接形成器官，器官組合在一起成為能夠運作的實體，那就是你）。從科學的角度來看，這相當重要。

但是，我幹嘛要告訴你這些？我們不是應該要研究快樂是打哪兒來的嗎？描述高科技神經造影技術的細節和這個主題有啥關係？嗯，如果我否認談談這個複雜的神經造影技術讓我覺得快樂，就是在說謊，不過還有其他更簡單的理由。

你想知道快樂是怎麼來的？那好，快樂是什麼？是一種感覺，是一種情緒，是一種心情，是一種心理狀態，抑或是某種「這類」的玩意兒。不論你對快樂的定義是什麼，都非常

---

*當然，我這樣描述只是為了喜劇效果。你可以巧妙地使用語言，將日常之事描述得非常恐怖，例如：「你願意把全身衣服脫光，塞到一個高科技棺材中，讓裡面發出的有害輻射線照射你嗎？」而這描述的其實只是廣受歡迎的日曬機罷了。

難以否認快樂這種東西是由腦部產生出來的。所以我們說快樂來自於腦部，然後用一頁的篇幅說明這件事，可以嗎？

不可以。從技術上來看，說快樂源自於腦部並沒有錯，但這樣的敘述根本毫無意義。因為照這種說法，所有東西都來自腦部，人類所感知、記憶、思考與想像的東西全都來自腦部。人類生活中的每個面向在某種程度上都和腦有關。腦的重量只有一、兩公斤，但所負責的工作卻多到誇張，其中包含數百個不同的部位，而且在一秒之中便能處理數千件不同的事務，讓我們體驗到豐富的生活細節，並且認為這是理所當然的。所以我們當然可以說快樂源自於腦部，但這就像是問南安普頓（Southampton）在哪裡時，回答說「在太陽系」。是沒錯，但是沒有解決根本問題。

我們真正需要知道的是快樂源自於腦中的哪個部位。哪個部位產生了快樂的感覺？哪個區域鞏固強化了快樂？哪個區域辨識出引發快樂的事件。因此我們需要看看處於快樂中的腦袋發生了哪些事。這個工作並不簡單，如果想要完成這件大事，你需要能夠呈現腦部細膩影像的成影科技，也就是功能性磁振造影。

看吧，我就說這兩者有關。

但是很不幸，要進行這項特殊實驗，得先搬開幾個大石頭。

首先，完善的功能性磁振造影機器重達數公噸，要價數百萬英鎊，產生的磁場強度能將鐵製辦公椅高速拉動，速度足以致人於死。就算能夠接觸到這座超級機器，也不知道如何操作。我雖進去功能性磁振造影儀器多次，但並不表示我能夠控制這個龐然大物，就像是我累積了許多飛航旅程，並不表示我能夠開飛機。

我從事的神經科學研究是用行為學的方式探索記憶的形成。[1]這聽來好像很厲害、很複雜且充滿細節，但是大部分的工作是打造複雜（但便宜）的迷宮，讓實驗室動物在裡面穿梭，並且觀察牠們怎麼抵達終點。這些事情都很有趣，但是這表示大家並不相信我會使用比美工刀還要危險的工具，而且我在使用時大家都會離開房間，留下我一人，以免受到意外波及。功能性磁振造影儀器這樣精密複雜的儀器，不會有人讓我使用的。

不過我運氣很好，住的地方鄰近卡地夫大學腦部研究影像中心（Cardiff University Brain Research Imaging Centre），而且自願擔任各種研究的受試者。我在卡地夫大學心理學研究所完成博士班時，這座研究中心興建完成，畢業後開始正式運作。真要我老實說，這個時間點讓人覺得學校真是心胸狹窄，好像整個研究所都在說：「這傢伙走了，很好，現在我們可以開始使用新儀器了。」

如果想要從事最尖端的人類腦部運作研究，卡地夫大學腦部研究影像中心是個好地方。

再者我還有更走運的地方：我有些朋友在中心工作，其中一位是克里斯．錢伯斯（Chris Chambers）教授，他是腦部成像技術的頂尖專家與研究人員。他很樂意與我見面，討論要如何在腦中找出快樂所在的位置。

不過，我們見面是為了討論工作，而非瞎聊。若我要說服一位教授讓我使用他超昂貴的機器來進行私人研究，好知道腦部如何處理「快樂」，那麼我需要在事前好好下功夫鑽研。例如科學研究已經知道了哪些結果，或是目前的推論是什麼。

來自化學反應的快樂

如果你想知道腦中的哪些玩意兒和快樂有關，就得思考腦中的那些「玩意兒」本身是什麼。

雖然腦部通常被視為一個完整的器官（而且是不太好看的器官），不過腦可以分為許多個別部位。*腦有兩個半球（左腦半球與右腦半球），各有四個不同的「葉」（lobe）：額葉（frontal lobe）、頂葉（parietal lobe）、枕葉（occipital lobe）、顳葉（temporal lobe），每個「葉」又可再細分成許多不同的區域與「核」（nuclei）。這些部位全都由稱為神經元（neuron）的腦細胞及其他支持神經元運作的膠細胞（glia）組成。每個細胞基本上都由複雜的化合物組成。所以可以這麼說，腦就像是其他絕大部分的器官和生物一樣，是一大團化合物。雖然這些化合物的關係複雜到爆，但也就只是化合物。

說實話，我們可以繼續分解下去，把化合物分解成原子，把原子分解成電子、質子與中子，然後再細分成膠子（gluon）什麼的。在深入鑽研組成物質的基本成分時，最後遇到的是複雜的粒子物理。不過，那些腦會用以完成任務的化合物，重點不在於這些化合物的物理結構，也就是說那些化合物的功能不是組成細胞，而是要「動起來」的角色。這些化合物是神經傳遞物（neurotransmitter），在腦部功能中位居樞紐地位。如果你在找尋腦中最簡單、最基本卻依然與人類感覺和思考關係密切的成分，那就是神經傳遞物。

腦由大量神經元組成，結構極度複雜。腦進行的活動或產生的結果，都來自於神經元活動的模式。稱為「動作電位」（action potential）單一個電化學訊號，如同脈衝在神經元上移動，到了這個神經元的末梢時，再傳遞給下一個神經元，直到抵達目的地為止。可以想像成一股電流從發電廠傳出來，抵達到你床邊的小燈。對於沒有實體的東西要行進那麼長的距

---

*只是，你絕對不可以真的把腦部分解成各個組成部位，因為這會讓人當場死亡，而你也會判終身監禁。

離，其實相當厲害，但是因為太常發生了，所以我們都不會這樣想。

這些訊號（動作電位）的模式與傳輸頻率，變化非常大，接力傳送這些訊號的神經元串可以很長，而這些神經元可能還長出了無數的分支，連接腦中各個最細微的部位，好組成數十億種模式，進行數十兆次計算，腦的威力便是這樣出現的。

我們別離題太遠。訊息從一個神經元傳遞到另一個神經元的那個位置至關緊要。兩個神經元連接的位置是突觸（synapses），不過說「連接」有點奇怪，因為實際上並沒有真正接觸到，突觸本身是兩個神經元間的空隙，而非某種「物體」。那麼，如果兩個神經元之間沒有實際接觸，訊息怎麼從上一個神經元傳遞至下一個神經元呢？

這就是神經傳遞物上場的時候了。當訊號進行到上一個神經元的末端，會讓神經元把神經傳遞物噴灑到突觸中，這些神經傳遞物會和下一個神經元上的受體反應，激發那個神經元產生訊號，然後接力傳到下一個神經元。

想像在中世紀的軍隊中，斥侯發出重要訊息給位於總部指揮官的過程。訊息寫在一張紙上，一個士兵攜帶著步行傳遞。士兵走著走著遇到河流，他必須把訊息傳到對岸的軍營，這時可以將紙綁在箭或火箭上，射到對岸，對岸的士兵撿到後會繼續傳下去，直到訊息抵達總部為止。神經傳遞物就是那些箭。

腦中有各式各樣的神經傳遞物，特定的神經傳遞物對於「下一個」神經元的活動與行為會有顯著的影響。假設那個神經元的細胞膜上有相關的各種受體，神經傳遞物則要連接到特定的受體上才能引起受體的反應，有點像是鑰匙和鎖之間的關係。回到那個士兵的比喻方式：訊息是由密碼寫成的，只有友軍才能夠解讀其中的意義。

訊息中包含的指令也是各式各樣：攻擊、撤退、重整軍力、左側防禦等。神經傳遞物代表的意義也有這樣的變化。有些神經傳遞物可以增加訊息強度，有些則會削減強度或甚至讓訊息終止，有些會引起不同反應。承載訊息的是細胞，並非不具生命力的電線。細胞能夠產生的反應是多樣的。

在這種配置之下，腦通常在特定的部位使用特定的神經傳遞物，讓該部位有特定的角色與功用。說到此，你是不是想說可否有一種神經傳遞物是負責用來產生快樂的化學成分呢？聽起來似乎令人驚訝，但這個想法和事實相去不遠，的確有數種神經傳遞物與快樂有關。

多巴胺顯然是其中之一。在腦中，多巴胺這種神經傳遞物具備了多種功能，但是最為人熟知也研究得最透徹的，是在報償與愉悅中所扮演的角色。[2]在中腦邊緣報償路徑（mesolimbic reward pathway）中，多巴胺是支持所有活性的神經傳遞物，因此這個路徑有時也稱為多巴胺報償路徑（dopaminergic reward pathway），好明指出這一點。當腦察覺到你做了它所認同的事（渴的時候喝水、逃離致死的狀況、和伴侶性接觸等），便會釋放多巴胺，引起短暫且強烈的愉悅感，好獎勵這些行為。愉悅感讓你快樂，對吧。多巴胺報償路徑就是腦中負責這件事的部位。

也有證據指出，若是意外的體驗或回報，也會影響多巴胺的釋放量。如果愈出乎意料之外，我們愈喜歡，這可能和腦中所釋放的多巴胺多寡有關。[3]意料中的回報只能引發少量多巴胺釋放，接著慢慢減少。但是意料之外的回報則會提高多巴胺的釋放量，並且增加釋放的時間。[4]

就以實際的情況來說，你在發薪日看到薪水準時入帳，這是意料之中的回報。但如果你在舊褲子中發現二十英鎊，這是意料之外的回報。後者的金額雖少，但由於是意料之外的，帶來的報償感反而更高。就目前所知，這是因為釋放更多的多巴胺所造成的結果。[5]同樣的，如果預期中的報酬沒有出現（例如發薪日時薪水沒有撥到銀行帳戶中），會讓多巴胺的釋放量減少，而讓人感到不悅且沮喪。顯然多巴胺是人類享樂感覺中不可或缺的一部分。

但就如同之前提及的，產生愉悅感和報償感，只是多巴胺在腦中所發揮的多種功能之一。在愉悅感的產生過程中，或許還有其他的化合物扮演了更為獨特的角色。

當然有，腦內啡（endorphin）這種神經傳遞物，是各種引發愉悅感覺化合物中的老大。不論是因為吃了巧克力，還是有了性高潮，腦內啡能夠讓你產生暈眩並瀰漫全身的強烈溫暖感。[6]

腦內啡的力量不可低估，海洛因和嗎啡等鴉片類藥物之所以效力猛烈，在於它們能夠刺激腦中和身體裡的腦內啡受體。[7]這種藥物顯然能夠帶來愉悅的感覺（所以使用這些藥物的人數多到嚇人），但是顯然也會讓人衰弱。有些正處於鴉片類藥物帶來快感的人，只是呆呆看著天空、不時流出口水而已。有些估計指出，海洛因所引起的快感，僅天然腦內啡的兩成。在人類腦中的那個成分，效力是最強力毒品的五倍！人類就是這麼厲害。

對於追求快感者來說無異是個壞消息，但對於人類全體而言，腦部對於腦內啡的使用非常謹慎，則是個好消息。通常在遭受到嚴重疼痛和壓力時，腦部才會釋放出腦內啡。一個同時有疼痛與壓力的絕佳範例，是生孩子的過程。

對於生產過程，母親會使用的詞包括「有如奇蹟」、「不可思議」、「太驚奇了」等，但是絕少聽到有人說「愉快」。雖然生產的過程會為母親身體帶來絕大的負擔，但是她們依然撐了過去，並且願意再次承擔。這是因為人類女性在演化過程中，得到了許多有助於推動生育過程的適應特性，其中之一就是在這個過程中會生產並釋放大量腦內啡。

這個時期腦部釋放腦內啡，以減緩疼痛，並且避免疼痛嚴重到讓心臟停止跳動的程度（這種情況是有可能發生的[8]）。在生出孩子時幾乎神智失常的快樂狀態，極有可能也是由腦內啡造成的（當然也有可能是因為解脫了）。幸好有腦內啡，不然已經讓人筋疲力盡的生產過程可能會更難受。

這是個極端的例子。其他讓你遭受到極大疼痛和壓力的狀況，都會引發腦內啡的釋放（例如身為男性卻要告訴母親生產的過程可能會更難受）。身體遭受了讓體能付出到達極限的狀況就是。馬拉松跑者說會有所謂「跑步者的愉悅感」（runner's high），這是在體能極度透支後，腦部放大絕，把所有的痛苦全幹掉了。

因此有人說腦內啡的功用不是引起愉悅感，而是消除疼痛。把腦內啡貼上「引起愉悅感」的標籤，就像是在消防車上貼「讓東西變濕的機器」，這的確是事實，但並不是消防車的真正目的。

有些人認為，高到能夠檢測到的腦內啡濃度，功能是減輕疼痛，這時腦內啡發揮的功效顯而易見。[9]證據指出腦內啡濃度低時，有其他更為基本的功能，可協助調節行為與工作安排。腦內啡系統能夠與負責調節壓力和動機的神經系統產生複雜的交互作用，[10]進而讓我們知道哪些事情是已經「完成」的了。在從事重要工作時，你會有壓力，在完成該項工作後，腦部會分泌少量腦內啡，好產生「做好了、該幹其他事」的感覺。這時腦內啡並不會真的引發愉悅感，但是能夠幫助減少壓力，因此也和幸福快樂的感覺有關。[11]這裡腦內啡維持快樂的方式是在於避免壓力。

不過，解釋多巴胺和腦內啡的功能時，還有一個問題：我們事先假定了「快樂」和「愉悅」是同一件事。當然有愉悅的感覺會導致快樂（甚至一般說來應該如此），但是真正的快樂應該不只有愉悅的感覺，真正的快樂應該還需要其他更多條件。生活並不是只由一連串極樂時刻所組成。快樂也和知足、滿意、愛、關係、家庭、動機、福祉，以及許多能在臉書上見到的迷因字眼有關。是否有某種化合物能夠支撐這種更為「深刻」的感覺？可能有吧。

其中之一的候選者是催產素。催產素有著非凡的名聲，往往被冠上「愛情激素」或「擁抱激素」的稱號。雖然這些稱號是現代媒體取的，不過人類是非常善於交際的物種，總是需要與其他個體間有著活躍的社會關係，才會感覺到快樂。這些關係愈是親近與強烈，就愈為重要。在情人、親屬、摯友間密切的關係，能夠讓人長期感覺快樂。催產素顯然參與了這些關係。

再次回到生孩子的過程。我們很清楚在分娩和哺乳的過程中，催產素會大量分泌，[12]旋即讓母親與嬰兒間建立起親密的連結，這是各種個體間關係中最為重要的。同時催產素還會刺激乳汁分泌，並存在於母乳之中。[13]不過，催產素也涉及了其他的不同狀況：性興奮、性反應、壓力應對、社會互動、生殖能力，無疑還有其他更多狀況。

因此催產素會造成許多彆扭的後果。舉例來說，催產素對於社會關係的形成與強化非常重要，但是在性交時也會大量分泌，因此人人皆知所謂「做愛不戀愛」的關係往往難以維持（也就是朋友之間有性關係，但是不受到戀愛關係與承諾的束縛）。正是因為催產素的作用，性行為基本上會改變你對性伴侶的感覺，讓單純的身體吸引力轉變成真正的情愛與渴望。催產素讓「做愛」變成「促成愛情」。

雖然催產素對於女性的影響較為深遠，但是對於男性依然有影響。舉例來說，有項研究指出，如果給予已經有對象的男性催產素，會讓他和有魅力的女性保持距離，但在單身男性上就不會有這種效果。[14]該研究的結論是，催產素增加會強化男性對於伴侶的忠誠度，使得男性對於會干擾伴侶關係的行動更為警覺、對於與其他不熟美女互動時會更小心翼翼，特別是還有其他人在場時。基本上我們可認為催產素強化了情侶關係，但是這樣的關係並不是催產素造成的，因為給單身男性催產素是不會造成類似效果的。

雖然還有其他可提之事，不過重點在於催產素對於腦部的愛情、親密關係、信賴、友情和社會關係體驗而言，居於樞紐的地位。除了最憤世嫉俗的人，都會同意這種化合物對於永恆的快樂來說是必要的。那麼，催產素就是快樂之源嗎？

不全然是。催產素就像是大部分的事物，具備了正反兩面。舉例來說，你和個體或群體間的社會關係加強了，也會增加你對這種關係外其他個體的敵意。有項研究指出，給男性催產素會讓他更快認為，不屬於自己文化或種族淵源的人具有負面的特徵。[15]換言之，就是催產素讓你成為種族主義者。如果種族主義屬於快樂的一部分，那麼我會無法確定人類是否應該值得擁有快樂了。

我們沒必要有如此極端的念頭，不過你可能親眼目睹過某人因為愛人與他人互動過於親密而產生了深深的嫉妒、憤怒，甚至恨意，或許你自己就有過這樣的經驗。的確有「激情犯罪」（crimes of passion）的事實，點出了這種反應的力量及所造成的破壞力有多大！有許多詞彙能夠用來描述因嫉妒而狂怒或因疑心而偏執的人，但「快樂」並不在那些詞彙之中。催產素對於社會關係而言很重要，但並非所有的社會關係都會帶來快樂。事實上，社會關係可能導致完全相反的結果。

這整段說明會不會跑偏了？愉悅感和親密關係可以導致快樂，所以能夠讓愉悅感和親密關係產生的化合物只是「間接」引起快樂。那有什麼化合物是直接引起快樂的嗎？

可能是血清張力素（serotonin），許多神經元活動時使用到這種神經傳遞物，它扮演的角色很多元，例如促進睡眠、控制消化，而和我們討論主題最相關的功能則是調節情緒。

對於讓人得到好心情（也就是快樂）來說，血清張力素很重要，現今醫師開立的抗憂鬱藥物中，絕大部分的功能便是提高腦中血清張力素的含量。目前普遍的看法是血清張力素濃度不足才會導致憂鬱症，當然就需要從這個方向解決。

百憂解（Prozac）和其他類似的藥物，統稱為選擇性血清張力素重吸收抑制劑（SSRI）。在傳遞訊息的過程中，血清張力素釋放到突觸後，並不會受到分解或摧毀，神經元會吸收並重複使用。選擇性血清張力素重吸收抑制劑會阻止這個再吸收作用發生，本來血清張力素只是短暫的出現在突觸中，活性短暫且猛烈，但有了這類藥物之後，完整的血清張力素在突觸中的時間增長了，因此能夠持續刺激相關的受體。這就像你的烤土司機舊了，土司會在還沒烤好前就跳出來，但是你得讓它烤久一點才能烤成自己喜歡的焦度。這種方式可以治療憂鬱症，顯然血清張力素是帶來快樂的化合物，對吧？

並非如此。事實上，現在還沒有人知道那些藥物是否真的讓腦中的血清張力素增加了。如果事情有那麼簡單，就只是因為引發快樂狀態的血清張力素不足，那麼憂鬱症應該很容易就能夠治療。不過從人體的新陳代謝速度和腦部運作的方式來看，選擇性血清張力素重吸收抑制劑會很快就增加腦中血清張力素的濃度，但是這類藥物在定期定量的服用狀況下，至少要數星期才能夠看見成效。[17]顯然不只血清張力素讓人有愉快的心情，間接作用在其他方面也發揮了效用。

這種找尋快樂的方式所隱含的真正問題，在於你聲稱某種自己喜歡的簡單分子具備了強大的神經特性，但這並不表示神經系統是這樣運作的。只要隨便找找，就可發現許多文章或專欄解釋能夠暗中操控你「快樂激素」或其他激素的方法：只要採取某些簡單飲食或運動技巧，便能夠增加腦中相關化合物的濃度，讓你的生活永遠充滿幸福和快樂。但很不幸，這些說法都過度簡化了極度複雜的過程。

基本上，認為某種化合物會造成快樂，可能是錯誤的想法。上面提到的種種化合物可能牽涉到快樂的感覺，卻都不是快樂的成因。五十英鎊的鈔票很有價值，但本身只是一張紙，不是因為紙有價值。對於快樂來說，那些化合物就相當於製造鈔票用的紙。化合物能夠讓快樂存在，但它們幾乎只是剛好扮演了這個角色而已。

找尋讓人快樂的部位

如果快樂不是由某類化合物所引起的，那麼腦中的快樂是從何而來呢？是不是有某個部位專門處理快樂的感覺？這個部位會從腦中其他部位得到我們正在體驗的內容資訊並加以評估，認為那種體驗應該會讓我們快樂，接著讓我們體驗到這個使人滿心企求的情緒狀態嗎？如果化合物是燃料，那麼這個特殊的部位會是引擎嗎？

當然有可能，但是在提出任何結論時都必須小心。我來說明為什麼。

我在寫這本書時是二〇一七年中期，當時是神經科學家的好日子，腦科學和腦部運作研究是主流科學，美國和歐洲都有許多資金充裕的大型腦科學計畫提出[18]，有數不盡的書和文章探究腦部運作的方式，大眾新聞媒體會刊登最新腦科學的突破或發現等，是腦科學研究最為刺激且最有利可圖的時代。

但是成為受歡迎的主流科學也有負面影響。舉例來說，如果你的科學發現要刊載在報紙上，就得讓讀者看得懂，絕大多數的讀者都不是經過專業訓練的科學家。因此內容必須要簡化、少用專有名詞且篇幅有限。現在新聞媒體的競爭更為激烈，各家媒體都希望受到讀者關注、內容可以讓人朗朗上口，因而簡化的狀況更是變本加厲。如果你讀過科學論文，就會知道絕大部分的科學家不是那樣寫文章的。要把充滿生硬技術的精心策劃實驗，轉換成簡單易懂的版本，就需要進行大規模地修改。

如果你的運氣好，這些修改工作會由受過訓練的科學記者或有經驗的科學編譯進行，他們了解主流媒體的需求，又能掌握研究內容、知道重點在哪兒、並且為了行文簡明而進行刪減。但是很不幸的，大部分記者或編譯卻非如此。報紙的記者不是經驗不足、就是完全外行，有些報紙甚至交給實習生處理。*有時候是大學或研究機構的公關部門會發布新聞稿，這些部門希望機構的工作和成效能夠讓更多人看見。

不管是誰寫新聞，他們往往會進行修改或刪節，扭曲了真實的研究結果，甚或錯誤地詮釋研究結果。再者還有其他的因素會歪曲了實際的訊息（用誇張的文字來吸引讀者的注意力、某個具有特殊意識形態的報紙會強調某些特定議題），所以許多在報上看到的科學新聞往往大幅偏離了原本的科學研究，就沒有什麼好驚訝的了。

神經科學相關的主題很多人有興趣，也受到媒體廣泛地報導，但是這個領域還很新，內容龐雜，而且我們的了解相對淺薄。那些新聞過度簡化了腦部運作的方式，並且散播扭曲的概念。[19]

---

* 許多主流媒體依然認為科學新聞沒有什麼「利基」可言，因此多由職位較低的人來負責處理。我曾接受英國某大報的訪問，幫忙解釋一個科學新聞，那個滿腦子困惑的倒楣小夥子承認，上個星期他還在負責娛樂新聞。

那些持續出現的扭曲概念之一，是腦部幹的所有事情，都各自會由某個特定「區域」、「部位」或「中樞」負責。我們看到的新聞會寫說腦部有負責選舉偏好、宗教、對蘋果公司產品狂熱、白日夢、過度使用臉書等區域（這些我全在報紙上看過）。腦是模組化的器官、由界限分明且各具功能的獨立部位所組成（像是IKEA賣的櫥櫃，但是家具組裝稍微容易搞懂些），這樣的概念非常流行，但事實是腦部複雜多了。

腦中某些部位負責了特定功能的理論，幾百年前就出現了，而且發展過程中曾引發不小的騷動與不安。就拿顱相學（phrenology）的應用來說，該理論認為頭顱的形狀能用來研究個人的性格特徵，其中的道理非常平鋪直敘。[20] 顱相學指出，腦由各個專責思考的部位集結而成，每個思想、動作與性格特徵，都由腦中某個特定部位所負責，這些部位就像是肌肉，使用愈多，力量愈強，尺寸也愈大。因此如果你比較聰明，那麼腦中負責處理智能的部位相對也比較大。

人類年紀小的時候，顱骨具延展性，但隨著年紀增長才逐漸變硬。對此，顱相學家的說法是腦部的形狀影響了顱骨的形狀，比較大的腦區會讓顱骨突起，比較小的腦區會讓顱骨凹陷。他們相信根據此道理，能夠探究且確認腦的類型，當然也就能評估出一個人的能力和性格。前額平緩的人可能智能較低，顱骨後缺少凸起之人往往缺乏藝術能力，諸如此類，道理相當直接簡單。

真正的問題在於這個理論出現於十九世紀初期，當時只需要「好點子」就足以當成證據，來支撐自己宣稱的理論，甚至不需要標準的研究過程。顱相學完全站不住腳。人類年紀小的時候，顱骨的確「比較軟」，但依然是由數個相當密緻且堅硬的片狀骨頭組成，保護腦部免於外力傷害。當然該理論也沒有考慮到腦部外面還有液體和膜狀組織包圍著。

腦中各部位由細柔如海綿的灰質組成，這類東西在形狀上的細微變化，會讓堅硬的骨骼出現可觀察的形狀扭曲，而且這個變化不僅與個性特徵相關，還適用於每個人，這個想法實在是太荒謬了。所幸即使在當時，顱相學仍是相當「另類」的科學，慢慢地失去人們的信賴，成為過時理論。另一個好事在於，以前使用顱相學的方向往往令人厭惡，例如「證明」白人要比其他膚色的人優越，或是女性的智能較低（女性的顱骨通常較小，往往也小於男性）。顱相學這樣的應用方向，再加上缺乏主流科學的接納，自然是惡名昭彰了。

顱相學另一個較不明顯的負面結果，是讓有些當代神經科學家反對腦部模組性的理論，該理論認為腦部的部位會執行特別的任務。但許多科學家認為腦部更為「均質」（homogenous），整個結構並沒有分化，每個部位都牽涉到所有的功能。某些部位展現某些功能？聽起來就像是顱相學，所以任何稍微像是顱相學的理論都有可能會受到冷嘲熱諷。[21]

很不幸地，我們現在知道腦部特殊的部位的確會執行某些功能，只是這些部位負責的是比個性特徵還要基礎的功能，當然也無法由顱骨上的突起來辨別。

舉例來說，我們目前都認為顳葉中的海馬回（hippocampus）*參與了記憶的編碼與形成；梭狀回（fusiform gyrus）與臉部的辨識有關；位於額葉的布羅卡區（Broca's area）複雜多樣，和語言有關；位於額葉後方的運動皮質（motor cortex）則控制了由意識控制的身體運動。這些例子不勝枚舉。[22]

記憶、視覺、說話和運動，這些都是基本神經活動。但是回到我們討論的重點，腦中是否有個部位專門負責諸如快樂這樣抽象的功能？這樣的看法是否就如同以前的顱相學和現在受到主流媒體扭曲的見解，只是對腦部構造的過度簡化，完全不合邏輯呢？

有些證據指出，腦中有個部位專門負責快樂，其實並不荒謬。許多部位和特殊的情緒有關，像是在海馬回旁的小部位杏仁體（amygdala），就賦予了記憶「情緒內容」。[23]基本上來說，如若某件事情的記憶會讓你害怕，這是因為杏仁體把恐懼添加到這個記憶之中。失去杏仁體的實驗室動物就無法記起牠們原該害怕的某些事物。

另一個例子則是腦島皮質（insular cortex），該部位在額葉、頂葉和顳葉之間。腦島皮質的功能之一是處理噁心的感覺。聞到有毒的味道、看到傷口或其他讓身體內部翻攪的感覺，腦島皮質便會活動起來。不光如此，就算是你注意到某人臉上出現了噁心的表情，或只是想到噁心的事情，腦島皮質都會比平常活躍。

所以在腦中有兩個部位處理了許多人所說的感覺（或情緒），快樂好像也屬於同一個範疇。那麼腦中有專門負責快樂的部位嗎？

其中一個候選部位，是之前我提到過的中腦邊緣多巴胺系統，這個部位在中腦（midbrain）。中腦位於腦部深處，是腦中比較「早期出現」的區域，在於腦幹（brainstem）頂端。我們做了能夠讓人感到愉悅的事情時，中腦邊緣多巴胺系統負責提供報償感。快樂和愉悅感並不是同一件事，有些研究指出，在持續長久的快樂時，腹側紋狀體（ventral striatum）必須活躍起來。[24]另一些研究則指出，有快樂的感覺時，左額葉會活躍。[25]還有一項研究說是右楔前葉（precuneus）活躍。基本上，頂尖科學家研究了腦部何處會產生快樂，結果每次都得

＊說得更清楚些。腦部由左腦半球和右腦半球組成，某個半球會居於「主宰」地位，因此有些人慣用右手，有些人慣用左手，但兩個半球的結構幾乎是相同的。所以當我說到某個特殊的部位，像是海馬回，實際上腦中有兩個海馬回，一個在左腦半球，另一個在右腦半球。兩個相同的部位通常會共同運作，將彼此當成對方的備用品。腦中有很多這樣的結構，為了行文方便，不會一直指名有「兩個」海馬回。

到不同的答案。

聽起來很詭異，其實不然，因為腦部極度複雜，而研究腦部細節的科技，從科學的角度來看還相當年輕。以嚴格的分析方式和先進科技，研究盤根錯節的情緒狀態，是更新的概念。這意謂著我們還在找尋能夠找出快樂的「最佳」或「正確」方式。現階段，有混淆或分歧的發現，實屬意料之中。這通常都不是科學家的錯，因為有很多事情會引起混亂。

最容易引起混亂的事，是研究人員用來讓受試者「快樂」的方式。有些研究人員利用問題和指引激發出受試者的快樂記憶，有些研究人員使用讓人愉快的圖片，有些則利用能引起好心情的訊息和工作，凡此種種。而這些方法能夠讓人有多快樂，都只是個人臆想。再者，引起快樂的程度因人而異，差別相當大。除此之外，這些實驗往往需要受試者報告自己有多快樂，以致添亂的程度又更上一層樓。

許多心理學實驗都希望在實驗室設定的環境中，分析人類身處某些情境中的行為，這時就會遇到上述問題。事實上，在實驗室中接受實驗，並非是大多數人會遭遇到的正常狀態，因此受試者往往有些困惑，甚至覺得有壓迫感。因此他們更容易照著身邊權威人士的話去做。那個權威人士就是研究人員。受試者會無意識地說出研究人員想聽的話，而非研究人員真正想要聽到的內容（在這裡的狀況就是盡可能如實說出自己的內心狀態）。受試者描述真正的感覺時，可能會誇大或修飾，好「幫助」研究人員（受試者的想法可能是「這是個關於快樂的實驗，要是我沒說我快樂，可能會毀了整個實驗」）。雖然出發點是好的，但結果適得其反。

總結以上種種，要研究一個人腦中的快樂，顯然會充滿困難。有可以繞過這些困難的方法，例如用某種方法讓受試者完全適應實驗室環境，不會被科學家和奇特的儀器嚇到，並且能夠忠實地報告內心狀態，甚至能夠自己進行實驗，並且分析得到的資料……

問題解決了。我不是問錢伯斯教授能不能使用他的功能性磁振造影儀，我問的是可不可以讓我自己接受儀器的掃描。這完全合理。我知道我自己是不是快樂，實驗室的環境對我幾乎不會有任何影響，所以各種儀器的讀數都是可用且能用的。我要做的就是躺進功能性磁振造影儀中，打開開關，讓我進入快樂的狀態，接著研究掃描出來的資料，這樣就大功告成了。

當然我想到這個點子時，隨即就擔心這個想法很荒謬，甚至很詭異。但我運氣很好，只要隨手翻閱關於快樂的研究，就能發現其中經常出現的奇怪事情。

快樂難尋

二〇一六年初，我看了「快感跨國研究群」（Hedonia: Transnational Research Group）領導人馬頓．克林格爾巴赫（Morten L. Kringelbach）的一場演講。試想班奈狄克．康柏拜區（Benedict Cumberbatch）扮演一位學術有成的丹麥科學家，克林格爾巴赫基本上就是這個模樣，只是比較矮一點。

克林格爾巴赫的快感研究群集結了英國牛津大學和丹麥奧胡斯大學（Aarhus University）的科學家。[26]他們研究各式各樣讓人愉悅的方式，並且著重探索愉悅與健康和疾病之間的關聯。那天演講中，克林格爾巴赫提到他們所發現的某件怪事。

這些研究人員想要知道為什麼我們特別喜歡某些音樂，聽了身體會想動起來。許多人喜歡跳舞，許多人喜歡觀賞舞蹈。舞蹈讓很多人快樂，但是沒辦法讓每個人都快樂，有些人就是不喜歡跳舞，或是不喜歡讓他人看到自己跳舞。不過就算是這樣的人，還是有歌曲或音樂能夠讓他們動起來，就算不是真的跳舞，也會踏腳或點頭打拍子，抑或在只有自己一個人的狀況下動起來。如若他們真的不喜歡跳舞，那麼身體為何會隨節拍而動呢？

克林格爾巴赫教授解釋說，大腦喜歡具有某些特質的音樂。他們進行的實驗指出，其中之一的特質是音樂中需要一定程度的切分音（或不可預測性），這樣才能夠引起愉悅的感覺，並且讓人的身體動起來。這段敘述用白話來說：如果音樂要讓聽者想跳舞，需要有節奏感，但是節奏不能太強。[27]

你光是用自己的經驗就可證明這一點。缺乏抑揚頓挫的節奏並不會讓人高興（打開節拍器，跟著起舞，看看你會不會受到感動）。如果切分音不夠多，並不會讓人想跳舞。相較之下，自由爵士（free jazz）這類混亂又無法預測的音樂，切分音太多，也無法讓人想隨之起舞。當然有些人並不同意該論點，但不論是多麼不快／怪異／艱澀的音樂，你都可以找到喜歡的人。他們非常喜歡這些音樂，人類就是這樣。

位於中庸地帶的放克音樂剛好在可預測性與混沌間取得平衡，最受腦部喜歡。研究人員最為偏好的是詹姆斯布朗（James Brown）表演的作品，克林格爾巴赫教授也認為這樣的音樂足以讓人類歡愉舞動，而現代的流行音樂也落在這個範疇中。所以即使你對於現在的流行音樂痛深惡絕，公開宣稱厭惡流行歌曲中所有的一切，但是你在店裡聽到這些歌曲時，腳依然會跟著打拍子。

這裡的重點就是那些剛好在可預測性和混沌間取得平衡的音樂，能夠引發腦中的愉悅感，讓人覺得高興，以致身體被迫產生反應。顯然，腦部決定哪些事物讓我們覺得快樂的過程並不單純。並不是某種事物就「必定會」或「必定不會」讓人快樂，而是事物在某個特別的分量時會讓人快樂，但太多或太少都會有反效果。例如鹽，食物中若鹽太少你覺得不可口，可是太多了也不好吃。食物中的鹽分調整到剛剛好，那個倒楣的侍者才能從你的抱怨中解脫，去服務其他客人。

還有另一項怪異的發現：決定我們是否快樂的可能不是腦，而是胃。許多陳腔濫調和俗語已經讓我們知道，腦和消化系統是有關聯的，例如「想要抓住男人的心，就要先抓住他的胃」，或是「我肚子空空的無法思考」等，但是有不少科學證據指出腸胃的運作能夠直接影響心智狀態，這還是讓人滿驚訝的。

腸胃並非只是讓食物通過的蠕動管子而已，它們本身的結構精細複雜，同時具備了錯綜複雜的神經系統。腸道神經系統在某些狀況下能夠獨立運作，因此也稱為「第二個腦」。此外，腸胃中還居住了數十兆個細菌，包括數千個種類與品系，都可能參與了人體的消化過程，並且決定了哪些成分能進入血液中，再運輸到身體各個部位，當然也就影響了其他組織與器官。總的來說，我們已經清楚知道細菌能夠直接影響人體內部。

腦部雖然極度精細與複雜，但也只是個器官，能夠影響腦部的不只有來自外在世界的感覺，身體內部的變化也會影響腦部。激素、血液中的含氧量及人體生理上各個因子，都會影響腦部的運作。由於腸胃道（以及居住其中的細菌）對於身體的影響力大，因此我們可以預期腸胃道對於腦部的功能具有間接卻深遠的影響。*科學家已確認該事實，還發明了一個新名詞「腸腦軸線」（gut–brain axis）。[28]

這種曲折關係的結果之一，使腸道和憂鬱症的關聯非常密切。[29]有些研究指出，身體中某些品系與類型的腸道細菌，是憂鬱症與類似情緒患疾的先決條件。[30]截至目前為止這方面的證據多來自動物模型，因此尚不能證明腸道和人類情緒有如此「密切」的關聯，但這樣的說法也並非牽強附會。

血清張力素這種可能與好心情大有關係的神經傳遞物，有九成位於人體的腸道。我們也探究某些神經傳遞物影響情緒與體驗愉悅的方式。這些神經傳遞物由神經元製造，因此神經元需要穩定的化學成分和分子供應來源，方能持續製造這些神經傳遞物。那些成分通常來自於我們吃的食物，因此與腸胃道中的細菌有密切關聯。複雜的食物分子在代謝過程中會分解成構造簡單的代謝物，如果提取這些代謝物做為神經傳遞物原料的細菌數不足或太多，那麼

---

* 你可能會覺得這是單方面的影響，但事實是腦部往往主宰了消化系統，而且控制的程度令人驚訝，也因此造成許多傷害。許多相關內容在我的第一本書 *The Idiot Brain* 中有更詳細地說明。

腦中可使用的神經傳遞物分量自然也跟著改變，也會改變你的情緒。你可能會這麼想。「腸道細菌影響情緒」的說法在某種狀況下是合理的，但是忽略了整個系統與配置極度複雜，因此短短一句話無法表達全內涵。*至少就目前所知，小腸中的血清張力素似乎就和腦部沒有關聯，至少其功能沒有作用到腦部。此外，專注在身體某部分的某個面向對於腦部某個功能的影響，等於鬆開限制，讓所有可能造成類似狀況但尚未成熟的概念傾巢而出，卻沒有人有時間從事研究。我們要牢記的重點是：除了自身的體驗和偏好之外，能夠影響腦部讓人快樂的事物多得不得了。

不過對於「什麼讓人快樂」這個糾結的難題，依然有人想要尋找簡單的答案。媒體通常會搞出方程式或計算公式之類的陳腔濫調，用來預測哪些事物讓人快樂，或是一年中最快樂的日子與最沮喪的日子等。由於那些玩意兒和快樂的複雜本質都相去甚遠，若是能夠用個方程式或公式計算出來，那才讓人驚訝——因為根本不可能。

那些離譜的公式能夠存在，有諸多原因支持。其中之一稱為「物理忌妒」（physics envy）。[31]如果想到物理和數學，不論內容如何，都會覺得那是非常「基礎」的領域，研究的是數字的特質、粒子、作用力之類的，這些事物基本上構成了整個宇宙和我們所處的真實世界，它們全都遵循複雜但定義明確的法則，也就是說在絕大多數的狀況下，其行為能夠加以預測與計算。因此只要我們能夠掌握所有的變因，就可以經由方程式得出答案。

但是以生物學為基礎的科學就比較曖昧了，特別是心理學，相較之下普遍缺乏嚴格的法則和可預測性。地球表面，不論何處，有質量的物體掉落時所產生的加速度都是一樣的。但是就算是同一個人，會出現的動作與反應，會取決於他們所處的房間、談話的對象、是否剛吃過飯或是吃的食物是什麼等等。

因此人們通常會認為物理和數學屬於「正統」的科學。其他領域的教授和學者在下意識裡可能希望如同研究物理學的同事般，嚴密地處理研究對象，在自己研究的領域中複製物理和數學的模式，方法便是為人類極度複雜與混亂的行為和情緒（例如快樂），打造出方程式。

因此上述的問題我都謹記在心，知道如果想研究快樂，必須要小心那些陷阱。那麼我現在的任務是什麼呢？在此狀況下，我要完成研究，同時把所有影響都納入考量，打造出一個經過深思熟慮的計畫。我想要知道快樂是在腦中哪個部位出現的。為了達到這個目的，我需要有個磁共振造影儀器去掃描一個正在感覺到快樂的腦。由於許多因素會讓人類受試者不習

＊超級科學作家揚艾德（Ed Yong）在他的書《我擁群像》（*I Contain Multitudes*）中，詳細說明了腸道細菌的重要性及複雜程度，有興趣者可以一讀。

慣這樣的研究，因此我想到的最佳解決方式便是用自己的腦，畢竟我是研究心理學出身，而且經驗豐富。接下來我需要：

1. 要能夠使用磁共振造影儀器。
2. 要鑽進去。
3. 要讓自己快樂（可能需要一些讓自己快樂的刺激或玩意兒，不過要是我的計畫能夠推展到這個地步，我應該就相當快樂了）。
4. 找人掃描我的腦部。
5. 研究結果，找出腦中哪個部位最為活躍，那可能就是快樂的來源。

很簡單吧。所以現在我需要去和有這些重要資源的教授見面會談，說服他讓我執行這個計畫。

錢伯斯的祕密房間

錢伯斯教授的辦公室在卡地夫，我前往辦公室附近一間氣氛宜人的酒吧，與他會面，我們約好了一起吃午餐。我抵達時他已坐在裡面，並且在我進門時對我揮手。

錢伯斯教授是澳洲人，將近四十歲，悠閒輕鬆的氣質能夠消除所有人的敵意。好像是為了符合某種文化上的刻板印象，他當時穿著T恤和寬鬆的短褲（雖然外面下著雨）。他的頭全禿了，閃閃發亮。我見過許多更年輕的男性教授毛髮稀疏或童山濯濯。我的看法是他們超強的腦部運作時產生了太多熱，導致把頭皮中的毛囊都燒焦了。

不論如何，我決定採取正攻法，直接提出我的要求：「我能用你的磁共振造影機器嗎？我想掃描我快樂時的腦部，看看快樂是在腦中哪個部位產生的。」

大約過了五分鐘，他終於停止對著我大笑。就算是最樂觀的人也得承認，這不是一個好的開始。接下來近一個多小時，錢伯斯教授對我詳細解釋我計畫的荒謬之處。

「功能性磁共振造影事實上並不是這樣運用的，也不該這樣運用。當年功能性磁共振造影在發展初期，約莫是一九九〇年代，我們稱之為神經造影的『糟糕昔日』，其中有許多我們稱為『團塊學』（Blobology）的東西：把人放到造影器中，找尋腦部活動時影響到的

『團塊』。

「我最喜歡的團塊學例子之一，是我最初參加的研討會中，有項研究的題目是『下西洋棋狀態與休息狀態之功能性磁共振造影比較』（The fMRI of Chess vs. Rest）。基本上就是讓人躺到功能性磁共振造影機器中，比較下西洋棋和啥事都不做時的腦部影像。整個腦都在活動，只是在不同的狀況下活動的方式也不同。在下西洋棋的狀況下，腦部的某些部位『更為』活躍。從該結果來看，研究人員便宣稱那些部位與處理下西洋棋有關。以完全相反的方向得到的推論則是：這些部位活躍，而人在下西洋棋時做了哪些行為，那些部位一定和這些行為有關。這完全是從反方向研究，把腦看成是汽車引擎，把腦中每個部位想成必定是有個功能，而且只負責該功能。

「這樣的思維方向引導出一些錯誤的結論，你看到腦中某個部位活動了，便認為這個部位有特殊的功能，但是這完全錯誤。許多功能是由多個部位共同完成，這些部位則是由認知網絡掌控，而這個網絡非常複雜。腦部影像技術基本上都有這個問題。在你處理任何主觀的感覺時——例如快樂——這個問題的難度又上升了一個檔次。」

雖然我在聽到用功能性磁共振造影探究腦中哪些部位負責下西洋棋的故事時，表面上也一起嘲笑那些天真的傻子，但我的內心卻是尷尬得要死，因為那與我想做的事並無二致。我也只是隨便想驗證一個我剛得知的學術名詞，是個徹頭徹尾的團塊學家。

所以能用腦部造影儀器的是關於視覺之類的研究。研究人員能夠好好地控制受試者所看到的物體，確定受試者看到的影像都相同，以確保一致性，用這種方式找出視覺皮質並加以研究。腦部比較高階的功能，例如情緒或自我控制，雖然如錢伯斯教授所說「相當有趣」，但是研究起來卻困難許多。

「問題不是『快樂位於腦中何處？』，這就像是問『腦中哪個部位知覺到狗叫聲？』。比較好的問題是『腦部如何讓快樂出現？使用到了那些神經網絡和程序？』。」

錢伯斯教授也觸及到我之前談到的議題：從科學研究的角度來看，快樂是什麼？「我們談論快樂時的時間尺度是啥？是立即的快樂，例如『這杯酒很棒』？*或是長時間與普遍的快樂，例如有了小孩、邁向目標、達成人生成就、得到平靜放鬆等？腦中有數個不同層級的功能讓這樣的感覺出現，要如何拆解區分出來？」

到了這裡，我已經放棄那個輕率的念頭，沒有想要做實驗，並且接受了這一點。雖然我

---

*我們在酒吧中，所以我為兩人點了啤酒。由於他談論的內容我已在本書中寫了下來，現在那筆費用應該算是公務花費，我應該可以要求這筆花費退稅。

之前擔心因為自己沒有那麼聰明，在面對教授時會害怕，但是錢伯斯教授從頭到尾保持善意，而且說他願意讓我繼續自己的計畫，甚至可以讓我使用儀器。只是功能性磁共振造影用起來很花錢，而且總是有數個研究團隊爭著要使用。如果他寶貴的造影設備浪費在一個想要知道自己腦中的快樂出現在皮質何處的喜劇演員，可能會惹很多人不快。

我思考過自己可以負擔這個費用，但實在是太高了。並非所有的作家都是寫《哈利波特》系列的J．K．羅琳（J. K. Rowling），就算我的出版社很慷慨，願意負擔寫作時的必要花費，看到使用功能性磁共振造影的費用時也會退避三舍。買火車票花了四十八英鎊、三明治五英鎊、咖啡三英鎊，功能性磁共振造影一萬三千英鎊。我不覺得這筆費用會在會計的眼皮底下溜過。

為了不讓這次的會面成為一場損失的敗局，我決定詢問錢伯斯教授，若重新整理自己的想法，讓它「比較可行」，該小心哪些功能性磁共振造影的相關議題。這個話題讓錢伯斯教授的興致來了，他點出了該議題的要點，以及對現代造影研究與心理學造成負面影響的問題。為此他甚至還寫了一本書《心理學的七宗死罪》（*The Seven Deadly Sins of Psychology*）[32]，全面論及現代心理學需要改進之處與改進方法。

功能性磁共振造影技術有幾個重要的問題，能夠好好說明為何這項技術難以用在我找尋快樂的實驗中。第一個之前提到過：昂貴，用的時候只能讓少數人接受試驗。由於受試者少，得到的結果便難以確定是否具有意義。受試者愈多，不論結果如何，統計功效（statistical power）[33]愈強，便愈能夠相信這些結果是有效的。

以丟骰子為例。如果你丟二十次，其中四分之一次出現了六點，也就是有五次是六點，你可能會認為這不太容易出現，但是依然有可能，不具備什麼重大意義。如果你丟了兩萬次，其中四分之一次出現了六點，也就是有五千次是六點，這種情況就詭異了。你可能會認為這個骰子有問題，可能是動了手腳或填了什麼東西在裡面。心理學實驗也是一樣，在五個人身上發現同樣的效應，是滿有趣的，但是在五千個人身上都有，那就是個重大發現了。

從科學的角度來說，如我所想那般，只在我一個人身上做實驗，是完全無意義的。好險我在實驗前就知道了這點。

錢伯斯教授接著解釋說，費用昂貴也表示只有少數實驗能夠重複進行。科學家承受著發表正面結果的巨大壓力（例如我們發現了某個結果，而不是我們想要發現的結果；甚至啥都沒發現）。要在期刊上發表結果，讓同儕和其他人知道，研究生涯才有指望，也才能申請到經費。如若狀況允許，最好還是要盡可能地重複實驗，這樣方能顯示所得到的結果並非剛好出現而已。不幸的是，科學家遭受的壓力讓他們隨即進行下一步研究、找到另一個大發現，因此有些結果並沒有遭受到質疑，[34]特別是利用功能性磁共振造影得到的結果。如果我能進行我的實驗，不論結果如何、是否出現我所期待的資料，都應該反覆進行。然而這又是另一個問題了。

功能性磁共振造影得到的資料遠不如主流新聞所報導的那樣明晰。首先，新聞報導中常常提到在研究中腦部哪些部位「活躍」了起來，但錢伯斯教授指出：「這實際上是廢話。腦中所有部位在任何時候都是活躍的。這是腦部運作的方式。重點在於那些部位較活躍的程度有多高？是否比平常的狀態活躍許多？」

就算是從「團塊學」的標準來看，也需要確定掃描器螢幕上顯示的團塊是「有意義的」。觀察腦部特定部位活動如此繁瑣的研究時，這可是個大問題。*對於初學者來說，活動程度的改變要多大才算是「顯著」的？如果腦部每個部位的活性隨時都有高低起伏變化，那麼活動要增加多少才能認為是有關聯的？劃分「關聯」與否的界線要如何設定？這些問題的答案在不同的研究間並不一致。這就像是在一場當紅的超級流行音樂巨星演唱會中，憑藉著聆聽最大的尖叫聲好找出最狂熱的粉絲。這辦得到，但是並不容易，而且相當費工。

錢伯斯教授說，這個問題引發了另一個折騰的問題。

「功能性磁共振造影有個我們所說『研究者自由度』的嚴重問題。人們在實際研究之前，往往不知道要如何分析實驗結果，有時甚至連要提出的問題都不知道。科學家會開始研究，然後遭遇到『小徑分岔的花園』問題：就算是最簡單的功能性磁共振造影研究，也需要做出數千個分析上的決定，每個決定都會稍稍影響科學家做出的結論，因此研究人員會做的事，就是在自己得到的資料中挖掘有用的結果。」

會有這種結果，在於可以用許多不同的方式分析複雜的資料，某幾種取樣組合在一起或許能夠得到有用的結果，而其他的組合則不同。這聽來似乎並不誠實，好像是朝著一堵牆隨意開了幾槍後，在子彈孔最密集處畫上靶標，然後宣稱射擊得真準。實際上沒有這麼糟，但是的確有這個取向。可是當你的職業生涯和成就都取決於能夠射中靶標，又有這種方法可用，那為什麼不用呢？

在從事功能性磁共振造影實驗時，上面所提的問題只是冰山一角。對於這些林林總總的

＊更糟糕的是功能性磁共振造影甚至連這樣的事都辦不到，歸因於這種技術的本質。功能性磁共振造影的運作是偵測原子所發出的電磁波，也就是偵測出腦中特定部位中血氧量的高低。腦組織如同其他組織，發揮功用時會用到氧氣，而且愈活躍的部位使用的氧氣愈多，因此也改變了該部位的血氧量，這是功能性磁共振造影所偵測到的。這個方式有用，但與你所想的可能不同，是以間接的方式量測腦中的活動。

問題，錢伯斯教授提供了可能的答案與解決方式：在進行真正的分析之前就先把分析方式報告出來，再者各研究團隊的資料與受試者要聯合起來運作，好讓研究成本降低，同時提高結果的可信度。此外，在提供經費與機會給科學家時，改變評估與判斷的標準。

這都是很好且有效的方式，不過沒有一個對我有幫助。我來這裡和他碰面，是希望能夠利用某些神奇的高科技，找出快樂是從我腦中的哪個地方產生的。但是我離開時，腦中有許多先進科學的問題糾纏起來，絕對不會因為這些問題感到快樂。

錢伯斯教授回去工作了，而我滿懷失望回家，腦袋發脹的程度遠超過與他談話時喝的兩杯啤酒所帶來的效果。一開始我認為應該便能輕易找出讓人快樂的原因、腦中產生快樂的部位，結果卻演變成就算是我希望使用科學技術直截了當地得到結果（事實上並不能），然而每個人所提驗到、所想要得到、所感覺與了解到的「快樂」，遠比之前所想的都要來得複雜許多。

我現在認為快樂就像是漢堡。每個人都知道漢堡是什麼，每個人也都了解漢堡是什麼。但是漢堡打哪來的？馬上想到的答案可能是「麥當勞」或「漢堡王」，抑或是哪家你喜歡的速食店。就這麼簡單。

當然，漢堡不會從速食店的廚房中憑空冒出。如果是牛肉漢堡，你要先有牛肉，這購自肉商，且已絞碎，並和成了牛肉餡。肉商的牛肉來自屠宰場，屠宰場的牛隻來自牲畜商人。那些牛隻在草地上放牧，需要照料和餵食，會消耗相當多的資源。

漢堡的原料中還有麵包，可能是從不同的供應商或麵包店買來的。他們製作麵包需要麵粉、酵母和其他材料（還需要灑在麵包上的芝麻），攪拌揉製後，放到烤箱中烘培，烤箱需要持續使用燃料，才能達到烘培所需的高溫。也不能忘記調味醬（使用到大量番茄，並且加入其他香料和糖，以工業化標準的方式生產包裝），以及蔬菜（供蔬菜生長的田地，這些蔬菜需要採收、運輸與儲存，其中利用到各式各樣的基礎設施）。

這些東西只是漢堡的基本材料，還得有人把材料集中起來，並且加以料理。這些人需要吃飯、喝水、接受訓練及給付薪水。賣漢堡的餐廳需要用電、水、空調、保養維護等，方能開門做生意。凡此種種，都需要時時投注大量資源與人力，但一般人往往都不會注意。你去了店裡就有一個漢堡放在眼前的盤子上，然後你可能看著手機心不在焉地吃下它。

用漢堡來比喻可能複雜又曲折，但這就是重點。漢堡與快樂，這兩者我們都很熟悉，也讓人愉悅，但都是由複雜的材料經由複雜的程序與行為才產生出來的。若你要真正地了解漢堡與快樂，就必須研究每個組成成分。

所以啦，我若是想要知道快樂如何發揮效用，就需要研究各種讓人快樂的事情，並且釐清原因。我在吃完一個漢堡後，便下決心要搞定此事。

但不知道為何，我突然又好想再吃一個漢堡。

第二章

世上只有家最好

有許多方式能夠描述我與錢伯斯教授會面後的心情，但是其中並沒有「快樂」這個詞彙。我滿心悽慘，走了很長的路回家，並且擔心接下來該怎麼辦。

但是當我走在熟悉的街道上，奇怪的事情發生了。我看到自己的家之後，就覺得好多了。當然不是陷入狂喜或令人暈眩的快樂，但絕對是正面且放鬆的感覺。我平常不會注意到，但是一直消沉的心情有了明顯轉變。走進家門後，心情變得更好。我的想法從「我現在該怎麼辦才好？」轉變為「我現在該做什麼事情才對，接下來該研究什麼？」前面的想法代表了意志消沉，後者則代表了主動、前進與承諾。回家讓我心情變好，許多人說在艱苦的旅程或工作一整天後，回到家時也有相同的感覺。這是非常普遍的感覺，正可謂不論如何，能夠待在家就能讓人快樂。

是這樣嗎？難道不是因為當我們踏入家門，就代表了那些不愉快的工作或一連串的事務終於結束了，才會有愉快的感覺？或是家能夠刺激腦部產生正面的感覺？這時腦部發生了什麼事？

從神經科學的角度來看，自己的家讓我們高興這個想法並沒有道理。神經學研究指出，人類很快就會適應熟悉的事物。神經元對於重複且可預期的訊號與刺激，會停止做出反應。[1]試想你走進廚房，有人正在烹煮味道刺鼻的食物，像是魚之類的，氣味難聞。但是幾分鐘後，你就不會在意那個味道了，之後其他人進到廚房抱怨那味道，你會不知道他們在抱怨什麼，這個過程稱為「習慣化」（habituation）。你在穿上衣服後很快就不會「察覺」到身上衣服帶來的感覺，這也是因為習慣化。研究指出，就算是電擊，只要是輕微且能預期的，人類都能夠習慣。[2]習慣化是一個非常強大的程序，能夠讓腦馬上集中在環境裡突發的變化，但若變化持續出現且並不重要，基本上腦部就不再感興趣了。

我們醒時有一半待在家中（睡時幾乎都在家中），所以你可能會認為腦幾乎不會對家產生反應。那麼為何家對腦部的刺激所產生的結果會是讓人快樂的呢？

「快樂化合物」這個論點顯然過度簡化了腦部運作的方式。只要那些事情缺乏生物上的意義，腦部與神經系統就會停止產生反應。關鍵就在於此，某件事物若不會對人的生物運作造成影響，我們就不會有反應。

我們需要食物，每天都會吃好幾次。但是你會「厭煩」食物嗎？當然你會厭煩某些類型的食物，例如一個星期中除了義大利麵就什麼都沒吃，當然你很快就會厭煩義大利麵了。但是把食物吃下肚這個行為，永遠都不會讓人厭煩。*就算是最尋常的罐頭食物，在你飢腸轆

---

*當然有些飲食失調患疾等極端的狀況是例外。

轆時，都能夠帶來滿足、愉悅和快樂的感覺。你燥熱口渴時，一杯清水彷彿就像是來自上帝的甘霖，因為這杯水對於生物運作而言是至關重要的。腦部認為這是維持生命所需的成分，所以如果能得到，就會給予我們愉快的感覺做為報償。[3]

對身體有益之外，還有其他作用。我們很快就會習慣水的溫度，但如果過燙則是不習慣，因為高溫會引起劇烈的疼痛，這種事情腦部幾乎無法完全適應。一開始強烈的疼痛感或許會消退，但疼痛代表了身體受到損傷，或損傷正在發生，對生物來說是很重要的事情，不應該忽視。疼痛甚至有專屬的神經傳遞物、受體和神經元，全都是為了痛覺（nociception）而存在。[4]疼痛雖然讓人不悅，卻是必須的。

如果受到的刺激很重要，腦部就會「拒絕」習慣化。如果是正面、有利的事物，腦部會讓報償路徑活化，代表遇到了這些事物會讓人體驗到某程度的愉悅。所以不論熟悉的程度如何，有些事情總是讓人躍躍欲試且熱情滿滿。

那麼，「家」算在內嗎？自己的家「在生物上有重要性」嗎？應該吧。試想家中具備的事物：營養來源、床鋪棉被、溫暖，以及廁所（排出身體廢棄物也是另一個重要的功能）。

帕夫洛夫（Pavlov）那隻著名的狗學會了不相關的聲音代表有食物可吃，並且會積極地反應，[5]*這個結果成為「連結學習」（associative learning）研究的基礎：心智會把個別獨立發生的事件連繫在一起。人腦的心智能力那麼強悍，幾乎不需要時間就能夠學習到自己的家能夠滿足所有的生物需求，因此對家形成了正面的連繫。

不過這個連結是學習而來的，我們的家不會展現具備生物重要性的行為，只是對生物重要的事件發生在家中而已。所以是什麼事情直接讓我們的腦部對家產生反應嗎？為了回答這個問題，我們有必要探究家在自然狀況中是怎麼出現的。

家並非人類所發明的什麼場所，用來放鞋子或平板電腦之類的。自然界中到處都有「家」，而且有各種形式：鳥巢、蟻丘、兔子洞、熊的巢穴等。數不盡的物種有家，人類的只是第一個裝上門鈴的家。

如果許多種類的動物都具備某樣事物，往往代表這個事物符合動物的需求，證據指出家所提供的是安全感。對於生物有重要意義的事物，代表能夠讓我們活著、幫助我們生存下去。不過，大自然中還有無數的危險與威脅，除了缺乏食物能夠讓人喪命，最顯而易見的就是掠食者，當然天災也會。如果你跌落到陰暗的溪谷，脖子折斷，這時再多的食物也沒有用。

＊狗的熱烈反應是由牠們產生唾液的多寡來判定，能夠準確得知牠們對於食物的期待。沒錯，史上最著名的心理學實驗之一，需要收集狗的唾液並測量有多少。沒有人說科學研究總是光鮮亮麗的。

因此最簡單的哺乳類動物也演化出了察覺威脅的複雜機制。在人類的腦中，杏仁體、膝下前扣帶皮質（subgenual anterior cingulate cortex）、顳上回（superior temporal gyrus）、梭狀回（fusiform gyrus）[6]等部位形成了複雜的網絡，能快速地處理感官資訊，評估任何看似威脅的事物，並且引發適當的反應（例如「戰鬥或逃跑反應」）。在探索新的陌生場域、找尋食物或伴侶，但是又不知道陰暗角落中是否有飢餓的肉食動物潛伏時，這套威脅偵測系統就非常有用。

但是這個系統並不是我們想用時就可以打開，像是下雨時撐傘那般。這個系統時時處於準備好開啟的狀態，以便在有風吹草動時立刻就可迅速反應，有些證據指出，甚至是簡單的形狀就夠了。二〇〇九年，克里斯汀·拉森（Christine Larson）和同事的研究指出，[7]在看到由尖端朝下的V字母所組成的平面圖形，就能讓腦中偵測威脅的區域變得較活躍，但沒有活躍許多，所以我們並不會看到這個字母或V型的風箏就怕到顫抖。不過這還是有些道理的，自然界中許多帶來危險的動物，例如狼的臉孔、獠牙、利爪、棘刺等，通常都呈現V型。

腦中的威脅偵測系統敏銳且持續運作，但持續的恐懼與偏執會傷害身心，這是每個慢性焦慮者都知道的，當生活充滿壓力時，對於身體和腦部健康都會帶來負面的影響。[8]處於焦慮的人往往覺得無法離開家。這很有道理，因為熟悉的環境較不危險：你經常處於這個環境中且沒有死去，威脅偵測系統便不會像是服用了安非他命的狙擊手般調到最大功率。而是會調降，像是鄉下鞋店的夜間守衛，雖然還是保持警覺，但並不預期要做什麼。處於安全可靠又熟悉的環境，能夠停止持續的恐懼與壓力帶來的影響，這是很棒的。看，這就是有家的好處。

有趣的是當我們在家，會更容易注意到不尋常的事情。如果你在一個不熟悉的餐廳中聽到玻璃杯打破的聲音，會分心注意一下，但你只是因為好奇才注意，因為從餐廳的狀況來說，所有的東西都是不熟悉的，都會讓你分心。但是在家聽到玻璃打破的聲音呢？這是不尋常的事情，你會馬上準備好有危險的事可能發生（一個人在家警覺心會加倍）。有些研究還指出，我們在熟悉的環境中偵測與辨認威脅的速度，要比在不熟悉的環境中快。[9]這很合理。讓人分心的事物少，腦就會習慣去忽略周遭環境，因此環境中出現不尋常的事物，便能更快吸引注意力。在叢林中的老虎不易被看見，但如果在板球場上就很容易了。

家可以是沒有壓力的環境，這是家會讓人快樂的原因。這並不意謂自己的家會自動把壓力消除，家當然也有可能成為巨大的焦慮來源，大部分的狀況是來自於不幸但可解決的問題（例如返潮或熱水壺壞了），或住在同一屋簷下的人，像老是罵人的伴侶。一九八〇年代的一項研究指出，如果年長的雙親與成年的孩子同住，親子關係緊張，會對父母造成壓力。[10]

現在的房地產市場那麼混亂，這種狀況無疑會變得愈來愈普遍。不論如何，兩相權衡，家通常會讓壓力減輕，而非增加。

具備了安全的環境外，還促成另一個重要的結果：睡眠。這件生命運作的基本功能，我們幾乎都是在家中完成。睡眠與情緒之間的關聯複雜且深厚。睡眠若時間不足或受到干擾，會使人易怒、緊張、情緒低落。[11]因此光是能讓我們得到充分的睡眠，便可以提高快樂的機率。科學家甚至還研究了人類在旅館等陌生場域中的睡眠狀況。一項於一九六六年發表的研究中，科學家在數十名志願連續在實驗室中睡四天的受試者頭上貼了電極，[12]經由腦電圖（electroencephalogram）記錄其腦部活動。研究發現受試者第一晚的睡眠時間減少且受到干擾，但在接下幾晚就不再發生。這是「第一晚效應」（first night effect）。[13]這個現象首次證實，名稱也恰如其分，人到新的地方剛開始的確會輾轉難眠。新地方可能是五星級旅館，房間中有頂著紗帳的豪華床鋪，枕頭柔軟無比，但是你睡得還是不如在自己家中凹陷的床墊上安穩，因為你不熟悉新環境，腦中有些部位在睡眠時依然有點清醒，在下意識的層級中保持警覺。*

到目前為止，我們集中討論的「家」是我們居住的實際物理結構。不過人們有家鄉、家鄉球隊及祖國，後者可能是更為抽象的概念（而且國家也太大了，難與一個人產生實際的關聯），不過人類對於「家」的概念顯然不受限於住所的四面牆壁之中。

對於其他動物而言亦是。你可能從未見過在巢中的大象（如果有應該會很壯觀），雖然牠們沒有特定的棲息處，並不代表牠們沒有家。包括大象在內的許多動物具有「生活圈」（home range），牠們會在這個範圍內活動，甚少離開。另外，有些動物具有「領域」。具有生活圈的動物並不必然會在意其他同種個體共享同一個生活圈（或是會避開其他個體），具有領域的動物會保衛領域，驅逐入侵者。麋鹿看到另一頭麋鹿在自己的生活圈中，最多只會對牠叫兩聲，但是一頭老虎進入其他老虎的領域中，很快就會發生流血事件。[14]

我們人類可以在族群密度高的狀況下生活，也的確這樣做，換作是其他物種，可能會陷入瘋狂。人類並不會拒絕與他人共享所處的環境，因此人類可能是具備了「生活圈」的動物。家中遭竊的人會說，最令人不爽的是受到暴力的感覺，來自於陌生人在自己不知道與不允許的狀況下進入自己的家。對於陌生人或非「自家」社區的人猜疑、不友善或抱持敵意，

---

* 這樣的狀況在有些動物發展得相當極端，其中一個明顯的例子是「單半腦睡眠」（unihemispheric sleep）[15]，一個腦半球進入睡眠狀態，另一邊則保持清醒，能夠控制身體所有的行動。海豚成群游動及候鳥在海面上飛行時會採用這樣的睡眠方式。[16]

並非不尋常之事。人類或許同時具有「生活圈」和「領域」，但大多數的動物只有兩者之一。不論如何，這都證明我們的腦部很在意自己的家，而這個「家」的範圍可以很大。

這可能來自於人類的空間知覺，我們知道自己所處的場所，以及我們在某個時候能夠前往的地方。腦中海馬回與周邊的顳葉腦區可能與空間定位、導航、方向性及其他相關的重要能力有關。[17]由於海馬回和長期記憶的形成有關，這種說法滿有道理的。如果你要記得自己現在所在的位置，必須記得曾經去過的地方。

事情並沒有那麼單純。在這些腦中部位裡有些神經元可能負責了「頭部方向」（head direction），只有頭部朝著某個方向時才會活躍起來，好讓腦部知道自己前進的方向。另外，有些細胞是「位置細胞」（place cell），你在某個特定又可辨認的場所時才會活躍，[18]讓腦部能夠一直記得熟悉的場所，就像是在地圖做了標記。再者還有「網格細胞」（grid cell），功能應該是讓我們知道自己所處的空間位置。如果你醒來後依然閉著眼睛在房間中移動，卻仍能知道自己在哪裡及移動方向。科學家相信這種能力需要用到網格細胞。[19]*

甚至還有「邊界細胞」（boundary cell），這些神經元在我們身處某特定環境的邊界時，例如代表自己領域邊界的河流或家門口，便會活躍起來。只要察覺到我們目前身處的環境邊界時，這些神經元就會開始活躍，提醒我們快要跨過一條重要的界線。上面所說的種種細胞，不是位於海馬回，便是在其周圍的相關部位中。

這些精雕細琢的空間系統，讓我們知道現在身於何處及所要前往之地，且與自己的「家」關係密切，「這是我的家」、「我家的範圍到這裡」、「我家在這個方向」等。這些系統能夠解釋為何我們無需多想就能夠回到自己家，例如醉酒時。**

這一點的重要之處，在於能夠推導出家的另一個功能，並且解釋另一項看似矛盾的現象。如果我們的腦需要一個家，是因為熟悉的地方能讓我們覺得舒服，不熟悉的環境會啟動腦中的威脅偵測系統，那麼好奇心之類的現象要如何說明呢？大鼠、小鼠、貓（雖然大家都知道那句俗語）及其他許多動物都會展現出「對新奇事物的愛好」：對於之前沒遇過的事物自然產生興趣，[20]用另一個詞來說就是「好奇」。不過，這些動物也會害怕新的事物，對於不熟悉之物會產生反射性的恐懼與焦慮。[21]為什麼對新奇事物的愛好與害怕會並存於同一個

＊ 科學家在大鼠與猴子身上發現網格細胞的確具有這類功能，但是尚未在人類身上確定。人類運用網格細胞的方式可能與其他動物相同，或是演化出更多樣且更富彈性的系統，不論如何都很了不起。

＊＊ 在英國這種狀況稱為「啤酒計程車」（beer taxi）：喝醉之後，隔天在床上醒來，卻完全不記得自己怎樣回到家的。

腦中？不過狀況會改變的，在某個情境有用的反應，在另一個情境可能會造成危害。婚禮演說之後鼓掌是適當的，但是在喪禮悼詞後鼓掌就不是了。從更基本的層面來看，正常運作的腦會考量目前所處的狀況，以決定如何反應。

有些研究發現，新奇或陌生的事物並不一定會讓小鼠緊張，但是如果不能逃離這些事物時，小鼠便會緊張。如果你讓一隻小鼠從原本熟悉的環境去接觸一個陌生的地方，小鼠會活潑地探索那裡。但如果把小鼠放到新的場所卻讓牠無路可逃時，就會產生恐懼與焦慮。[22、23]一如你遇到不熟悉的事物，唯有在你不能安全地退避時才會感到害怕。家的另一個重要功能，就是在你探索與調查新事物、找尋有用資源時，做為保護生命的安全處所。

在探究人類這類的焦慮時，可以想想思鄉病。對於這種想家而造成的沮喪感，有一個理論是說能夠讓脆弱的人類不要離開安全的社群而出外流浪。[24]我們與家失去聯繫後，腦便開始計時，而產生的反應往往是負面的。有個特別明顯的例子是出現了「喪失文化之痛」（cultural bereavement）。[25]當移民失去祖國所具有的社會支持、習俗和文化規範時，便會出現有如失去親屬般的悲慟，嚴重時還會損及心智健康。難民心中這種感覺特別深刻，他們必須於遭受創傷的狀態下在新的國度建立新的家園，因此心理健康的問題比較嚴重。[26]這是最明顯的例子，指出家與腦之間的關聯會影響我們快樂與否。

總的來說，家有生物重要性，能夠提供安全與保護，對於我們的生存與福祉是必要的，所以人的腦對於家會產生正面的反應，讓自己快樂。這是很棒的系統吧！所以我們來搗亂一下看看。

典型的第一世界國家人民，一生中應該會住過許多不同的家。有些家會讓人印象深刻，有些則會忘得一乾二淨。念大學時我住過很多地方，但現在甚至連地址都不記得了。相較之下，我成長的那個家，所有的細節都記得一清二楚。為什麼會有這樣的差別呢？如果家的生物功用只是滿足安全這項需求，為什麼有些家會受到喜愛而有些不會？還有，為什麼要搬家？搬家是從熟悉的安全環境搬遷至較陌生的新環境，這是一般人類所遭受過壓力最大的經驗之一（除了受傷與災害之外）。[27]搬家耗費了時間、心力、金錢，過程中更是充滿不受控制且不確定的諸多事物，這全都會引發腦中的壓力反應，那麼為何人類還願意涉入這樣的騷動之中？*若考量到風險趨避（risk aversion）[28]，搬家更是種奇怪的決定。風險趨避是多數人具備的一種認知偏誤（cognitive bias）：在做決定時，會強調可能出現的損失，而貶低可

*當然有許多人不是因為出自自願而搬家的，例如經濟因素、災難、工作等，這裡我特別意指是依照自己意願搬家的人。

能的獲利。許多人就是黏著在熟悉的事物上，例如到外面吃飯時總是點相同的料理，說法是「其他料理可能更美味，但還是喜歡平常吃的東西，我不想冒險」。如果我們的腦子會避免改變所吃的料理種類，那麼為何不會阻止自己換個新家呢？

對我而言，這個說法沒有什麼道理，所以我決定要向熟悉房屋買賣與租賃的人討教，這個人應該位於被認證全世界最多人想要搬去的地方：美國紐約市。*剛好我在二〇一六年有個意料之外又不可思議的榮幸，出現在「地下磚道」（Brick Underground）這個網站上，該網站說自己是「在紐約買賣租賃房屋的生存指南」。於是我詢問他們可否幫我個忙，隨後我便與「地下磚道」的作家和記者露西·科恩·布拉特（Lucy Cohen Blatter）搭上線。她在這個暱稱為「大蘋果」（Big Apple）的城市中，曾與數百名屋主和房屋銷售員談話。

家在紐約

露西是土生土長的紐約人，如果有人深知紐約的錯綜複雜與吸引力，應該就是她了。此外，她的丈夫是英國伯明罕人，所以她相當習慣英國口音。因為我的威爾斯口音濃重，說話速度又快，常讓非英國人覺得和我談話「有挑戰性」。我打電話到露西位於紐約的公寓，問她為什麼有那麼多人想要搬到紐約。

「我認為原因可分為兩個層次。最顯著的原因無非是工作，如果你想要找工作，紐約無疑是首選。比起其他地方，紐約更容易找到工作。」

這很有道理，但是工作有多重要呢？人總是因為工作與生涯規劃而搬家，**但這並不能讓我知道人們為什麼要有個家，找到工作也是次要的考量。人們為了能夠得到工作而選擇一個家，就像是為了度假而選擇航空公司。搭飛機當然有助於抵達目的地，但是哪家航空公司並不是最重要的部分，再者也沒有人喜歡吃飛機餐。不過，這是個涵蓋範圍極廣的問題，所以我決定之後再回到整個與「工作」相關的問題，現在先集中在「家」上面。

露西繼續說道：「另一個主要原因是紐約具有多元的文化，有各式各樣的社區，受到各種文化的影響。如果你晚上想做不同的事，這裡有許多娛樂活動可供選擇，當然能夠從事的

---

* 倫敦也是如此，對我來說距離更近、研究起來也更容易。但是身為沒住在倫敦的英國人，我已經厭倦聽到任何關於倫敦的事情，所以就算了。

** 特別是科學家。有些科學家從事的研究內容，競爭非常激烈，哪個單位能夠提供研究經費和工作，就會前往工作，地點通常都不會位於目前自己居住地的通勤範圍內，只好搬家。

探索活動和社交活動也是。另外，紐約在九一一事件之後，有很強烈的社區團結意識，這種顯而易見的『能量』是在其他地方無法得到的。」

我們周遭的人及所居住的社區，對我們的情緒和思維有直接和顯著的影響。當然也對腦有影響，不只紐約會如此。不過先暫且接受這一點：和其他人的互動關係對快樂與否大有關聯。這點也是之後會再說。

不過，紐約提供了許多選擇與娛樂，值得仔細研究。難道是那些炫麗耀眼的表演、電影、展覽，讓許多人沉醉其中嗎？

基本上，絕不要低估新奇事物的重要性。就如同有些人害怕新奇事物，其中有些確實讓人恐懼，但往往能帶來豐厚的報償。許多動物研究指出，在豐富的環境（其中有很多東西讓環境變得更複雜且有趣）對於腦部的確具有正面影響，例如促進腦部生長、增進海馬回的發育（可以強化記憶和與記憶相關的程序）[29]，甚至預防癲癇與神經元死亡。[30]住在紐約、赫爾辛基或柏林這樣繁華的城市，可能真的對人類很好，至少有助於腦部發育？這也是許多作家、藝術家和其他類型創作者雲集紐約的原因嗎？[31]是那兒大量的文化活動有助於推銷與販售創作者的作品，抑或只是居住在充滿刺激的地方有助於創造性思考呢？

新奇的事物相對也較容易引發愉悅感。我們受到新奇的刺激時，位於腦部中央附近的黑質（substantia nigra）與腹側被蓋區（ventral tegmental area），活動程度會增加；我們在期待報償時，這些區域也會變得比較活躍。更重要的是，這兩個區域在我們期待於新狀況中有所報償時，活動都會增加。[32]基本上，新奇事物能夠增強報償反應。

如果翻成白話文是什麼意思呢？嗯……該現象指出，對於能夠帶來愉悅感的事物，大腦會覺得新奇的要比熟悉的更好玩。一個笑話第二次聽就沒那麼好笑了。初吻印象特別深刻，是婚後那些數不盡的吻所無法相比的。新奇事物能夠增強腦部對於正面刺激的感覺。我們可以這樣說：新奇的事物讓我們更快樂。

之前討論過的報償路徑參與了該過程。研究指出，如果報償路徑中的多巴胺受體較少，就需要更多的刺激才能夠體驗到「正常」程度的愉悅感，[33]這類人所追求的刺激感往往會讓其他人覺得過頭。簡言之，我們可能因為這樣才去從事高空彈跳、飲酒過量和住在紐約。

城市中源源不絕的新奇事物，可能是另一個讓腦袋正常（或超常）的人願意住在城市的理由。這或許也可能回答另一個疑問：雖然人類天生就想避開風險，但還是會去幹一些令人緊張不安的事。有許多複雜的理論和艱深的數學模型，說明趨避風險的真實特性，但有一個重要的結論是，如果報償夠巨大，那麼人類能夠克服趨避風險的本性。綁在含有數千噸可燃性液體的鐵罐子上，當然冒了極大的風險，但是太空人願意這麼做，因為如此才能上太空，這種報償是「值得的」。對於許多人來說，冒著失去安全與熟悉的家而前往紐約這樣充滿不確定性的地方，是因為想到可能獲取值得冒這個險的報償：薪水較高的工作、能做的事較多、能遇見更多人等，都是明顯而確實的利益，而待在原來的家就無法得到。記得，我們的腦中在想到「家」時，不只是指所居住的建築物，也包含了周遭地區。因此我們的腦會權衡利弊得失，雖然經常會過度強調風險，但有時利益之大能讓權衡偏向一邊。位於默默無名地區中安全又熟悉的家，比不上繁華之處較簡陋的家。

腦中空間感

研究也指出，「連續性」（continuity）的感覺可以讓你覺得某個地方更像家。[34]意思是說，如果這個地方你很快要離開了，就會缺少家的感覺。如果你在紐約這類地方短期間更換數個居所，那麼紐約就更像是你的家，那些住過的建築本身不是，因為那些建築並未提供連續性的感覺，但是更大的城市能夠提供。

當然，沒有人想住在垃圾場。你很少看到人們會把最先看到的地方當成家，他們會到處尋覓可能有的「最佳」選擇方案。因此，一個家的結構必定有些特性與面相是人們所追求的，可能是腦部自動就產生的反應，抑或是在下意識的層級中出現。因此我問露西，人們在紐約找房子，有沒有什麼特定的要求。

「通常最在意的是空間大小。這是一個人口密集的城市，只要夠大的房子都會非常搶手。事實上，人們離開紐約的主要原因之一，就是需要更大的空間。他們往往是因為成家或其他原因，需要更大的房子，但是在這個城市中又負擔不起，只好搬到其他地方。」這很有趣。不過露西告訴我的下一件事，指出了在紐約，空間要比金錢有價值。

「我進行了一系列的報導，研究了那極度有錢、收入排名在前百分之一的人，他們願意犧牲一些事而選擇住在市中心。他們在曼哈頓中住在只有兩間臥室的公寓中，當然那是兩個空間很大、裝潢完善的臥室。不過，這些人在其他地方是買得起豪宅。但他們寧願犧牲空間，也要住在紐約這樣自己喜愛的地區。」

看來我們為了得到所需的空間，往往會做出犧牲，但是空間為什麼重要？如果家只是為了滿足內心對於安全的需求，我們應該不需要大量的空間。就算是需要空間，家只要足以容納所有財產及安置必需的設備（床鋪、衛浴用具等），應該是愈小愈好，因為比較小的家所消耗的空調費用較少、容易打理，同時也容易確保安全，有種種利益。

但是住家空間小，就代表新的東西放不進來、朋友無法來訪、家庭成員不能增加。同時也和社會地位有關：家大表示富裕、有成就。

人類對於空間的需求有比上面更為基本的原因，我們的腦需要足夠的空間才能覺得平靜，並且避免緊張。研究人類對於空間感覺的領域，稱為「空間關係學」（proxemics），最早在一九六六年由人類學家愛德華·霍爾（Edward T. Hall）發展出來。[35]他認為一個典型的人類需要四個空間「區域」，這些區域各有非常明顯的界線：親密空間（intimate space）、個人空間（personal space）、社會空間（social space）與公共空間（public space），這四種空間的範圍依序由身體為中心，逐漸向外推去。

最近的研究指出，人類對於空間的感覺，有個體差異，也有文化差異。[36]人們對於「近」和「遠」的概念不同。舉例來說，有項研究指出對於空間距離感極度敏銳的人，比較容易出現幽閉恐懼症（claustrophobia）。[37]但就算是沒有這類臨床症狀，人類的空間感也非常敏銳。上曾提到，人類腦中的感覺系統有許多部位用來直接處理與解析我們所處的空間環境。如果身在受到限制的空間中，腦部會在數個層面上都提高警覺，但腦部並不喜歡如此。所以一個壓力很大的人大喊「我需要一些空間！」然後滿懷怒氣走開，可能他真的需要空間。

因此整個重點在於人類的腦部會處理空間訊息，太小的家便難以忍受。空間上的限制意謂受到禁錮，無法知道附近（封閉的牆壁外）發生的事情，能夠逃避的方式也減少了。家是我們在緊張和焦慮時退卻的場所，如果太小了，腦部的威脅偵測系統會保持活躍，但這應該由家消除的。除此之外，有些證據指出，人在緊張或焦慮後，個人的疆界範圍會「擴大」，也就是較難以忍受其他人和東西靠得太近。[38、39]把實際用途與建築考量先放在一邊，有些屋子從心理學的角度來看，當成家太小了。這並非因為人類不能夠住在比較小的家中，而是住在太小的家中較不容易有正面的情緒，會不快樂。

我們需要比較大的家還有另一個重要理由：隱私。

絕大多數人不是一個人住，這樣的好處很多，例如之前提及的，有社會互動容易快樂。但是有誰願意身邊隨時隨地都有人？就算是最隨和、最熱情、最外向的人，休息時也需要私人空間，就算僅僅是睡眠亦然。與他人互動固然快樂，但是這時腦部得工作。社會心理學家很清楚，不論在任何狀況下，人際互動如果太多，會讓所有參與互動的人都煩躁，[40]因為每個人在心理上都已疲憊，這時我們需要離開那個情境，暫時遠離互動，以便「充電」，同時避免由社交引發的沮喪，這都有助於維持重要的人際關係，所以有句話說「男人需要獨處的空間」。有的時候我們需要人群包圍，有的時候我們需要隱私。

對於城市的居民而言，有能夠退居的場所無疑特別重要，因為他們處於高度緊張的環境中，到處都是人。把家安置在城市中，讓你能夠從事各種活動，也能讓你避開這些活動。換句話說，你能依照自己的狀況決定是否從事那些活動，從中得到控制與獨立的感覺，人類往往喜歡這種感覺。這是家讓你快樂的另一個原因。

提到空間。居所中有院子或附近有綠地，總是特別受到歡迎。露西指出，在紐約最為受青睞（也最貴的）地段，是能夠眺望中央公園的地區，具有花園的房子往往被視為要優於沒有花園的，縱使那個「花園」只是一小片土地罷了。顯然能夠到戶外又位於家的「範圍」之內，這種空間感特別棒，而且很重要。家裡沒有花園的人，也會種植盆栽或在窗外放置長方形花盆。這種希望自己被綠色植物包圍的強迫症是何理由呢？

這不全然是為了美觀而已，與自然和多樣生物互動，確實對於腦部具正面影響。對此，心理學家史蒂芬・卡普蘭（Stephen Kaplan）提出了解釋，稱為「注意力恢復理論」（Attention Restoration Theory）。[41]卡普蘭認為，人類腦中的注意力系統總是處於「活躍」的狀態，往前猛衝，和許多人打交道，持續將注意力轉移到當前最重要的事情上（例如你要讀這本書）。這會消耗心力、能力，因此使得腦部的工作量加重。在漫長狂亂的一天中，你必須持續保持注意力，之後你會覺得需要無所事事的發懶，做一些不用動腦的事，像是看亞當・山德勒（Adam Sandler）的電影。你很清楚就該這樣。

自然的環境會自然吸引我們的注意力，卡普蘭稱之為「迷戀」（fascination）。人類的注意力可以在自然環境中漫遊，這時腦部能夠短暫放下需要耗費神經效能的受引導注意力，然後可以休息、恢復精神、補充資源、強化神經元之間的連結，並且增強認知功能和改善情緒。因此，卡普蘭把充滿綠色植物和生物多樣性的環境稱為「恢復空間」（restorative space）。

綠色空間的優點非常多，甚至對身體都有好的影響。有個研究結果指出，醫院中的病人在病情類似的狀況下，如果房間看得到樹木或自然景觀，會比只能看到磚牆的恢復得快。[42、43] 從演化的角度來看，這是合理的。之前曾指出，不熟悉的環境會啟動腦中的威脅偵測系統，比起滿是陌生物件的環境，沒有什麼特殊東西的環境更能讓人放鬆。但是在大自然中，空無一物的環境是荒地，對於想要生存的動物而言，並不是個好地方。綠色植物茂密的環境代表充滿支持生存的資源，是可以找到所需的地方。具有腦子的動物會對這些環境產生正面反應、會受到這種環境的吸引而不會感到太緊張，這絕對有利於生存。如果每件事情都不熟悉，讓人感到恐懼，就啥用也沒有了。

我的家是我的城堡

露西告訴我：「我遇到過許多出生地不同的夫妻，舉例來說，妻子在郊區長大，丈夫在城市長大，現在他們住在一個小公寓中，腳踏車必須放在客廳裡。妻子看到這種狀況會想『腳踏車放在客廳裡，我們需要更大的房子，必須搬家』。但丈夫打心底不覺得哪裡出了問題。」她繼續說：「你得是某一類型的人才能夠住在紐約。有些人是『紐約人』，他們能夠融入這裡的生活，並且喜愛這個城市。其他人不是，他們不會一直住在這裡，很快就會離開。有人喜歡這裡，但是因為經濟或其他超出自己掌控的理由，而離開了這座城市，但依然是『紐約人』。」

露西了解到，家讓人快樂的方式與原因，有很大部分取決於個人的性格。這一點都不讓人驚訝，我聽了也並不高興。用神經程序來解釋性格，就像是解析貓所玩的毛球來研究牠的身體結構，這兩者間有關聯，但是這關聯也太複雜了。

性格與個人之間的差異，就某些方面來說，可能會挖我論點的牆角。舉例來說，我提到人類的腦偏好比較大的家，但這並非放諸四海皆準，在我寫這本書時，小房子的浪潮開始蔓延。[44]類似的例子還有我說過人類的腦需要隱私，但是有些人選擇住在不同的環境（與教徒或親密夥伴一起生活），這樣幾乎沒有隱私，世界上一些人口密度最高的城市中，幾乎沒有多少個人空間與隱私。

為了要解決這個棘手難題，我和露西說「再見」一小時後，就驅車朝西上M4高速公路。看似我想要逃避這個難題，事實上我是回家，回到我第一個家、我長大的家。

我回家是有原因的：家能夠讓我們覺得快樂的原因中，個人性格占了極重要的地位。家能夠讓一個人有多快樂也牽涉到性格，不過我們的性格並非在子宮中就已發展成形，那麼是在哪裡呢？如若要訴諸於經典的「天性與教養」（nature vs. nurture）爭論，那麼性格顯然受到兩者的影響。基因很重要，我們在生長與發育過程中的體驗也很重要。雙親的言行舉止，我們與同儕的互動，當然也有居住地的環境，全都對我們成年後的性格造成影響。[45]

那麼我們常待的環境，特別是在成長期間，會是哪兒呢？當然也就是家。

童年時期居住的家會影響長大之後的性格，並非我的推想而已，是有證據支持的。大石重熙（Shigehiro Oishi）和烏爾里奇·什馬克（Ulrich Schimmack）進行了一項大規模研究，在二〇一〇年發表結果。他們採訪了超過七千人，這些人在童年時期經常搬家（例如雙親是軍人，經常隨駐紮地搬遷）。他們發現童年時期經常搬家和成年後的心理健康受損、生活滿意程度下降、有意義伴侶關係減少，都有直接的關聯。[46]簡言之，童年時期若缺乏一個穩定且不變的家，長大後會比較不快樂。家、腦和快樂之間有明確的關聯。

聽露西說明紐約的魅力所在之後，我比較了解為什麼有許多人選擇搬到那座城市，覺得很有趣，但我卻不覺得自己想要搬到紐約去。我從來都不覺得搬到一個忙碌的城市中有什麼好的。我不習慣待在群眾中，受不了持續的背景噪音，覺得高樓大廈充滿壓迫感，更不覺得自己的本性能夠堅決到克服那些小缺陷。我認為這是童年經驗造成的。當我的腦部在發育時，人就居住在一個安靜又偏遠的小鄉村中。因此我根本沒辦法去欣賞城市的種種，更遑論是要能忍受。

就技術面來說，如果我的猜測是正確的，我在童年時期生長的家中培養了所有的性格特徵，在那裡我應該會最快樂。所以我想不然就來測試這個想法是否正確，現在就去童年時期的家，看看對我有什麼影響。

我不是在一個「家」中長大，而是在一間酒吧中，位於威爾斯彭提希馬（Pontycymer）的皇家旅館（Royal Hotel）。約莫兩歲時我搬到那，之前原和雙親住在一幢小房子中，這時住到了一個相當巨大的建築物裡，其中充滿了醉醺醺的陌生人，對於我那尚處於發育狀態的小腦袋瓜可能太過嘈雜了。我現在不喜歡人群和噪音、不願意因為堅持自我主張而受到注意，可能就是受到了當時的影響。所以年幼時，我都在這個繁忙的飲酒作樂處到處跑，避免與顧客有眼神的接觸，並且自己搞炸薯條來吃（我本來是個害羞的孩子，後來成為肥胖又害羞的孩子）。

所以我出發前往酒吧，為了科學！

我承認一路上忐忑不安。十五歲時，全家搬離了酒吧，只在近到能夠喝酒的年齡時，以顧客的身分回去一次。當時看到其他人住在自己待了多年的家中，感覺很怪異，像是參加交往許久的前女友婚禮，情緒非常複雜，混雜了鄉愁、親近、後悔、嫉妒、憤怒、痛苦等，還有其他許多。

自那次後到現在又過了近二十年，我會有什麼感覺？時隔這麼多年，會讓我的感覺染上「歸鄉」的色彩嗎？那些記憶造成的影響已經消失了嗎？也就是說我現在看待童年時的家，就像是看到一件舊衣裳，曾經有用但是現在已經不需要了。或是如同有些人說的：由於環境中的蛛絲馬跡能夠引起相關的記憶，[47、48]童年時期的記憶又是最鮮活的，[49]回到最早的家會讓我多少變成當時住在那兒的樣子嗎？

到頭來，這些猜想都落空了，因為童年時做為家的酒吧，已沒有人活動了。木板封上門窗，玻璃碎裂，懸鉤子茂密地攀爬生長。顯然在多年前這座建築就已被拋棄。我的家鄉在一九八〇年代因遭受經濟衰退的衝擊，已經沒落了。

我的感覺是什麼？顯然不會是「快樂」，但是我努力想要找個適當的詞彙形容我此刻的感覺，這個感覺非常非常奇怪。由於看到我的老家，腦中頓時湧現許多美好的回憶：在門外石階上扮演士兵、在露天啤酒店的斜坡賽卡丁車、追著把廚房中無人看管的牛排偷叼走的狗

（自家養的）、每年耶誕節布置整個旅館，還有其他許多。

我從破爛窗戶的空隙往裡面看，那些珍貴的回憶馬上就被現實的畫面壓倒了，那些美好記憶中的場域，現在滿是荒廢破敗、淫穢的塗鴉文字。那怎麼都不會是個讓人舒服的經驗，宛若把兩個相去甚遠的情緒混合在一起。就像是之前提到參加前女友的婚禮，看著他們開車去度蜜月時，車子突然爆炸了。

我坐在前門外的步道上（之前先把上面的碎玻璃掃開了），宛若專注的神經科學家，想為自己的反應找出神經學上的解釋。理論上來說，那只是一棟建築，我和這棟建築已無任何密切關聯了。現在房子處於破損荒廢狀態，當然非常可惜，但是這棟房子對我的生活已不再重要。

不過，老家的這個狀態讓我產生了強烈的情緒反應，如果不是房子對我而言很重要，是不會有這樣的反應的。顯然在我的腦中，並不是單純地只認為它是我曾經的住所。那感覺像是自身的一部分已經死亡。這樣好嗎？如果同我之前所描述的，家和腦部有多種產生交互關係的方式，而我們的腦其實就是「我們自己」，那麼把自己的家當成是自我整體的一部分，會不會是種誤解？進一步深究，似乎又非如此。

美國丹佛大都會州立大學（Metropolitan State College）教授凱倫·羅拉（Karen Lollar）

的家曾毀於祝融，她寫了篇論文描述自己的經驗。[50]正如你想的，這是非常沉痛的經驗。之前曾經提到思鄉病令人深感悲痛，更何況是整個家都不見了。心理聯想也確認了這點，[51]特別是居家建築整個遭受毀壞，例如經歷了火災或天然災害。並無特定的名詞形容這種創傷，但是可以和「喪失文化之痛」加以比擬，在非自願的狀態下突然失去自己建立的家，這種悲慘的狀況絕對會傷及心理。

羅拉教授在論文中寫道：「我的房子不是某個『東西』……這房子並不僅僅是一件財產，或是沒有感覺的牆壁結構。那是我身體的延伸、是自我感覺的反射，讓我知道我是誰及想要成為的模樣。」

腦部成像研究也指出，「我家是我的一部分」這個論述會反應在腦部的運作中。有項研究指出，受試者看到他們認為屬於「自己的」物品時，腦中的活動會和看到屬於他人之物時不同。[52]更有趣的是，受試者想到他們認為可以描述自己個性的形容詞和詞彙時，同樣的腦區也會活躍起來。總的來說，用來處理自我感覺與個人性格的腦區，也用來辨認自己的財產。雖然這個研究主要看的是個人財產，而不是家，但家是我們最大也最重要的財產。我們在家上面花得錢最多、讓家最適合自己的喜好，而且其他財物幾乎都放在裡面。

家本身也超出了建築的基本範疇。有一個心理學理論稱為「地方認同」（place identity）：

對於塑造與影響自我感覺的地方，[53]人會賦予意義和重要性，從中產生地方依附（place attachment）[54]：個人對於某個特殊地方的強烈情感連結。你曾經在找新家時走進某間房子，在尚未看仔細之前便想：「對，就是這間！」或是去到某處馬上就喜歡那裡？喜歡到你會反覆拜訪，或是盡早搬過去？我的朋友克里斯（Chris）曾計畫花幾個月環遊世界，他一開始前往日本，然後過了將近十年，都沒有離開那裡。有的時候某個地方就是會符合腦中的所有選項，這些偏好甚至連你自己都不知道，而這時你馬上就能夠認同的那個地方，就是地方認同。

以上種種，該得出什麼結論呢？有我自己的研究，有露西說明的紐約魅力，有我造訪童年的家帶來的意外創傷。我發現我的家和我的腦之間如何產生交互作用，而這種交互作用怎麼讓我歡喜讓我憂？

我們人類似乎不得不找尋一個家，因為家能夠滿足人類尋找安全與保障的內在驅力，讓腦部停止注意威脅與危險，免於持續維持警醒。我們的腦很快就會學到家能夠解決人類生存的基本需求，例如食物、溫暖和睡眠。在家中，許多當前的壓力會移除，讓腦部對家產生正面連結：有利於我們的福祉與快樂。

但是有些家更受到歡迎，這些家更為安全，提供的保障更多、空間更大、隱私更完善、周遭的綠地更多，在我們腦中的價值也更高。人類的腦精細複雜到足以讓我們覺得家不僅僅是所居住的建築，還包括周圍地區，而且如果家所處地區能夠讓人接觸到更多新奇事物、刺激和機會，就會更受歡迎。

在更複雜的認知層級上，個人的性格和偏好也會影響我們找尋喜愛的家。家不僅僅是個有用的東西或財產，也是我們主要的生活場所。我們有很多時間待在家中，也有很多精力放在打理家務，很多記憶也和家有關，我們的腦實際上認為家是自己與自我身分的延伸。家的概念亦可擴展到更大的地區，人們會把某個地區納入自我感覺之中（例如「我是紐約客」）。

這裡有一個重點。家或許會讓你感到快樂，但是家的位置和本質卻是由其他因素所決定的，例如工作、金錢、種類、安全性、鄰近朋友和家庭，以及其他許多東西。最受喜愛的家不只是「一個住起來舒服的場所」，還有其他優點。有的時候家住起來甚至不舒服。因此，家雖然很重要，但是我也要強調，對於讓人快樂來說，家不是最重要的。

把這些納入考慮後，腦和家之間的交互作用可能才是最基本的。要解釋家為什麼讓人快樂，就像是解釋為何腿會讓你快樂。他們有許多讓你感到快樂的方式，但這不是他們真正的目的，而是有更深層的原因。

如果說家不是讓人快樂而是讓人避免不快樂，可能會更公允些。這個說法聽來像是狡辯，但那確實是不同的兩件事：「沒有欠債」和「有錢」不同。家深深涉入了我們生活的各個面向，腦和家能夠產生互動的方式太多，因此無法確定家是以哪種特定方式讓我們快樂。或許，家的重點可能是能夠滿足各種基本需求，因此我們會將心力放在其他讓自己快樂的事物上。例如工作、娛樂、家庭、情感關係、創作等。家不會直接讓我們覺得快樂，而是讓快樂來得容易。如果要從上述種種找出一個結論，可能就是這個了。

在這章我一開頭便表明目的，是要指出家會讓我們快樂，當然有明顯的神經學說法能夠解釋原因。到最後坐在碎玻璃之中，身後是我童年的家，現已化為廢墟。我知道我擅長比喻，只是此刻我什麼話都說不出來。

第三章

工作讓你的腦快樂

我離開童年生長的地方後，開車沿著驚險蜿蜒的山路回家，這時想到自己對於快樂機制的調查顯然沒有成功。利用腦部造影的計畫受挫於腦袋閃閃發光的教授；認為家和快樂有關的想法，讓自己回到童年居所的破敗遺跡。如果你因此覺得不快樂，還希望見諒。

你不需要覺得不快樂，而奇怪的是我也沒有覺得自己不快樂。可能的原因在於雖然進展緩慢，但我依然在撰寫一本真實的書，這是許多人的夢想，是充滿展望之事，因此還是充滿熱情、樂觀以對，並且一心想要知道之後的研究會將我帶到何處。

二〇一七年二月，那個「哪裡」是義大利的波隆那（Bologna）。這座知名城市，也是歐洲最古老大學的所在地，[1]在機場的入境大廳販售藍寶堅尼，真是不簡單。

此次前往波隆那是為了在工藝博物館（MAST foundation）進行一場演講，這個非政府的慈善文化機構，包括了科學博物館、美術館、餐廳、托兒所、大學、健身房，可能還有其他單位，像是人類在太空中的殖民地，只是剛好蓋在一座義大利古城中。抵達博物館時，我看到他們最新的裝置藝術，那是非常棒的作品。

這座裝置藝術由多個影片組成，展示了各種真實生活的樣貌：在巨大的大理石採石場裡敞胸的中年地中海男子，駕駛採掘機切下石版；[2]年輕的迦納男性在西方科技廢棄物中，找尋有用的零件；辦公室員工在如流水般傳來的檔案上蓋章；德國工廠的工人於生產線上組裝完成汽車；凡此種種。

該展覽的主題是「進行中的工作」，顯示了世界各地人們工作的內容。由於成年人多數的時間是花在工作上，有些人算出我們工作的時數總加起來為整整十年，[3]因此工作的性質對人有不可磨滅的影響，會讓人快樂，也會讓人不快樂。要說糟糕或不快的工作讓人極度悲慘，工作壓力無疑是個嚴重的問題，[4]幾乎不會引起爭議。但是另一方面，我們也都見過早上迫不及待起床的人，因為他們熱愛自己的工作。*所以狀況看來很清楚：好的工作讓人快樂，壞的工作讓人悲慘和緊張。

不過，本書談的是腦部的運作，答案什麼時候會是這麼直接了當的？

就如同工藝博物館這場展覽所揭露的，人們有各式各樣的工作，而多數西方人在五十歲前約莫會從事十二個不同的工作，這個數字有可能還會增加。[5]**但不論是什麼工作，總是由人類和人腦來做。所以工作是怎樣讓人快樂或不快樂的呢？

---

* 基本上遇到了這樣沾沾自喜的人，你都得忍住內心的衝動，才不會親手用他們的新奇花領帶勒死他們。

** 做過工作的平均數量，因為有些人年紀還會繼續增加，工作種類的數量也會跟著增加。

給腦作「功」

「功」最基本的定義是「完成一件任務時所耗費的能量與心力」。所有的工作與任務都需要你耗費能量、付出某種形式的心力，可能是身體勞動，也可能是腦力消耗。就算在這最粗糙簡單的層次，工作對於腦部的影響亦顯而易見，可以讓人感到比較快樂，也可能真的讓人比較快樂。

許多證據指出，身體愈是活動，腦部的運作也會愈好。[6]這自有道理，因腦是身體中的一個器官，需要能量與養分（而且需求量較其他器官要多）。[7]身體活動增加，能夠改善心臟健康，加強心臟力量，降低體內脂肪與膽固醇含量，提高新陳代謝，這全都有助於提供血液和養分到腦中，使腦部的各種能力都得到提升。

身體活動能讓腦源神經營養因子（Brain Derived Neurotrophic Factor, BDNF）分泌量增加，刺激腦細胞的生長與數量，對於腦部還有更為「直接」的影響。[8]這也說明身體活動為何能對神經系統帶來種種好處，[9]例如促進學習能力與記憶、增加海馬回體積及整腦部灰質中較高層的部位。[10]研究也指出，兒童若參加更多肢體活動和運動，學業測驗分數也會比較高。[11]*

如果你的工作得付出身體勞力，那麼對於腦部的正面影響能夠讓人快樂。雖然有句話說「有些事不要知道比較幸福」，學習與其他相關的能力增加（或許）能夠讓人比較聰明，有證據指出比較聰明能夠讓人稍微快樂一點。[12]還有，運動能夠刺激腦內啡的釋放，[13]在第一章中討論了這種「快樂化合物」。此外，身體整體比較健康，也代表更有能力去從事讓自己快樂的事，不會因為缺乏運動造成不適與緊張。

同樣地，心智活動顯然對於腦和身體有利，對於準時上班、不需要耗費身體勞力的工作者來說，是個好消息。研究指出，教育程度愈高的人，愈不容易罹患失智症和阿茲海默症。[14]驗屍的結果也指出，受到高等教育的人就算腦部因為這種疾病而嚴重退損，但是到死都不會出現明顯的臨床症狀。[15]總的來說，愈活躍的腦也愈強韌。

我們知道腦有彈性與適應力，會持續產生新的連結，並強化已存在的連結，還會消除不需要的連結。腦的運作方式有點遵守「用進廢退」政策，因此愈是用腦，腦中的連結與灰質就愈多。當然，年紀和熱力學定律最後還是會占上風，但經常使用的腦衰退速度會更慢，我

＊不過別強迫你的小孩現在就到足球場上踢球。運動能夠讓兒童更聰明嗎？或是會讓兒童在運動和學業評量的表現比較好嗎？就如同其他神經科學研究一樣，這些都未有定論。

們通常會說這樣的腦有比較大的「認知儲備」（cognitive reserve）。腦子愈用會愈聰明。

所以說，工作不是要付出體力，就是要付出腦力，而這些最終都增進了腦的功能，讓我們更聰明也更快樂，真是好棒棒。

這個結論只有一個小問題：屬於無稽之談。身體上的活動和費心力的工作，與增進腦部功能和快樂之間，確實有關聯，但是整個狀況都還混沌未明。你把一個人放到馬背上，兩者當然有緊密的關聯，但是並不能自動推衍出半人半馬的奇幻生物確實存在。真正的解釋要複雜與困難多了，就像是要把一個人放到馬背上。

舉例來說，如果肢體運動真的能讓人比較快樂，為什麼我們總是避免身體勞動呢？為什麼我們不會跑到採石場去，當班工作十九個小時，徒手挖掘石頭呢？如果身體勞動就能夠讓人快樂，那麼整天在破碎金屬廢棄物小山中攀爬的迦納工人，其快樂的程度應該要勝於在高樓寬敞辦公室中的嬌貴企業執行總裁。不管怎麼說，這都是個可疑的結論。

實際上，身體運動可能有益，但也會造成損傷與疼痛，因此科學界認為「強迫勞動」（forced labour）是殘酷的懲罰，而非獎賞。基礎物理學告訴我們，從事工作必須要「做功」，這會消耗能量。人類的身體擅長運用與儲存能量，但是這種能力顯然有其限度。我們不能像電池廣告中的那隻兔子持續工作。太多的工作會導致能量儲備受到剝奪，身體也會受到傷害。

這個狀況顯然牽涉到生存。之前討論過腦部會把行動和報償連結在一起，好鼓勵我們從事那些行動。但是如果行動會造成太大的傷害時，又該如何？叢林貓如果整天狩獵鼩鼱，像是卡通《湯姆貓與傑利鼠》（Tom and Jerry）那樣，會把太多的能量花在太小的獵物上，結果消耗的能量遠比獲得的多。這類的行為如果經常出現，最終將導致死亡。人類的狀況可看成是工作的薪水穩定且定期發放，但是每天的報酬低於上下班所花的交通費。重點不在於你的努力是否有報酬，而是是否有「足夠」的報酬。

幸好我們的腦似乎演化出能夠避免這種事情的能力。伊爾瑪．庫尼亞旺（Irma T. Kurniawan）和同事在二〇一三年發表的研究中[16]，分析了被迫為了要得到或避免失去金錢，必須付諸較大或較小的心力，結果發現有一個神經系統會預判所需付出的心力，該系統主要位於前扣帶回（anterior cingulate gyrus）和背側紋狀體（dorsal striatum）中。受試者覺察到需要付出比較多的心力，這兩個部位會更為活躍。如果得到的報酬要比預期的高，腹側紋狀體（ventral striatum）也會活躍起來。不過，更有趣的發現或許是在付出心力需要增加的狀況下，該效果會明顯減弱。

轉換成非行話來說，這些腦區會自動評估完成一項任務所需要付出的心力和得到的結果，更重要的是，能夠綜合兩者以決定是否值得從事此項任務。假若你曾經面對工作時，心裡想著「你知道嗎，我根本懶得理會」，現在你知道原因了。不過這個評估付出心力的系統，很像是威脅偵測系統，是不會停止運作的，就算不需要它時仍然開啟，真是滿諷刺的。但是這對我們的工作有很重要的意義，對其他事情也是。

如果這個系統只是批准是否要付出心力而已，可能就還好。事實上，該系統讓腦對於浪費心力這件事更為敏銳，並且主動防止這樣的狀況發生，控制的程度足以改變我們的思維和行為。舉例來說，倫敦大學學院（UCL）的羽倉信宏（Nobuhiro Hagura）[17]所領導的研究中，讓受試者以推動搖桿方向的方式，回答螢幕上成群點的移動方向。其中有一個遙桿很難移動，也就是需要費更多力氣才能夠推動，以回報點點移動的特定方向。讓人驚訝的是，由於要費更多勁才能移動搖桿，就算是螢幕上有點點移動，受試者卻不屑一顧。

這個結果的意義在於：為了避免沒必要的心力付出，我們的知覺會改變。我們的意識、世界觀會為了避免無謂的艱難工作，而在察覺不出的狀況下稍微改變。

事實上，有證據指出腦部經常如此，著實令人擔心。人們會信心滿滿地說標示著「春天草原」的味道，聞起來要比標示著「用過衛生紙」的味道還好，但其實這兩種味道是一樣的。[18]與我們當前目標相關的物體，在視覺中會顯得比較大，爬山時如果心中有負面想法，像是怕高，或是因為攜帶了沉重裝備而特別費力時，會感覺山坡更為陡峭。看來人類的知覺經常改變，好讓我們不去做腦所不贊同的事情。

有個解釋方式是，令人不悅的事物引發了相關的情緒狀態（噁心、沮喪等）。腦部基本上會從來自感官的原始資料，「創造」出我們感知事物的表徵。顯然這樣的過程需要很多的推斷與計算，但是情緒狀態會讓腦在這個處理過程中「抄捷徑」。舉例來說，當我們站在懸崖邊，腦基本上會說：「嗯，我應該利用所有相關的視覺訊息，看看自己站得有多高，但是我現在既緊張又恐懼，顯然高得令人害怕，應該就是這樣吧。」這樣的影響扭曲了我們對於事物的感知。對於害怕蜘蛛的人來說，蜘蛛顯得很大。對新手駕駛來說，其他車子的速度快到嚇人。如果你討厭目前的工作，那麼辦公室便看起來灰暗悲慘、死氣沉沉，而在無關者眼中根本毫無感覺。你所感知的事物，並非單純來自於相關的感官資訊，而是受到你眼中那些事物相關的情緒所影響與扭曲，而浪費心力很容易就會引發相關的情緒。

因此總的來說，腦子不喜歡我們把心力放在看似毫無利益的事物上，當腦子決定不喜歡某些事物時，就會激發相關的負面情緒與感覺。更直截了當地說，從事投資報酬率低的事讓人不快樂。如果你花了數小時拼好一個組裝櫃，結果放了一隻襪子進去後，櫃子就垮了，你當然不會因此而快樂，而是氣得咬牙切齒，陷入絕望之中。

花了數月準備的提案或計畫，結果慘遭駁回。你日以繼夜的全力工作，但是始終無法獲得升遷。你對客戶恭敬有禮，卻換來了粗暴無禮。你多年的付出，公司最終還是被併購了，沒有半點回報。現代的許多工作就是這樣，很容易徒勞無功，所以許多人（應該是大多數人）對於工作都抱有負面觀感，星期一早上醒來，對上班這檔事不是極度冷淡、就是極度厭惡。

增加身體運動可能有助於腦部，也能給認知與快樂帶來正面影響，但是這個過程緩慢且微妙。相較下，心力投入到顯然沒有回報的事物上，則確定可以讓腦部把那件事物貼上「糟糕」的標籤。由於現在許多工作的本質就是那樣，投入心力卻得不到報償的情況屢見不鮮。

如果是這樣，那麼我們幹嘛要工作？

工作本身並不是報償

這是發生在我身上的事：我以前的工作是在一所地區性醫學院負責屍體的防腐和解剖，這些屍體用來給學生練習手術及學習人體構造。從那時起，與他人爭論誰的工作比較糟糕時，我一定都「贏」，但無疑是令人悲哀的勝利。

雖然這個工作令人不悅又煩躁，但我還是做了近兩年。或許這個狀況要比多數人經歷過的事還辛苦，但並非不尋常的現象。許多人持續抱怨自己的工作有多可怕，但還是每天拖著身子到工作場所，哪裡有什麼在等著呢？每分鐘都讓人反感。人為什麼要去上班？又是怎麼辦到的？

顯而易見的答案是：他們必須要去上班。人類或許打造出了一個極端複雜的世界，但是依然需要基本的食物、水和居所。只是現在的我們無需出外尋找，而是透過錢購買。我們工作賺錢。因此說工作沒有報償是錯誤的，我們是為了薪水而工作。

腦的確認為金錢是付出心力後獲得的有用報償。有證據指出，金錢補償能讓腦部的中腦邊緣報償系統產生反應，[19]對生物的重要事物（如食物與性）也能夠刺激該部位。所以得到錢的感覺很棒。大鼠或鴿子對錢的感覺不同，牠們眼中的錢不過是一些金屬圓板或花花綠綠的紙，雖會因好奇而去聞一聞，但就僅止於此。人類可以了解錢的內在本質與重要性，工作便是得到錢的方法。

錢的重要性無需多言，所以經常有人問：「你幹什麼過日子的？」錢不夠是會威脅到生存的，因此西方心理學家把失業列入十大壓力事件中。[20]缺錢也會引發腦中的威脅偵測系統。有個工作是最明顯、無風險又受到社會接受的賺錢方式。工作時我們付出的心力得到了報償，得到了錢也讓我們有安全感，[21]所以才有會有「財務保障」（financial security）這個詞。

無怪乎腦子雖然抗拒，我們依然花了那麼多時間在自己厭惡的工作上。這多少也說明了工作讓人快樂的原因。工作就和家一樣，能夠滿足我們的基本需求、提供安全感、有助於腦中出現正面反應。這還解釋了上一章所提及之現象：工作往往決定我們的居住區。我們需要錢才能有個家，要有工作才能賺錢。

還有錢之外的原因。我們知道腦子會習慣足夠可靠與熟悉的事物。領到第一份薪水讓人非常快樂，心理負擔（擔心要付帳單）減輕了，現在你可以有更多的選擇，財務上也更為自由。但是幾個星期或幾個月後，同樣的錢依然在每個月的固定日轉到你的帳戶中，興奮感卻沒有那麼高了，這是因為薪水是預料中的事，刺激的強度減弱。在舊褲子中發現五十英鎊的感覺，要勝於得到日常的五百鎊薪水。

幸好腦可以把工作的其他結果當成報酬，因為腦不只在意要滿足基本的生物需求。有些科學家把人類的需求區分為生存需求和心理需求，[22]後者對於人類的生存不是必需的，但是能夠因為認知上的複雜原因讓我們覺得滿足，其中之一是控制感（sense of control）。

一九六〇年代，心理學家朱利安·羅特（Julian Rotter）發展出「制握信念」（locus of control）的概念。[23]如果你覺得對於發生在自己身上的事情，自己得負起責任，那麼你就具有「內在」制握信念（internal locus of control）。如果你認為是受到他人的幫助或外來事件的影響，那麼你就有「外來」制握信念（external locus of control）。數個研究指出，內在制握信念和比較高的幸福、快樂、財富有關聯，研究的對象廣泛，包括大學生[24]和年長的退伍軍人[25]。其中的道理在於，如果事情在你的控制之下，就能夠避免壞事發生。如果你無法控制，那麼就難以阻止壞事發生。後者聽起來更有壓力吧？*

有些人認為制握信念是內在特質，基本上是固定不變的，是有證據顯示那是學習而來的，能夠因為經驗而改變。[26]其中的神經機制尚未解明，不過至少有一項研究結果指出制握信念、自尊和壓力反應與海馬回的大小有關，[27]顯示經驗和記憶的確與制握信念有關。其他的證據則指出，人類對於控制感的敏銳性及對於失去控制權的反感，在非常年幼時便成型了，甚至早在還不會走路之前。[28、29]無怪乎嬰兒都討厭「不行」這個詞。

不論背後的機制是什麼，對於工作這件事的意義很明顯：如果你的工作掌握了權威、負擔了責任，那麼就有可能感到有控制感。腦喜歡這樣，你就比較快樂。

你工作的報償可以是控制感，但是工作也可能讓你失去或缺少控制感，這對心理會造成

---

*當然並非一定如此。對有些人來說，控制感代表在出錯時他們會有壓力，並且自己要負責。相較之下，覺得事情不在自己的控制之下，也代表沒有壓力。一樣米養百樣人。

傷害，有時甚至造成臨床症狀。[30]具有嚴苛規矩和方針（例如衣著規定、微觀管理）的工作會剝奪一個人的自主性，有些工作讓你持續受到關注（電話銷售、零售），普遍認為這些都是讓人高興不起來的事情，也是壓力來源。企業一直強調「顧客永遠是對的」，實際上卻是對員工造成傷害。

和控制相關的是勝任能力（competence）：能夠做事且做好。腦能夠正確評估自己的表現與能力，是個重要的認知功能，讓我們好好決定哪些事情該做、哪些不該做。走在街上看到有人倒在路邊，你可以拿起手機叫救護車，因為你知道這件事自己辦得到。但是你不會想要用隨身的車鑰匙和原子筆，就在人行道上為那個人進行心臟手術，因為你知道這超出自己的能力範圍，還會引起嚴重傷害。腦如何判斷我們本身的能力，現在還不清楚。但有證據指出，右腹內側前額葉皮質（right ventromedial prefrontal cortex）的組織密度，也就是重要的灰質含量，和正確的自我評估[31]有關聯，因此該部位可能有一定的功能。不過，人類的腦部似乎非常重視勝任能力。

工作提供了許多需要付出與展現能力的機會，如果你達不到勝任工作的基本要求，便會失去工作，因此腦部能夠確認工作對於生存而言是重要的，對於個人能力的要求也往往很高。勝任能力也和腦中的心力評估系統有關，在從事不擅長的工作時，所付出的心力會比自己擅長的工作要來得多。開車到店裡買牛奶，對許多人而言是日常工作，但是對於不會開車或不知道商店在哪裡的人就很費力了。顯然勝任能力是腦部底層運算中一個重要的面相。

這個面向可以從腦中的結構看出。研究指出，有經驗的倫敦計程車司機的海馬回中有個部位比較大，特別是和複雜空間導航相關的部位。[32]音樂演奏家也是，擅長鋼琴或小提琴的人，腦中運動皮質和手部與手指精細動作相關的部位比較大。[33]工作往往會強迫我們進行重複的動作與行為，因此腦部有時間去適應這些行為，讓我們更為擅長。這會讓我們比較快樂，因為腦喜歡勝任工作的狀態。

許多工作提供了各式各樣的方式，評量我們的勝任能力，例如營業額目標、分紅、升遷、績效考核、薪酬等級、每月最佳員工等，這些全都能夠快速且明確的衡量某人在工作上的表現有多「好」。人類的腦似乎喜歡為事物評分，而且是由特定的部位來執行這件事。二〇〇六年，卡斯泰利（Castelli）、葛拉瑟（Glaser）和巴特華斯（Butterworth）指出，[34]頂葉中的頂葉內側溝（intraparietal sulcus）參與了腦中評估事物的程序，這個評分程序甚至還可區分成數字評估（「我的盤子中有三十八根薯條」），以及比較「類比」的比較性評估（「他盤子裡的薯條比我的多，下次再也不來這家吃了」）。許多人認為，頂葉內側溝的基本功能之一，是整合來自於各種感官的資訊，並且把這些資訊和運動系統連接在一起，還有其他如控制行為等。[35]這道理前後一致。

基於種種原因，腦需要有勝任愉快的感覺，有這種感覺時，我們比較快樂。工作讓我們有更多的機會證明自己的能力，而且由他人從客觀的角度證明這種能力，感覺滿好的（當然能力受到批評時就不會覺得愉快了）。

工作也提供了其他形式的報償，例如讓人接觸新的事物或環境（上一章提到腦喜歡新奇事物，所以內容反覆、缺乏變化的工作經常受到詬病），同時增加與他人互動並建立社會連繫的機會（之後會提到）。這裡需要牢記的重點是，大部分的人工作是為了錢，腦中的機制有數種方式讓工作能夠提供報償，並且滿足內心的需求和欲望，這有可能讓我們快樂，就算你的工作是解剖屍體。

腦中自己的五年後是什麼模樣？

這些關於腦部處理工作的種種研究，最後讓我從腦部深處挖掘出一個自己和工作有關的意外事件，一件讓人尷尬的事。因此雖然違背本意，但我仍想要與你分享。

有次我剛開始新的工作時，被迫參加全天的「新人訓練」，安排的課程是對新進員工介紹公司的願景、目標之類，內容一如所料，極度無聊，因此在下午介紹公司價值時，我坐在椅子上睡著了。

我聽到「迪恩，我們公司的三大核心價值是什麼」時驚醒了。我意識還沒完全恢復，腦袋也一片混亂，便回答說：「嗯，服務大眾、保護無辜、捍衛法律？」接下來是一段令人尷尬的沉默，當然是因為我說的是一九八〇年代科幻角色《機器戰警》（Robocop）的主要準則，而非剛才課程中介紹的公司核心價值，與現狀完全無關。

撇開荒謬的電影哏不談，這樣的經驗其實滿普遍的。你聽過許多人在冗長乏味的工作坊、專題演講或研討會中奮力維持意識清醒，這些場合中，雇主都能夠堅持下去。現代職場生活實際上就會有這種狀況，除了高階管理職之外的人，全都覺得很煩。為什麼會這樣？為什麼要堅持說那些冗長無聊的內容，讓每個人都煩躁，而且還不能去完成實際的工作？

重點是，許多企業和組織希望員工能夠快樂，花了很多時間（和金錢）以達到這個目標，採取的方法包括外出工作日（away days）、團隊向心力訓練、工作動力諮詢與研討會、留職計畫、意見回饋調查、職場津貼等。有些可能真的是出自於慷慨或關心員工，但諷刺的現實是：快樂員工為公司創造的利益比較多。

有強大的證據指出，比較快樂的員工其生產力最多可提升百分之三十七。如果僱用的一百名員工全部都快樂，就相當於做了一百三十七名員工的事，而且不用多花錢。相反地，不快樂的員工其生產力會下降百分之十。[36]當然快樂的人也比較健康、抱怨也少，[37]所以企業就算把員工視為毫無價值的聽差僱傭，也會希望他們快樂。

但是要讓不同類型的人照自己的命令就高興起來，其困難度令人吃驚，除非你採取極端手段，例如把迷幻藥放到飲水機中（天知道這種辦法對生產力的影響）。因為大腦會一直放棄障礙與困難的事物。重要的事情是動機（企業希望能夠讓員工有工作動機），以及在神經層級上促使動機運作。

動機主要由目標引導，具有想要達成的目標時，這個動機便會引導行為。[38]對於多數生物來說，這種運作方式很簡單。目標是「得到食物」，動物於是有了動機去狩獵或採集食物。如果目標是「不要悲慘可憐地死去」，那麼動機便是避開大型動物的鋒利白牙。[39]但是我們具有惱人的智能，會從這些基本的動機處理過程中發展出許多複雜的行為。過往人們認為，人只想做自己喜歡的事、讓自己快樂的事及避免不喜歡的事。佛洛伊德就這麼認為，而且提出了「唯樂原則」（Hedonic Principle）。[40]但是人類和人類的腦並沒有這麼單純。

就算在日常生活中，腦部處理動機的方式也難以探究。一般人會想，多數員工工作的動機是為了賺錢，因此給他們更多錢就會更有動機工作了，不是嗎？的確不是。證據顯示在某些狀況中，給人更多錢會讓他們喪失做某些事情的動機。為什麼會這樣呢？

動機可分為外在動機和內在動機。報償來自外界會引發外在動機，報償來自內心會引發內在動機，因為你自己遵從動機是為了好玩或滿足，也可能是滿足了自己的願望和野心。[41]想要幫助人們並改善世界而去當醫生，這是內在動機。若是為了高薪和穩定的工作則是外在動機，因為薪水和工作都是他人給予的。

重點是內在動機看起來力道更強，你可能會認為因為報償來自於自己的腦。[42]在這裡矛盾就產生了，有時若以金錢財物之類的做為報酬，迫使人們做事，他們會覺得這不是自己想做的，於是做事動機變成了那些報償的附屬品。基本上在得到報償或報償消失時，相關的動機也隨之消逝。如果動機來自於內在，是由自己決定要做的事，就不太容易如此。

在一項研究中給兒童美勞用品，其中一部分兒童如果使用的話便給予報酬，另一部分則隨便他們做自己想做的事。後來再次給兩群兒童美勞用品，這回沒有任何指示，那群沒有得到報酬、自願使用美勞用具的兒童，會自願使用這些用具，同時更具有興趣和熱情。[43]從這個實驗來看，雇主的結論可能是除了提供薪水之外，讓員工有更多自主性、對自己的工作有更大的控制權，員工就會比較快樂且奮發。連鎖餐廳的主廚如果不是遵從「管理總部」發下的菜單，而是做自己想做的菜品，可能會比較快樂嗎？可能吧，我不知道。科普書的作者如果能自己規定截稿期限，能夠讓文稿進展得更快嗎？*

不過我要提出忠告。首先，這不是二選一的狀況。人們想要報酬，而且需要報酬。那個兒童和美勞用品的實驗可能令人信服，不過小孩子並沒有房貸要付，也沒有小孩要養。我們現在也知道腦部天生就傾向付出最少的心力，所以如果能夠「做自己想做的事」，許多人會幹的事情可能不多。許多雇主對此心知肚明，幾乎每個公司都有很多規則和條款，員工必須得遵守，才能保住工作。只是這些規則會減少員工的自主性，使得員工較不快樂、生產力下降。要維持平衡並不容易，顯然沒有解決方案。

不過，我們還要考慮另一個層級的動機。絕大多數的動物「活在當下」，但是人類的腦能夠思索未來，並且一直如此。也就是說我們有短程目標，也有長程或「人生」目標。基本上就是野心。有證據指出，比起只專注在為了生存的種種需求，為了人生目標奮鬥則會讓你更為快樂且滿足。[44]羅伯特·安格紐（Robert Agnew）所提出的「犯罪一般化緊張理論」（General Strain Theory of Criminology）[45]，甚至認為無法達成目標是犯罪行為的主要成因。顯然有長期目標與野心，對於快樂和行為有極大的影響。

許多心理學家認為，腦對於自我有幾個不同的形象：「理想我」（ideal self）和「應該我」（ought self）。[46]理想我代表的是我們心中的目標、自己希望成為的理想狀態。「應該我」則是我們覺得自己應該展現出來的行為，從而能夠達到目標。「理想我」就像是冠軍運動員，處於生理狀態的顛峰。「應該我」則像是應該去健身房鍛鍊，同時還要戒除披薩和蛋糕，因為我「應該」做這些事情才能夠達到目標。證據指出，理想我對於工作時的快樂有很大的影響。[47]基本上，如果腦部認為我們正在朝著理想我前進，就會比較快樂。如果沒有就不快樂。當你從事的工作和個人目標並不相符，甚至離目標愈來愈遠，那這個工作就難以讓人快樂了。

因此在理想的狀況下，最好是從事自己想做的工作，而且這個工作能夠推動你接近目標，這樣你的野心和你雇主的目的就能彼此互補。至少在某些程度上，雇主似乎都知道這一點。理由之一是他們不斷地與員工接觸，想讓他們知道「公司願景」；公司高層想要解釋自己的計畫和意圖，以說服員工朝著該目標前進。所以雇主在面談時常問道：「你認為五年後的自己會成為什麼樣子？」如果應徵者說：「成為採購部門副理。」那麼應徵者就有可能為公司熱情奉獻。如果應徵者說：「成為奧林匹克踢踏舞冠軍。」那麼他們就不會全身投入工作了。

＊給我的編輯：不，並不會。

很不幸地，在現在這個世界，要找到與自己人生目標相符的工作還滿難的。許多小孩表示要當太空人，卻很少渴望成為咖啡館服務生，而你在日常生活中較常見到哪一種？成為咖啡館服務生也很好，但是製作大杯雙份濃縮咖啡的豆漿拿鐵*與駕駛太空船自是無法比較的，不論哪家咖啡店店長都改變不了這件事。若工作和自己的目標無關，對於達成目標有直接的不良影響，如果是壓力大且需要高度投入的工作更是如此。工作相關的壓力就已經非常耗費精力了，這時的你本就不太有熱情和意志力去進行日常活動之外的事，[48]距離理想也愈來愈遠。長此以往，更多的壓力和不快樂隨之而來，所以有不少人會狠狠抱怨工作，也就沒有什麼好驚訝的了。

不過很奇怪，從事不是你真正計畫的工作依然有可能感到快樂，因為在某些狀況下，你的腦會改變想去做的事。例如你想成為奧林匹克踢踏舞冠軍，在辦公室工作只是為了付帳單，好讓自己的夢想成真。但是後來發現這個目標永遠無法達成（可能是有人殘酷地指出這個事實）。這樣你腦中就出現了問題，在此之前，你在辦公室工作一直有（幾分）合理的原因，但是現在這些原因消失了，你已經沒有再從事不喜歡工作的正當理由。這種狀況會讓腦中出現不一致性。腦不喜歡這種狀況，需要加以處理。

其中一種處理方式便是接受失敗的事實，之前所有的努力全白費了，自己就是能力不足，應該要辭職，重新開始。這似乎是合情合理的選項，但是付出的心理成本太大。另一個方式是改變自己的想法，現在的你變得想要在辦公室中工作。其他的員工都有這樣孩子般的夢想：這是一個好工作，如果專注在工作上，認真打拚，五年後有可能成為採購部門的副理！

這是一種「認知失調」（cognitive dissonance）。[49]腦在面對不相符、不連貫的想法、行為和動作時，會採取必要的手段，化解這樣的衝突。如果現實的狀況無法改變，那就改變自己的信仰或想法，你的理想和人生目標也會隨之改變，因為就算是不合邏輯，腦也會發自本能地讓我們免於可能遭受的壓力與失敗。因此，我們的工作可能無助於達成自己的野心，但在這種狀況下，腦部會自動改變野心，好讓我們較容易得到快樂。

這只是一種可能的結果而已，真實狀況更嚴酷。幾乎每個工作場域都有階級結構（人類就是這樣[50]），能夠快樂工作的機會並不高。腦部渴望控制權，在別人的手下工作，控制權就受到了限制。**除此之外，雖然公司老闆和高層人員往往不會同意，但他們也都是普通

＊ 我不是咖啡控，所以不知道是否真的有這種咖啡飲品，但聽起來不錯。

＊＊ 講道理，成為自僱者應該可以解決這個問題，但是自僱者必須面對很多不確定性，事實上收入取決於消費者和客戶的起心動念，所以自僱並無法解決。

人，他們的腦也是普通的腦，所以他們和自己下屬一樣，有著相同的內在需求。只是不幸的地方在於，一般員工的動機（例如盡可能的錢多事少），並不同於公司權貴大亨對公司成功所負擔的責任（讓員工盡可能的錢少事多）。大多數人把自己的工作視為「必要之惡」，是必須去做但不值得稱道的事，這沒什麼好讓人驚訝的吧？無怪乎讓工作與生活保持平衡，成為了人人熟知的概念。

如果我是有錢人

書寫至此，我覺得工作對腦部的影響及影響我們快樂與否的方式，有一個很好的出發點。體能工作確實能夠增進腦部功能，但是腦演化出來的樣子則是盡可能避免無報償的工作。我們工作是為了賺錢，這樣才能夠生存，腦認為這是基本需求，因此人們即便是痛恨工作也不會離職。但是我們的腦會持續灌輸其他需求和欲望：要有控制權、要有能力、要受到尊敬，工作能夠讓我們得到這些。如果否定這些需求和欲望，也會影響我們快樂的程度。人類也可以有長期的野心，不論工作對達成該野心是助力還是妨礙，我們都需要好好考量。

總的來說，可謂都與目標有關。心理學家和神經科學家通常會用「目標導向行為」

（goal-directed behaviour）這個詞，[51]幾乎可用來形容所有不是出於習慣性或反射性的行為和舉止，[52]因為所有從意識發出的行為都有某種緣由或目的，腦部經由各種複雜的系統來達到目的。生存、財務穩定、控制權、勝任工作的能力、受到認可，嚴格說來這些都是目標，再加上其他具備了種種意涵的「人生目標」，都可用來解釋我們為什麼要工作，以及工作造成的影響；也能夠說明工作的確影響了我們快樂的程度，以及我們都得要工作的原因。

不過，也並非全然如此。重點在於目標是否能夠達成。這有幾分道理。「追逐自己的夢想」雖是陳腔濫調，但的確有人讓自己的夢想成真。完全控制自己的生活、達到財務穩定的狀態、在自己的領域成為頂尖高手、實現自己的野心等，是完全有可能達成的，有的時候甚至在很年輕時就達成了。那麼，這些人就停滯不前了嗎？

顯然不是。試想那些超級有錢的企業家或運動員，雖然什麼都有了，依然持續前進。他們擁有的金錢、獲得的尊敬，遠比自己希望的還要多。如果他們不需要工作了，為什麼還去工作？工作能夠讓他們快樂嗎？

我想要找出答案，但是該怎麼找呢？如果要採用科學方法，就是隨便找一個人，去除他所有需要工作的理由，分析對他所受到的影響。但是當我向出版社提出「拿一百萬英鎊給陌生人，這樣我就可以知道會怎樣了」的要求時，得到的是疲憊的嘆息和果斷的回絕。因此我退而求其次，去採訪身處於此種狀態的人。基本上我要採訪的是還在工作的億萬富翁。

不過要怎麼找呢？我應該前往倫敦富裕的梅菲爾區（Mayfair district），在酒吧和俱樂部中流連，看有沒有人想要聊天的？但我想起在我第一本書新書發表會時有位來賓適合，他是地產開發商、企業家、商業顧問，以及同為威爾斯人的凱文·格林（Kevin Green），他或許願意幫忙。

他符合資格，我也快速地研究了他的背景。他在一九九九年得到了「納菲爾獎學金」（Nuffield Scholarship），[53]研究的是具備重大成就者的態度與人格特質。他採訪過比爾·蓋茲（Bill Gates）、理查·布蘭森爵士（Sir Richard Branson），以及其他地位相當的事業有成者。格林不只是適合去採訪的人，也是理想的採訪對象，所以我去找他。

我們知道工作最明顯的動力就是為了錢。事實上，格林也提供賺錢的訓練課程與個人教學計畫，想當然耳是大受歡迎又熱門的服務。不過，人們不會只為了可能得到的金錢報償而追求工作與事業。因此我問格林，從他的角度來看，對於我們的工作和快樂來說，錢有多重要呢？

「我的看法是，如果你選擇了願意投入的工作，你會熱愛工作且樂在其中。我認為如果你為了追求金錢而工作，錢總是會花掉。有些人變得非常有錢，然後又把錢花光了，因為他們只追求金錢。」

這個億萬身價的企業家看法可能很有趣，不過這個看法有證據支持。美國普林斯頓大學的塔利亞·米倫－沙茲（Talya Miron-Shatz）在二〇〇九年發表的研究結果指出，[54]美國的女性中，不論收入多寡，愈是注意在金錢事務上，就愈不容易快樂。這不是因為你有多少錢，而是對金錢的態度有關，因此年薪數十萬到百萬美元的人，快樂的程度仍有可能不及薪水只有他們零頭的人。

我們需要金錢才能夠生存，因此腦會把錢視為有效報償，但是錢又和食物、水不同，顯然並沒有到某一分量後腦會說：「停止，這樣就夠了。」嚴格來說，所賺的錢並無上限，只是活在這個世界上，考量到每個可能的花費、發生的災害與困境，你需要存的錢可能要多到無稽荒唐。所以對於容易偏執或悲觀的人，總覺得自己的錢「永遠不夠」，不論收入有多高，都不免會擔憂財務狀況崩潰，而這種想法對快樂生活顯然沒好處。

有些人還認為，由於金錢所刺激的腦部報償途徑，類似於毒品所刺激的，因此有些人會對金錢上癮。[55]你在新聞媒體看到許多的不當行為都與這個有關，像是超級有錢的商業巨擘依然採取割喉競爭等激烈的商業手段。成癮會大幅改變腦部，造成負責處理報償感覺的區域，影響力大幅擴展，改變或抑制了額葉中負責自我克制、邏輯及其他意識行為的區域。[56]

成癮也會影響我們對於事物的優先順序、抑制行為和動機，也就是說我們會變得只專注在讓自己成癮的事物上，並把這些事物排到最重要的位置。

耐受性進一步增強成癮，因為腦部會適應成癮的事物，因此那些事物的刺激性隨之減弱。也就是說，如果你需要更多的錢，但是又已經窮盡所有的「正常」賺錢管道，那麼你就會嘗試高風險或不穩定的賺錢方法，例如展開新的事業或冒險投資之類的。但在商業世界中幾乎不容許失敗，這些做法往往讓你一無所有。所以可能就像凱文所說的，一心一意只追求金錢的人，失去所有的風險也與日俱增。

從這點出發，我問凱文，若不只是為了錢，那他開始賺錢的動機是什麼？

他秒回「我想要有安全感」。這個回答和我調查到的腦部運作方式相符。但是對凱文來說，這不是什麼下意識的反射行為，而是從非常實際的經驗來說的。

「我為自己設定的目標是『財務自由』，這樣我和我的孩子在財務上就能夠安全。一九八八年我成了一個無家可歸的人，因此不希望這種事情再度發生。這是我的動機，我很高興這樣的經驗，讓我珍惜手上的每一分錢。」

事實上這段肺腑之言，解釋了推動商業成功與人生成功的熱情從何而來。我們知道人腦有許多「樂觀」偏見，[57]也就是說我們通常認為事情會順利發展，而且是毫無理由就這麼想。或許我們應該親身體驗前面提及的困境——就算是暫時的也好——才能去除上述的偏見，以尋求更強烈的動機。就如同凱文所言：讓我們更為珍惜小錢。世上所有相關的俗諺和陳腔濫調都在指陳這個重要事實，過去的困苦可能讓現在的你更快樂，是因為你的腦直接經歷過一些壞事，所以能夠加以比較。

凱文過去想要獲得的財務安全，現在他終於得償所願，那麼接下來呢？達到這個目標後，做了哪些事呢？他的確做了你所猜想的事：坐在巴貝多（Barbados）的海灘上喝著莫希托雞尾酒（mojitos）。只不過他告訴我，到了第二個星期就覺得這種生活無聊至極，馬上動身回家，投入慈善工作，回到自己的事業，最後了解到他喜歡自己的工作。

讓我驚訝的是，凱文的經驗和我知道的事情相符。有些研究指出，收入與快樂（或是滿足感、幸福感）彼此間的關係是曲線的，也就是說錢多了會讓你更快樂，但也就只有最開始時。[58]當錢多到某個程度，兩者間的關聯隨即減弱，擁有那麼多的錢卻不再能引起那麼多的快樂。貧窮的人得到了一千英鎊，就會樂上天，億萬富翁甚至不會注意到自己多了一千鎊。有此一說，當錢多到足以滿足我們所有的生理需求和生存所需時，金錢增加和快樂增加的曲線就會開始變化。如果銀行裡面有一千萬英鎊，又沒有房貸，那麼你餓死的機率基本上可以忽略，就算是最悲觀的人也能了解這一點。但是我們依然有心理需求，要有控制權、勝任感及受到認同。而且還需要保持活力和有事可忙。就如凱文所說的，這些事不是光有錢就辦得到。

這不是出自無聊而已，就如同凱文所說的，有著更黑暗的一面。

「我出身農村，這方面你也相當熟悉。農民一生都在農村中度過，退休後也住在村裡，五、六年後就去世了。保持活躍、參與事務，就能夠活得久。因此我無法想像自己會退休。」

的確，退休生活往往會剝奪了人的目標和動機，對健康造成的影響是非常快速且直接的。不論你對工作有什麼看法，就算是內容重複到讓人內心麻痺的事，都能夠帶來刺激。工作或多或少也能夠提供本章所討論的其他事物（希望啦）。不過當你退休後，這些全都沒了。像是這樣的重大生活改變會對腦部形成壓力，而腦部不喜歡不確定性，這時我們便不會快樂。此外，我們花了很多時間給工作，工作成為影響自我認同的重要因子，如果我們喜歡自己的工作，則影響力更大。你可以從我使用的語言了解到這一點。「我是管理人員」、「我是零售人員」和「我是醫生」、「我是飛機駕駛員」聽起來就差很多。離開自己喜歡的工作，即便是自願的，都可能像是失去了家、失去了自我感覺中的重要部分。無怪乎在「荷姆與瑞依壓力量表」（Holmes and Rahe stress scale）中，退休的風險分數非常高，甚至比懷孕還要高。[59]*

想當然耳，許多人並不喜歡工作，因此退休聽起來很具吸引力。但是如果把退休說成「不再賺錢」，會不會比說成「不再工作」來得好？因為休息到完全不活動的程度，對腦是很糟糕的，會降低腦的耐用程度和整體健康。雖然現在還不了解安慰劑效應是怎麼發生的，但是安慰劑效應本身能夠存在，就表示人類的心智健康和身體健康基本上連接在一起，有時就如凱文所說的，緊密程度足以致命。

凱文個人的研究也讓我深感興趣，他到世界各地旅行，訪問各式各樣的卓越成功人物，深入了解他們是如何達到現今的成就。我想要知道有沒有什麼特別的發現可供分享，下面就是——

「我見過這些非常富有的人物，不過都問相同的問題，第一個問題總是『企業家是天生的，還是可教育的』，也就是典型的『天性與教養』爭論。」近乎百分百的回答都是在適當的環境下，每個人都能夠成功。不過凱文自己也觀察到，這個答案是否與現況完全相符，依然還不清楚。

「如果你讓人處在正確的環境中，就能夠勝出。而我自己見過不少例子，確實讓人印象

---

*懷孕要靠時機，因此退休時懷孕的機會非常低，只有天知道這樣的壓力會有多大。

深刻。不過，首先心中也要有動力。」聽起來好像有點矛盾，其實不然。許多人都和某個成功人士處在相同的環境中，但只有一人成就偉大事業，因此這個人應該有與眾不同之處。這個不同之處是遺傳的「天性」嗎？

「動力來源有很多，但是通常來自於之前體驗到的痛苦，想要成功的意志力往往來自於痛苦的經驗。」毫無疑問，在這個結論中，可以隱隱看出當初無家可歸的經驗對凱文的影響有多大。想要成功的「動力」可能有部分來自於遺傳或其他內在因素，例如凱文曾經訪問過的比爾．蓋茲，在我進行這本書時，他是世界上最有錢的人。他的成長教育過程相當順利，但是到了十一歲，就開始嶄露出強烈的競爭心理，意謂著來自於遺傳或發育的內在動力驅使著他。但是環境也可能提供了某種動力，例如持久的創傷或其他令人不悅的事，腦對於這些經歷印象深刻，深受影響，並轉化成持久的動機，願意付出任何代價以避免相同的經歷再度發生。看來讓我們的腦更有動力朝成功之路前進的因素之一，是直接又切身的失敗與絕望經驗。我們是否又要回去再看看之前提過多次的威脅偵測機制過度反應了呢？

這樣當然不是好現象，那些努力往成功邁進的人，可能不在意去鏟除擋道者？但這無疑是強烈的動機。

不過這也引出了一個有趣的結果：努力工作，得到成功，得到所有我們認為能夠讓自己快樂的事物。這份動力的主要來源是曾經有過絕對不快樂的經驗，是不是有什麼不對勁？

在本章開始處，曾提到雖然我的研究失敗了，還是能夠維持快樂的心情。後來我又提到，自己曾經做過屍體防腐員，度過可怕的兩年。現在我不得不想，這兩件事情有關聯嗎？如果沒有親身體驗過那麼悲慘的工作，或現在的寫作進展停滯不前，我還能保持樂觀嗎？我得承認，雖然嚴重的創傷確實讓人精疲力竭，但就腦部而言，負面體驗的確是對心智健康、生活福祉有利的，當然也能夠讓人快樂。腦部有了更多的經驗，便能夠加以利用，並影響未來生活的進展。這些經驗當然也會加強我們的野心和動機。上面提到，野心和動機與快樂有密切關聯。盡可能去體驗各式各樣的情緒，不論好壞，讓我們控制情緒的能力提升，之後待人接物的反應會更為妥切，[60]在各方面也會讓人較快樂。[61]

由於腦部運作方式晦暗不明，明顯的結論便是影響某些人快樂與否的因子錯綜複雜，而且變化多端。如果是這樣的話，那些總是強迫員工要快樂、甚至往往採取極端作為的企業，不是注定要面對失敗了嗎？事實上，從現有的資料（以及對於接受這些方法的員工所得到的採訪結果）所得到的結果正是如此。也有研究指出，大約僅三成的員工有某程度的「投入」工作，更別說會覺得快樂了。[62]

不過企業可以因禍得福。二〇一五年，《哈佛商業評論》（*Harvard Business Review*）

刊載了一篇啟發性的文章，[63]安德烈・史派瑟（Andre Spicer）和卡爾・賽德斯多羅姆（Carl Cederstrom）在這篇文章中，說明一直過得很快樂的員工雖然個人的生產力很高，但在很多方面對企業和工作場所是不利的。舉例來說，快樂的人往往不擅於談判，通常很容易就屈服於對方，好避免帶來負面感覺的互動。容易生氣的人在談判場合中更占優勢。[64]

在工作上一直快樂，工作外的生活就會被拿來比較，也就是說家庭生活和家人關係可能變得緊張，使得快樂工作所得到的優點被抵銷。就算你樂在工作，依然受到經濟因素的擺布，快樂的員工失業時受到的打擊會更大。其他需要關注的事情，有的會同時發生；一直都快樂的員工通常需要持續讚賞與正面回饋，如果得不到，會更容易沮喪。由於他們更專注在讓自己快樂，而不是與他人往來，因此會比較孤獨且自私。這些對企業來說都不是好事。

從格林的辦公室回到家後，我坐下，盡可能把格林對我的每件事和之前所知的融合在一起，整理出工作影響我們快樂與否的原因和過程。

腦知道我們需要工作才能生存，而且工作對於心理健康和身體健康都有許多好處。但是腦演化後就是會避免無謂的心力消耗，因此工作若無法帶來顯著利益，我們不會心甘情願地去做辛苦工作，還會產生反感。幸好有工作通常代表能夠賺取金錢，腦認為金錢是有效的報償。我們要有錢才能夠生存，而且錢愈多、感覺愈「安全」，賺愈多錢愈能讓我們快樂。不過實際的狀況更為複雜。腦部非常精密，會讓我們去做能夠維持生存以外的事，也就是說我們除了生物需求之外，還有心理需求，包括需要自主性、控制權及能夠勝任的感覺，還需要受到欣賞與肯定，以及完成自己的長期目標。能夠滿足上述某些或全部需求的工作，更有可能讓人樂在工作。如果沒有或是刻意去除，而且還要求員工達到不合理的標準，會讓他們陷入極度不快中。

二〇一五年，英國的《衛報》（*Guardian*）研究了多項調查結果，這些調查問的是哪些工作讓人最快樂，[65]主要的結果和我的論點一致。顯然最讓人快樂的工作是工程師，高薪又擁有自主性，也具備能夠勝任的能力，付出的心力也確實可看到結果。其他的工作還包括了醫生、護士、教師及園丁，後者可是讓人大跌眼鏡。*完全沒列在清單中的有電話中心通訊員、店鋪助理、速食店員工等。這些工作往往非常吃力，心理報償和薪水都低。這些職位多半由有錢的大型企業提供，因此「快樂的員工不利於企業」的想法可能是真的，而這些企業堅持要員工快樂，是不是在白費金錢和時間？

*這可能不讓人驚訝。園丁有自主性，也具備能夠勝任工作的能力，付出的心力有顯而易見的結果。也別忘記我們在上一章提到綠色空間對心理帶來的益處。

快樂為什麼會造成不利？想想在上一章中我們討論到人類需要與他人接觸，這需要消耗認知心力，我們也需要隱私與空間，讓腦子能夠休息和「充電」。對於快樂而言，狀況也很類似。快樂可能有多種形式，那種「有生產力」的快樂能夠讓人興奮、喜悅，並且充滿動力，但如果持續太久，腦鐵定會精疲力竭。[66]腦部要快樂，就必須要消耗來自新陳代謝的能量，最後把快樂置於其他事務之上。例如慷慨體貼，其實會造成負面影響。

還有一個要點必須點明，我們需要工作，但是嚴格來說並不需要快樂。有好事發生時，或是做喜歡的事情時，我們就會快樂。但如果像是許多工作場所，甚至許多現代社會那般，堅持要有持續的快樂，不少事就會失去平衡，同時也讓腦部遠離了各種情緒的體驗，並且負荷過重。[67]我們在工作與生活間要維持平衡，這點可能比我之前所想更為實際，不過重點不在「工作」，而是「平衡」，許多人都忽略了這一點，因此造成傷害。

總結來說，工作的確有可能讓自已快樂，但是難以出現該種狀況的根本原因，在於從腦部的觀點來看，「快樂」本身通常就是工作。

我必須承認當我了解這一點時，必須正襟危坐以免跌倒。

第四章

快樂來自於他人

你可能還記得上一章我提到，我想要知道工作對於快樂的影響，是因為在義大利古城波隆那中，觀賞了一座尖端藝術館中的展覽。不過，為了顯示我的生活不全然都只在國外他方探究深邃博大的事物，這一章所有的內容，將從一個三明治開始。

我訪問格林後，開車返家，想到該吃午餐了，便在附近找了個購物中心停車，去到一家著名的三明治連鎖店。不過在排隊時，想到母親家就在附近。倘若事先約好了，我應該可以去吃午餐。不過就因為我的胡思亂想，所以取餐時女店員對我說：「享受你的食物吧。」我回答說：「好的，媽。」隨之而來的是一陣短暫但難耐的寂靜，我困窘地跑出門，超尷尬的。她會認為我在挖苦她、貶低她嗎？或是正在經歷某種佛洛伊德式的心理崩壞嗎？店裡其他人此刻正因我愚蠢的行為在大笑嗎？最後，我腦中身為科學家的部分開始運作，說「這又怎樣？」最糟糕的狀況是一些陌生人因為我詭異而無害的失禮行為好好地樂一樂。實際的狀況則是根本無人在意，除了……我之外。幾分鐘前我還很快樂，現在我在被雨浸透的停車場中，拿著逐漸濕軟的三明治，就只是因為和陌生人有了段小小的交流。這個大抵說來無足輕重的意外，卻快速而扎實地影響了我的快樂。

或許我應該預料到有這種事。截至目前為止，本書所談論有關快樂的內容中，有個元素是我間接暗示但沒有完全說明的：他人帶來的影響。我們為什麼會嚮往舒適的家、巨大的財富或在運動賽事中奪冠?原因不一而足,但在這些成就之下的原因是希望得到他人的認可、羨慕與尊敬。換言之,其他人,有可能成為不快樂的重要原因:辦公室裡的小人、關係緊張的家人、離異的伴侶,還有惡意讓你講出尷尬話語的三明治師傅。他們都可能讓你陷入極度的不快樂之中。

顯然,提到了快樂的感覺,人類的腦子非常重視與他人的正面互動,以及來自他人的肯定。為什麼會這樣?會這樣的原因是什麼?這將是接下來的內容。當然我認為沒有人會在意吧。

演化打造智能

從神經學上來看,我對於自己公開出糗的反應十分明顯。我能夠合理的推想出,這不會有什麼後續影響,但是當時自己尷尬到了極點。顯然人類的腦部對於社交互動的反應和意識思考是分開的,而且反應速度也要比意識思考快。對於這個當眾發生的愚蠢糗事,腦部負責智能與邏輯的部位,只能限制打壞心情的效應,但是無法阻止。這就像是充滿智慧的老人向憤怒的消防隊員解釋,剛才只是自己好奇的孫子意外觸碰到了火災警報器而已。

這種設計總是為了用在對於生存而言重要的事物上。舉例來說，人類的注意力受到「由上而下」及「由下而上」的程序所控制。「由上而下的程序」是我們有意識地把注意力集中到想要關注的事物上。[1]你在看《威利在哪裡？》時仔細檢查圖片，好找出那個戴著絨球帽的威利。這時你用到的便是「由上而下」的注意力。「由下而上」的注意力是腦部較反射性、本能性的程序，會偵測在我們知覺範圍中具「生物重要性」的事物（可能的威脅、潛在的報償、有吸引力的交配對象等），而且馬上就能夠把注意力轉移到那裡去。[2]如果你正一個人在看電視，那個威利突然從櫥櫃中跳出來，不論你願意與否，由下而上的注意力系統馬上就會轉移到威利身上。

很不幸，對腦部而言，複雜性代表速度減慢，就像是在顧客眾多的酒吧中點一杯製作工序繁複的雞尾酒。因此從上到下系統反應的速度通常較慢。當你一個人在家，有本書從架上掉落，敏感的威脅偵測系統會馬上指引從下到上的注意力，認為「有意料之外的聲音，可能是有殺人兇手闖進家裡來了」。在你的意識還沒來得及反應，並且分析發生這件事情的原因之前，心跳便會加速。就如同我所說的那次經驗，與他人互動時如果搞砸了也是一樣的情況。除此之外，當我們陷入困窘的狀況時，臉上一定會發紅，我們是想要這樣的嗎？我們能夠停止臉部發紅並且有意識地認為：「把失禮的事想成是困窘的番茄會比較好嗎？」當然不會，這只是在和他人互動時完全下意識且不自主的反應。

如果我們吃到了腐壞或難吃的食物，馬上就會覺得非常噁心，這種感覺是不自主的，而且會持續一段時間。如果你吃了一個鮪魚三明治後，結果食物中毒，你可以對自己說這只是個不幸的偶發事件罷了，但是依然要過很久才敢再吃鮪魚。腦中有些部位專門負責處理噁心反應，例如腦島（insula），[3]這是因為吃到腐敗食物會造成傷害，而人類的腦演化出避免該情況的機制。

現在回想你曾經遭遇的尷尬事件，例如在婚禮上喝多了而發表無禮演講、學校舞會上因意外露點而丟臉到不行，或是在工作的新人訓練場合荒唐的引用《機器戰警》中的台詞。當你出了大糗（我們每個人都曾有過），要怎麼樣熬過？我們會對自己說，沒有人在意，或是不會有人記得，但是這些糗事會留在自己心中，每每回想起來，還是會覺得丟臉，就像是想到引起自己上吐下瀉的食物時，會有殘留的噁心感。

為什麼會這樣？腐敗的食物和有毒的東西會這樣是還滿合理的，但是在其他人面前「可能」不受到認同，為何會讓自己感到如此無助呢？好像「沒人喜歡」是攸關生死之事。有趣的是，糗事有時讓人啼笑皆非，但是否真的那麼重要，取決於一開始腦部是否能夠理性思考和分析。

碩大的腦和高度的智能並非演化必然出現的結果。大又聰明的腦會消耗大量資源，任何吸取能量的構造如果沒有任何理由，絕對逃不過天擇的篩選。你當然可把一台超級電腦安裝在車上，讓你的車成為全世界最聰明的智慧車。但是為什麼要這樣做？超級電腦會消耗大量的燃料和電量，簡單但效率更高的車子一定會趕過這輛車。大腦和演化亦是如此，生物只會聰明到必要的程度，不會超過。

那麼，為什麼人類腦部的大小會遠超過人類身體應當有的比例呢？*而且腦還使用了身體生存能量中的兩成呢？[4]更奇怪的是，證據指出近三百萬年來，人類腦部大小增加了百分之兩百五十，主要增大的部位是與智能相關的大腦皮質，快速增大的時間集中在最近一百五十萬年。讓人類變得聰明的原因是晚近才出現的。就演化的時間尺度來看，相當於彼得·帕克（Peter Parker）被放射性蜘蛛咬了一口之後，隔天一早便有了超能力。所以說，天擇為何偏好人類有比較大的腦？你可以這樣問，那個讓人類之所以為人類的放射性蜘蛛是什麼？

有些人認為，智能是具有性吸引力的特徵，[5]代表了健康、優秀的基因與對疾病的抵抗力，因此比較聰明的人交配機會多，接著生下更聰明的小孩，把自己的智能基因散播出去，如此這般成為持續下去的循環。不過事情果真如此的話，那麼科學家應該是世界上最性感的一群人，只是實際狀況並非如此。**而許多不同理論，像是「社會腦假說」（social brain hypothesis）[6]和「生態優勢－社會競爭模型」（ecological dominance–social competition model）[7]，則認為促進腦變大的最重要因素是人類的社交能力，我們希望與他人建立關係，並且受到社區的認可。

試想生活在最基本的人類部落中會發生的事。你必須知道自己的地位，了解社會中的法則與規範，好與他人和平相處，並且讓社區接納，在狩獵、採集和抵抗敵人時與他人協調自己的行為。你需要照顧弱者，或回報照顧你的人。你需要組成聯盟、建立關係，如果衝突時還要化解糾紛。你需要知道目前個人間的關係、結盟狀況和過去的事蹟，還得即時且有效地推想其他人的想法，這不論在何種環境中都是最為複雜的事，但全都發生在你自己的腦中。所以，腦部需要消耗大量儲備資源。幸好我們人類有這些資源。

其他動物也會形成社會群體，而且有證據指出，社會性愈高的動物，往往智能也愈高。[8]當然這也不是絕對的，例如老虎總是獨來獨往，但是腦－身體比例很高，意謂著智能

---

* 比較大的腦就自動變得比較聰明，這是個歷久不衰的迷思。「腦和身體比超過平均值」（例如比起物種平均值來說，腦部對身體的比例較大）是比較好的指標。

** 當然也有值得一說的例外，例如我自己。由於幾乎時時受到粉絲包圍，讓我接送小孩上下學都變得十分困難。

要高過有社會群體的獅子。還有大鼠、小鼠和黃蜂這類「比較簡單」的動物，[9]也會形成明顯的社群。具有智能較易成為社群的一分子，但並非絕對必要。

不過，另一個把社會互動和智能連接上的因素，是求偶策略。絕大多數的動物都是雜交的，這種求偶策略並不要求很高的智能，整個過程就是辨認交配對象（「看那個雌的超性感」）、生殖循環（「看來她處於發情期」）、接觸（「如果我用龐大的身軀壓過去，她會願意和我交配嗎？」）。整個過程比較需要的是仰賴費洛蒙和機會，而非深思熟慮。

相較之下，會形成配偶連結（pair-bonding），也就是行一夫一妻制[10]，就需要精熟的思考能力了，每個忘記週年紀念日的人都會同意這個說法。一夫一妻制需要把另一個個體的需求、狀況和行為都納入考量。連結在一起的配偶雖然只有兩個，但卻是貨真價實的複雜社會群體。許多哺乳動物和鳥類的腦部比較大、智能比較高，這些動物也比較容易出現終身的配偶連結。[11]基本上，行一夫一妻制的動物比較聰明，因為牠們非得如此不可。

具有配偶連結的動物通常有專門處理配偶連結、並提供報償感覺的神經系統，因此比較強大的智能不是百分之百需要。催產素和另一種「快樂化合物」增壓素（vasopressin）與腦中對特定伴侶產生「連結」的功能關係密切。和伴侶相關的感覺訊息（臉部、體型、味道等）會引發這些化合物的釋放。這些化合物又會讓多巴胺和其他神經胜肽（neuropeptide）釋放，刺激到中腦邊緣多巴胺系統中特定的受體。這個過程複雜且有許多層級，不過基本的意義在於，個體和伴侶在一起會覺得愉快。這種制約過程（conditioning process）代表到最後只要看到了伴侶，就會得到報償，感覺愉悅與……快樂？

這個系統是從研究的小鼠中發現，不過證據顯示諸如靈長類這樣更為複雜的動物，也具備了類似的神經程序。[12]如果一種動物相當聰明，且壽命超過一年，就可以直接預期牠們為了維持配偶連結，需要比較高的智能。從許多動物中得到的資料指出，配偶連結和腦部增大有關。

其實有許多人認為人類成為一夫一妻制的動物，是智能發展的關鍵點。此外，至少有一個理論指出，人類和其他靈長類動物中，支持配偶連結的神經機制，後來和交配過程不知怎的「分離」了，[13]也就是說我們人類除了生殖伴侶之外，也可以和其他多個個體間建立長期且能夠帶來情感報償的關係。基本上，人類發展出了「朋友」這個概念。如果一個個體要產生終身的聯繫，需要比較大的腦，那麼和多個個體產生終身聯繫需要多大的腦呢？十倍，甚至是百倍？你的腦力勢必得要大幅增加。因此，社群的大小、腦部大小與智能高低有密切關聯，特別是在靈長類動物中。[14]

雖然其他的靈長類已經很聰明了，但是我們人類比這些親緣關係相近的動物更為聰明。

解釋這個現象的主要理論是之前提過的生態優勢－社會競爭模型。這個理論認為，人類社會群體非常成功，是無法用生態壓力驅動的演化所能夠解釋的。如果你處在人類社區中，就受到了保護，免於掠食者侵害，保持安全，並且能夠有穩定的食物來源，還能夠找到伴侶。因此在環境中成功便不如在社區中成功來得重要。「適者生存」這時的意思變了，最受到喜愛、友善，並且能夠發明農業和工具之類的個體，最能夠生存。這些成功的個體能夠散播自己的基因，但是要達到這些成就必須要有高的智能。數百千萬年下來，人類就變成了現在這副模樣。

重點是，由於這樣的演化過程，社會性已深深地刻在我們的思維、意識、甚至DNA中了。[15]把人類和與人類親緣關係最為接近的黑猩猩加以比較，就能夠讓這種特性凸顯出來：經由測驗，我們發現黑猩猩的視覺和感覺處理能力要強過人類，而人類的社交能力則遠遠勝過黑猩猩。[16]如果你給黑猩猩一根香蕉，牠的注意力會集中在香蕉上。「有一個香蕉，我喜歡香蕉，我要吃香蕉。」如果你給某人一個香蕉，對方的注意力會集中在你身上。「這個人為什麼要給我香蕉？他要幹什麼？我們成為了分享香蕉夥伴了嗎？」諸如此類的。

如果一個物種演化時受到的社會壓力要高過環境壓力，就會變成這樣。如果你需要依賴社區或群體才能夠生存，你的社交能力愈高，社區接受的程度就愈高，也才能生存下來。遠離群體或受到群體排斥就非同小可，因為在這個由人類演化時所形成的環境中，這種遭遇就相當於宣判死刑。

因此，人類邏輯思維的腦會認為受到他人的接納是攸關生死之事，因為就我們所知，的確如此。

保持聯絡

你可能會這麼想：當然，社會互動讓人類變成這個樣子，但是現在已經超越了當時的狀況。與其他人類互動可能讓我們變得較聰明，但是目前我們並不真的「需要」其他人才能夠快樂，就像是不再需要石斧去宰殺瞪羚當晚餐。這個說法有幾分道理：人類所處的世界中，有愈來愈複雜的科技，我們在飲食睡眠、遊戲玩樂時，幾乎不用直接接觸到其他人類。那麼人類的社會互動有什麼特別之處，能夠讓我們快樂？

有不少特別之處。要記得最近幾百萬年來人腦演化得很快，改變幅度很大，驅動這樣演化的壓力可能是要讓我們對於其他智人（*Homo sapiens*）夥伴盡量友善，產生更多互動。這對腦部有深遠且持久的影響，並不會因為我們發明了網飛（Netflix）和美食外送就消失了。

腦部依然有許多系統、迴路、流程和機制，在意識與下意識中幫助並鼓勵我們，和其他人產生連繫與互動。的確，我們真的可以繞過這些神經系統，在沒有他人的狀況下過日子，甚至還能夠體驗到快樂的感覺，但是人類就算只用一條腿，也依舊可以跳躍，但是用兩腳跳躍會比較容易且減少受傷的機會。人與環境中的樹木、建築、巴士站等不同，我們和其他人之間的互動，取決於腦部對當時情況的需求感。其他人是影響腦部運作的重要因素。

舉例來說，絕大多數社會性動物是群居的，會主動找尋其他個體，彼此互動。這是有道理的，因為社會連結對於生存可能非常重要，但是這種連結不會自動「發生」，而需要花時間和精力去打造與維持。在學校時成為「永遠的摯友」*，但是現在幾乎不相往來的人，就會了解這一點。到頭來，人類腦部演化成的模樣會鼓勵主動友善。舉例來說，之前提到催產素能夠促進社會互動，並提供報償感。除此之外，在二〇一四年，麗莎·官奈丁（Lisa A. Gunaydin）和同事[17]發現特殊的神經迴路，連接了腦幹邊的腹側被蓋區（ventral tegmental area）及位於額葉下方的依核，負責解析與預測社會行為。（在小鼠中）這個特殊迴路的活動增加或減少，會使得社會互動行為也跟增加或減少。如果你覺得好像在哪兒聽過這些腦區的名稱，那是理所當然的，這兩個腦區和兩者之間的神經連結，形成了中腦邊緣多巴胺系統。[18]僅僅是和另一個人互動就可以相當有趣，因為引導我們想要從事社交互動的迴路，就位於腦部負責報償體驗的部位當中。這就像是你青少年時，心儀的對象拿著用鈔票包裹起來的派對邀請函，親手交給你。你可以拒絕，但是沒有那麼容易辦得到。無怪乎我們總是喜歡和其他人保持聯絡。

我特意使用「聯絡」（in touch）這個詞，因為最初社會互動帶來的快樂體驗，是由身體觸摸開始的。最特別的是理毛動作（grooming）。絕大多數的動物會自己理毛，以去除皮膚毛髮鱗甲上的髒汙和寄生蟲。有些動物會花好幾小時理毛，例如自溺的貓咪，理毛能幫助保持乾淨和健康，所以演化讓理毛帶來好的感覺。皮膚上的神經接收到了壓力及其他變化，[19]會將訊息傳遞到腦部，便產生觸覺。有些負責傳遞觸覺的神經元所長出的神經纖維，稱為C類神經纖維（c-fibre），它比較細，且傳遞訊號的速度較其他神經元慢。[20]這類神經元負責傳遞隱隱的疼痛，以及令人感覺愉快的觸感。所有的觸覺都來自體感覺皮質（somatosensory cortex），但是C類神經纖維也會把愉快的觸感傳遞至腦島皮質（insular cortex），這個部位與愉悅感覺和報償的尋求行為有關（特別是藥物濫用）。[21]由於演化的推動，理毛的觸感也會帶來愉悅的感覺。[22]可曾想過為什麼人類會想把傷口結痂拔下來嗎？

＊「永遠的摯友」不論怎樣來說都是過度樂觀的念頭，而且人類又不可能永遠活著。

還有人類為什麼喜歡挖鼻孔嗎？這類行為完全沒有意義，有個可能的原因是腦中某個古老的神經迴路，在我們移除了身體上的髒汙或沾附的物體後，就會產生報償感，現在這個迴路依然發揮作用。這或許還能解釋為何有些人在緊張時會咬指甲。

不論如何，社會性最強的動物，會經由為彼此理毛，建立並維持連結關係。理毛若是由其他個體來做，感覺會更好，可能是因為這時的理毛動作與自己腦部運動皮質的活動無關，更是自己抓癢時不會有的效果，因為你自己的腦「知道」要抓癢了。[23]若是換成別人來抓，因為無法預測，產生的效果更強烈。

社會性理毛也有類似特徵，實際上能夠刺激腦內啡的釋放，產生放鬆、愉悅與快樂的感覺。讓社會性動物服食鴉片，牠們便對於理毛完全喪失興趣，因為已經體驗到理毛帶來的「快感」了。[24]如果再把阻斷腦內啡的成分注射到小鼠體內，牠們又會變得渴望理毛。[25]還有，會進行社會性理毛的黑猩猩，在與伴侶、親族及群體中成員等關聯的個體相互理毛後，體內催產素的濃度會提高（這種化合物對於個體間連結所產生的報償感覺很重要）。因此，社會性理毛行為不僅能建立連結，亦有助於維持連結的強度。值得一提的是，有不少動物（例如狒狒）花了很多時間在社會性理毛上，遠遠超過維持身體乾淨所需的時間。顯然能夠一起理毛的動物也會團結在一起。

不過，人類這邊卻有問題發生了，因為透過社會性理毛來維持連結，需要花費時間和精力，你所處的群體中若個體愈多，花在理毛的時間便跟著增加。當人類的群體變得愈來愈大，該怎麼辦才好？

有理論指出，人類利用了原就具備的口語*溝通能力，有效地取代了社會性理毛。我們不用花好幾個小時整理其他人的毛髮，而是說各種類似於「我喜歡你」的話來代替。人類的腦對於恭維和稱讚有反應，這些話就像是社會性理毛，[26]但是用起來又快又方便，而且不需要貼近對方。

如果人類的語言和溝通能力是用來促進社會互動與關係，那麼人類會花那麼多時間喝咖啡聊是非，也就沒什麼好意外的了。有些人還認為蜚短流長就是人類發展出複雜語言的起因。[27]使用語言能夠讓社會連結增強，再加上腦部傾向收集有用的資訊，所以與他人討論自己所在群體／社群／社會中其他成員的細節，報償特別高，八卦報紙和雜誌到處都賣得好就足以證明這一點。事實上，人類花在咖啡店或酒吧中聊天的時間，遠超過取得資訊所需的時

* 以及視覺。許多人認為，口語是由肢體語言發展而來的。事實上用手語時，腦中活躍的部位和使用口語時相同。

間，這點與社會性理毛一樣。不過，八卦是用談的，我們已經不會再幫彼此挑出皮膚上的寄生蟲，在沒有意外的狀況下，那種動作會讓人們在星巴克的聚會看起來非常詭異。

這並不是說人類在彼此互動時，身體接觸就不再重要。擁抱、握手、足部按摩、拍背等，人類有許多透過肢體接觸來強化正面互動的方式。這類方式的效果可以很強，有研究指出，如果服務生不經意地以某些方式觸碰到客人，得到的小費會比較多。[28]*不過可以這樣說，在人類的社會互動中，身體接觸是輔助語言的，而非「主要事件」。

有些人會覺得凡此種種令人不安。我們通常喜歡把自己想成是意志堅定、獨立自主的個體，結果簡單的溝通過程就對腦部有很大的影響，感覺和情緒也很容易就受到他人改變。這些事情總讓人有些不安。如果這樣，請繫好安全帶，因為接下來還會有更多呢！

其他人的生活

腦電圖顯示，兩人互動時，右頂葉皮質靠近腦中央部位的神經元網絡複合體（phi complex，在此用來形容由神經員組成的網絡，但是在原始的論文中，phi complex 是腦電圖形中的獨特模式），會出現活動模式同步的現象。重點在於，這些腦中部位形成了「個體的腦部網絡」中的「線路聚集中心」，[29]雖然這樣的敘述很像是一九九〇年代賽博龐克小說中會有內容，但確實出現在公開發表的科學論文中。

描述兩個人之間深度溝通的句子中，充滿了由科學專有名詞組成的廢話，這種矛盾感並未逃過我的法眼，那麼若用通俗的方式說明會是怎樣的呢？φ複合體是腦中專門負責處理人際即時互動的部位。兩人互動時，不論互動的內容為何，φ複合體都會活躍起來。不過互動本身是要由兩個腦才能夠創造出來的，所以腦中的某個部分會真的「同步」起來，處理完全相同的資訊。如果你讓兩個人看到紅色，兩個人從視網膜到視覺皮質的活動會非常類似。[30]你可以想成用兩個電視遊樂器在線上進行同一個遊戲。交互作用就是那個遊戲，感覺資訊的流動就是網路連接線，遊樂器就是腦，而φ複合體是遊戲在遊樂器上呈現的樣子。**要點是兩人彼此互動時，他們的腦真的「同步」了。這該說很酷或很令人擔憂？每個人的想法可能不同。

---

* 這些方式包括觸碰肩膀、拿點菜單時碰到手、並非具有攻擊性的摸索或熊抱，否則可能不會有人想給小費。

** 熟悉高科技的讀者可能會大喊伺服器和處理器等又代表了什麼。我的看法是：我只是一個神經科學家，如果覺得解釋方式無法切中要點，也只能幫到這裡而已。

科學家相信鏡像神經元（mirror neuron）會協助這個過程。一九八〇年代，神經學家喬可摩・里佐拉蒂（Giacomo Rizzolatti）所領導的團隊，研究猴子運動皮質的活動，發現到有一些神經元在猴子自己拿到花生和看到其他猴子拿花生時，都會活躍起來。[31]雖然尚未在人類腦中找到個別的鏡像神經元（能在猴子中發現真是非常幸運），但是人腦中顯然有鏡像區（mirror area），所具備的功能和一些活性能讓人認為鏡像神經元就在那個區域中。

如果其他動物的鏡像神經元有助於模仿和學習其他個體動作，那麼人類對於鏡像神經元的利用，似乎又更進一步。當有人描述自己恐怖的受傷經驗時，是否發現到自己也會感同身受而抽搐起來？在我敘述那個三明治事件時，你是否也為我感到尷尬？當你聽到他人身上發生的不公平，是否會感到憤怒？為什麼會這樣？那些事情都沒有發生在你身上，但是你的情緒反應就像是自己也受到了影響。你並不是出於禮貌而裝腔作勢。有研究發現，當人看到其他人聞到厭惡的氣味時，自己腦中處理噁心感覺的部位也會活躍起來。[32]看到他人臉部情緒表情時，自己腦中處理相關情緒的腦區中，神經活動也會增加。[33]這就是同理心，能夠了解並共享他人感覺的能力。

我們無需思考，就會自動地得到他人的情緒體驗，這稱為「情感同理」（affective empathy）。但是也有經由意識而產生的同理心，稱為「認知同理」（cognitive empathy），又名「心智模型」（theory of mind），[34]也就是有意識地了解到其他人心理狀態的能力，知道其他人具備了複雜且與自己不同的內心生活。其他動物看似並不具備該項能力（這是有原因的[35]），而人類的兒童很快就會培養出來。[36]*

有意識的同理心和下意識的同理心所處理的對象，通常是相同的，但是處理過程可以有差異。你對他人訴說自己的工作有多糟糕，他們會驚訝、嘆氣，在適當的時候點頭或搖頭。他們顯然了解你的艱難處境，然後會說：「那麼你為什麼不離職呢？」好像是你笨到完全沒想到還有這個選項。他們很有情感同理心，但是缺乏意識同理心，因為這樣的反應只會讓人生氣卻毫無幫助。同樣地，有些人聽到你的話時，從頭到尾都一副事不關己的模樣，但是卻能夠提供絕佳建議。這些人的意識同理心極佳，但是情感同理心就不怎麼樣了。

同理心具有許多深遠的意義，顯而易見的意義之一，便是我們能夠分享快樂。快樂能夠散播出去。讓人快樂的事情很多，例如美好的一餐、在異地探索、創造藝術品、打理自己的家、上劇院或看電影、從事運動等。這些事可以一個人做，但是很少有人這樣，與他人一起

*你可能在和自閉症相關的報導中看到這樣的說法。有些人認為，自閉症者的鏡像神經元有某種形式的缺陷，同時產生心智模型的能力減弱。

從事、共享體驗，是這些活動中相當重要的一部分，有時甚至是最重要的一部分，會讓這些事情變得更有樂趣。之所以變得更有趣，可能是因為人類的腦部可以讓我們「體驗」到他人所感受到的快樂，當然也可以體驗到自己的快樂。做自己喜歡的事會讓自己快樂，如果和其他也喜歡這件事的人一起做，那麼就可能以同理心分享樂趣，而讓我們更快樂。除此之外，腦部會因為社會互動而提供報償感覺，可以讓快樂更多。

整個重點在於，腦中有很大一部分是專門用來促進與幫助社會互動，如此看來，社會互動是維持腦部健康的基本要求。如此推演下來，缺乏社會互動可能真的會不利於健康，實際上似乎也是如此。動物研究指出，個體若沒有進行社會互動，很快就會出現心理問題，並且憂慮不安。[37]不僅如此，在對猴子的研究中發現，於孤獨狀態扶養長大的個體，腦部結構和與同伴一起長大的個體不同。[38]缺乏社會互動會引起腦部負責處理報償和愉悅部位——不論細胞或化學狀態——都出現了不利的改變。這個結果顯示，社會互動不只能讓我們快樂，缺乏社會互動也讓人更難以體驗到快樂。無怪乎心理學家認為單獨監禁是一種折磨。[39]

所以你若想要快樂，就要盡可能和更多的人互動，並且要經常互動。所以只要沒有什麼其他枝節，和人互動就有這種功效。

但是很不幸，枝節還不少，因此互動並非多多益善。

如果每個人都跳下懸崖

小時候，我有天問媽媽能不能到家附近的河邊玩，她說不行，因為那裡「太危險了」。我回答說「其他人都在那裡玩」，老實說他們真的在那裡玩。這時我媽出現父母典型的反應，說：「如果每個人都跳下懸崖，你也要跳嗎？」

我的回答是：「由於人腦演化出來的本質，就是需要受到他人的喜愛與接納，這個本質能夠超越我們理性思考的能力，而且往往也超越了，縱使有時對於幸福和生存顯然有不利的影響。如果我面臨到的狀況是我全部的朋友之前都不曾從懸崖上跳下過，而突然同時都要幹這件事，那麼我無法保證自己當作沒有看見，也會認為他們這樣的行為一定有其合理的原因，因此我會想跟著做。總而言之，歸因於腦部運作的方式，我可能也會跳下懸崖。」

如果有足夠的時間好好思考，這應該是我的回答，不過這個「足夠的時間」長達二十五年。不論如何，事實上的確就是如此。全世界的父母常用的懸崖困境，並不是他們所想的那種深具說服力的說法。

出自於腦部運作的方式，我們會找尋社會互動並樂在其中。我們也會找尋食物且樂在其中。但情況不一定都如此，我們並不是因為能享用食物就喜歡所有的食物。社會互動也是如此。有人想要搶劫，但是失敗了，因為搶匪的年紀只有我的一半，體型也是，嚴格來說這也屬於一種社會互動。我不會樂在其中，我猜他也不會。我們喜歡的是正面的社會互動，但是社會互動要怎樣才能變成正面的呢？這其中有許多方法，但是總的來說，要讓其他人在某些方面喜歡自己。說個笑話、分享有趣的八卦、成果豐碩的會談、令人愉快的交易，或是在他人艱困時刻表現出同情心，例如在某人的愛人去世後加以慰問或提供協助。且不論這些行為背後的意識動機為何，都會讓互動的對象較容易把我們想成是好人。因為腦想要，而且需要我們受到他人喜歡，至少也要受到他人接納。

看看那些飛車黨、哥德族、龐克族和光頭黨。他們會穿著皮衣、純黑色的外套或留著特定髮型，他們會表彰某種美學風格或自我形象。這些人通常會刻意抨擊社會上共通的期待、標準，甚至是法律，但是卻依舊遵守穿著打扮的形式。這是為什麼？因為他們有意識地反對更廣大社會中對人的要求，但是腦中對於受到他人接納的需求依然根深柢固。

這些需求與紋狀體（striatum）中發生的活動有關。之前提過，缺乏社會互動會使腦中負責體驗報償與愉悅的區域產生缺陷，紋狀體就是其中的腦區之一，而且是最重要的腦區，依核也位於紋狀體中。在腦中促進社會互動及體驗愉悅感的迴路中，依核是重要的一部分。基本上，如果社會互動的內容與自己的關係密切，紋狀體會讓我們有好的感覺。

舉例來說，在一個有趣的實驗中，科學家觀察人類是否把錢捐給慈善機構，還是留下來給自己。[40]結果是，在有他人看著的情況下，人們往往會把錢捐給慈善機構，這時他們的紋狀體活動也明顯增加。你可能會反駁說，主要的原因是他們不想遭受到他人的譴責，而非為了得到他人認同所帶來的報償感。不過該實驗也發現到，當受試者在無他人在場的狀況下把錢留給自己，紋狀體也出現了相同的活動。這個結果指出，我們的腦部顯然把社會認同當成報償，至少相等於金錢，因為處理報償過程的紋狀體都受到了前後兩種選擇的激發而出現活動。該項研究的報告甚至還進一步推論，腦部處理金錢報償和社會報償的方式是相同的（或至少是類似的），所以我們能從兩者得到相同的愉悅感與滿足感。這亦可解釋格林觀察到的現象：過著幫助他人的日子讓人快樂，[41]快樂的程度還遠勝於賺錢之上。

你可能會認為這個結果給人類本質添上了犬儒色彩，在從事對他人有幫助的行為之前，還要想想是否有人在看著，人類在本質上都是自私的。不過證據指出，在這種狀況下，人類完全沒有「想」那麼多。有些類似的研究結果指出，人們在有機會給小費或捐款給慈善機構時，就算是看到了旁邊有眼睛的照片，給出的錢都比較多。[42]在一項研究中，受試者在周圍有三個點排列成臉孔模樣的狀況下，會變得比較慷慨。[43]腦部的梭狀回面孔區（fusiform face area）是視覺皮質的一部分，負責辨認臉孔，非常敏銳，所以人們可以在烤焦的土司上看到耶穌的臉孔，光是三個點以適當的方式排列就能夠引起注意，並且發揮影響，讓人產生受社會認同的行為。這個研究結果再次顯示，社會互動對於腦部的影響，比有意識的思維還要深遠。此外也指出了老派的人抱怨現今文字溝通時經常使用到顏文字和表情符號，其實並不合理，因為看到簡單的臉部，就可能讓我們更為友善體貼。持續接觸到顏文字，說不定可以讓人類更快樂。

社會互動還會造成其他影響。若受到社會排斥，不僅讓人不悅，而且是相當嚴重的。年輕時缺乏社會互動，還會讓杏仁核受損，該神經部位屬於威脅偵測系統，功能是感覺恐懼，因此社會互動中的消極面，對於腦部健康的發育同樣重要。

無怪乎人們覺得負面的社會互動讓人不悅的程度，竟可以當成是威脅，社交時受到排斥也令人十分痛苦，就如同字面所說，是實實在在的痛苦。正面的社會互動會刺激腦中的報償系統，社交排斥也會刺激負責處理痛苦的系統。有項研究模擬了球賽，比賽進行時，受試者逐漸受到其他隊友的排斥，這時受試者的前腦島（anterior insula）和前扣帶皮質（anterior cingulate cortex）等皮質中和疼痛體驗的有關區域活動會增強。[44]一開始，有人認為該結果指出受到社交排斥時引發的感覺，和身體受傷時的疼痛感相同，不過仔細分析資料後，發現活化的部位相同，但是活動的方式不同，[45]就像是一枝筆可先用來寫情書，接著寫擄人勒贖信。都一樣是寫信，功能也近似，卻是有絕對的差別。不論如何，現在沒有人認為受到社會排斥不會感到真的痛苦，這是「心理不舒服」（psychological discomfort）的感覺。我之前描述過這種狀況，不過「棍棒木頭會傷人而語言不會」的說法是完全錯誤的，嘲弄確實會傷人，科學如是說。

甚至無關緊要的事也會傷人，有些研究發現，我們對於擦身而過且毫無眼神交集的人，都是出自本能地不喜歡對方，因為這些人「封鎖」了其他人。[46]由社交排斥引起的痛苦，甚至沒有任何道理也會持續。在那個模擬球賽的研究中，就算告訴受到排斥的非裔美國人，說排斥他們的是奉行白人至上主義的三K黨，排斥所造成的痛苦依然存在。就算每次在受到排斥後會得到金錢報償的狀況下，依然感到受傷。

結果，我們的腦會盡其所能，避免受到排斥。我們的腦具備自我評估的能力，這樣便能夠輕鬆地把自己樣貌誠實地呈現給周圍。不過這種方式很冒險，要是他們不喜歡我這類人的話該如何是好？最好是「潤飾」或「誇大」自己的優點，讓他人覺得我比較好。腦就是這麼幹，而且積極的程度經常成了自我欺騙。腦部沉溺於「印象管理」（impression management）這個過程，我們會盡力影響他人的感覺，好讓他們對自己留下深刻印象。在一項研究中，科學家讓受試者以正面和負面的方式介紹自己，誇張到自我欺騙的程度，以便研究相關的神經程序。他們記錄到內側前額葉皮質（medial prefrontal cortex）和左腹外側前額頁皮質（left ventrolateral prefrontal cortex）的活動增加了，[47]不過最有趣的是，只有當受試者刻意以負面方式表現時，活動才會增加。如果是用正面的方式表現自己，活動不會有變化。要記得，腦從來都不會「關機」，一直處於活動狀態，就像是飛行中的飛機引擎會持續發出噪音，功能性磁共振造影結果顯示出的是活動的增強或降低。目前雖還無法清楚確定這個結果的意義，但是當試者以正面卻不真確的方式介紹自己時，腦活動沒有改變，代表了腦部一直都在做這件事，這是腦的「基本狀態」。

由於腦非常看重自己是否受到接納與他人的行動，所以這樣的結果並不值得大驚小怪。如果你還懷疑，想像該狀況：如果你要進入浴室時，浴袍掉落讓你全身光溜溜，沒關係，這再正常也不過了，甚至有其必要。現在我們把「進入浴室」改成「無意間闖入人來人往的旅館大廳」，就沒有那麼「沒關係」了，簡直是末日般的尷尬。相較之下，我把三明治店員口誤稱為媽媽的事件，完全不值一提。前後兩個狀況的動作都是相同的，過程也相同，差別只在後者有其他人看到了，然後他們會批判你，因為你一絲不掛。

這就是尷尬，一種社會情緒，這種情緒是否會出現，取決於他人的想法、感覺或行動，在我們親身體驗後、在記憶中回想、預期，甚至想像到這種狀況，進而有尷尬的感覺。我在這一章開頭描述的尷尬事件是親身經歷過的，當時的感覺真的很糟，現在回想起來依舊不太舒服，其他尷尬的回憶亦是如此。我不會再去那家店，怕他們還記得我，也就是我預期到會有尷尬的狀況。現在我去這家三明治的其他分店，還隱隱有恐懼感，因為害怕那件事傳開了。一次單純的人際互動卻造成深刻且持久的情緒餘波。類似的社會情緒還有罪惡感、嫉妒、悲傷等。這些情緒在有他人在場的狀況下才會引爆。我們的腦認為社會互動非常重要，專門用來調節社會互動的情緒也演化出來了。幸好快樂並不屬於這種情緒，不過就如同之前所提的，和其他人一起要比孤單一人容易感到快樂。

可能就是有這種種因素，和自己有關聯或有互動的人，對於我們的自我感覺與身分非常重要。腦部掃描研究指出，當人們想到自己是團體中的一分子，或是想起自己認同的人，腹內側前額葉皮質、前扣帶皮質（anterior cingulate cortex）和背扣帶皮質（dorsal cingulate cortex）的活動就會增強。[48]不過在想到自我的感覺時，這些區域的活動同樣也會增強。[49]其中的意義是，我們所屬的群體和社群對於自我認同非常重要。這個結果不該讓人驚訝，在之前就提到我們的財產和家是自我身分的一部分，如果周遭的人不是的話，那才奇怪。

在對於自我的定義中，與自己互動的人占了很大的一部分，這也就能解釋為什麼正面的互動與認同可以帶來極大的報償感，以及遭到拒絕會如此傷痛。除了腦部所做讓自己在社會上受到歡迎的事情外，這也說明了我們對於身邊人的舉止、行為和心情會如此敏感。當然其中的過程非常複雜，而且變化多端，但是幾乎每個人都會如此。在充滿緊張激動的人群中，我們感到憤怒；在曖昧不明的狀況下，我們會認為其他人更清楚狀況，[50]通常會聽從其意見。有時這些意見往往沒比自己的判斷更好，甚至還會危害到自己的福祉。媒體在報導自殺新聞時都會刻意提醒不要模仿，但是如果身邊的人突然都跳下懸崖，我想自己一起往下跳的機率會滿高的。

因為我們想要受到他人的喜歡，我們想要得到他人的認可，所以會拚盡全力配合他人的期待。因為這對我們的身分很重要，因為這會讓我們快樂。

名聲爲何重要？

我的第一本書出版之後，受邀到格拉斯哥中央圖書館「美好寫作書展」（Aye Writes festival）上進行推書演說。當天有很多人來參與活動，於是演說地點不得不轉移至大廳，好讓每名索票的人都能夠進來。在那本書中我提到了人類的本性，以及喜愛社會互動與認同，在問答的部分也提到了這一點，提到類似「這可能也是人們喜歡出名的原因」，這時主持人挖苦我說：「但是狄恩，你應該知道，你現在有名了。」

我當時有名嗎？我現在有名嗎？當時我並不這樣覺得，現在也是，因為我大部分的時間都用在寫作、工作和照顧孩子。但當時我坐在數百人面前，他們都聽過我寫的書，而且人手一本，受到那麼多人的喜歡，讓我再次提筆，也就是現在你看的這本。我真的不想自吹自擂，抑或是過度的自我吹捧，但是如果說這些對我不曾造成影響，就是在說謊了。許多人對我有興趣，作品得到認可，真的讓我很高興，現在也是。但是我有名嗎？值得懷疑。

不過回想起那次演講，突然間有個念頭：「名聲」到底是什麼？是否就是認可自己的人數遠超過一般人所期待的呢？受到認可讓人快樂嗎？還有另一件事：之前提到腦部處理社會認可和金錢的過程大致相同。我們經常會說某人「名利雙收」，但是從腦部的報償系統來看，名和利這兩件事並無太大的差別。這應該可以解釋你聽到的故事：知名流行樂團所賺的錢其實少得可憐，因為他們是由冷血無情的音樂公司老闆召集的，錢都進了他的口袋裡。你可能會認為沒有人同意這種安排，但是也許出名就是最好的報償？

名聲可能是比財富更好的報償嗎？我們知道腦部會將金錢看作是可靠的報償，一如食物與居所，因為金錢對於生存極為重要，不過受到認同這件事情，牽涉多層次的認知，可能對於腦部健康很重要。這樣說好了，在上一章提到，金錢能夠讓我們達到某種程度的快樂，然後隨著金錢增進，快樂的效力也隨之遞減，這時我們會覺得其他的東西更有趣。如果腦部處理金錢和名聲的過程是類似的，那麼名聲多到了某種程度後，讓人快樂的效力是否也跟著減弱？稍具名聲會讓人快樂，就像我這樣，但是如果非常有名的話就不會？如果事實真是如此，或許就能夠好好解釋腦部處理社會認同的方式。

不過，要研究超級有名會讓人不快樂，顯然我需要訪問超級有名的人。這些超級有名的人可不是在街上閒逛就能遇到，而且無法直接詢問他們能否幫忙。我是因為他們是名人，所以才去採訪，但也就是因為這份名氣，讓我和他們之間毫無交集，這該怎麼辦？

在我與威爾斯娛樂界的知名人士進行了長時間的聯絡往來，最後前往了位於卡地夫（Cardiff）的千禧中心（Millennium Centre）裡一個安靜的酒吧，坐在歌手夏綠蒂（Charlotte Church）的對面，她正在吃威爾斯肉湯（cawl），手裡拿著我的上一本書《*Idiot Brain*》（繁中版預計二〇二二出版）。她一到我便把書拿給她，像是遞上全世界最浮誇的名片。

你可能不知道夏綠蒂是何許人物（這真的有可能損及她的名望）。她在十二歲時發行了首張專輯《天籟美少女夏綠蒂》（Voice of an Angel），便揚名國際，當時是一九九八年，這位十二歲的女高音受到了全世界的歡迎，專輯銷售了數百萬張，曾為多國總統表演，歌聲更是出現在主流電影中，並與其他超級巨星一起演唱、主持電視節目等。現在她在酒吧中，坐在我對面，吃著燉肉湯。真的讓我的心智處理程序陷入當機狀態，我是說真的。

我在寫這本書時她三十一歲，所以她的大半生都處於非常知名的狀態。沒有人會認為她過的生活「普通」，但這樣的生活快樂嗎？這就是我想知道的。她很大方，願意幫助我。所以一開始我提出了理所當然的問題：妳在十二歲的時候想要成名嗎？妳知道成名代表什麼嗎？

「不，完全不想也不知道。就算在那麼年輕時，我就知道自己想成為歌手，不過我當時認為自己會上大學，研究音樂、唱歌劇。但是後來完全偏離正軌，一切變得瘋狂。當時我甚至沒有時間去想是否『想要』成名。」

不錯，得到一些有趣的資料了。如果你不曾想要成名，成名後帶給你快樂嗎？這不會讓你的生活完全失控嗎？如果你一夜之間變成巨星，這狀況是沒有辦法改變的。因此就算是她不想或沒有預期會成名，變得像夏綠蒂這般出名，會變成怎樣呢？

「很瘋狂，是一段非常精采的旅程。第一年真的很棒，非常興奮。但並非因為有了名氣而讓人興奮，而是有名之後出現的很多機會：可以到處旅遊，可以見到其他有名的人等。我帶著一本簽名冊，請瓊·考琳絲（Joan Collins）等人幫我簽名。就是這樣，充滿新奇的體驗。」

從這些話來看，成名後的生活似乎讓夏綠蒂得到快樂，但幾乎都是間接造成的，而非名聲本身讓她快樂。這讓我想到電視實境節目中的角色。透過本章所討論的內容，電視實境節目突然就有了豐富的意涵。對於那些想要蜚短流長和需要與他人（是誰都好）建立關係的腦來說，這種節目提供了直接又持續的滿足方式。我記得曾經看過一部紀錄片，說的是關於目前電視實境節目的原型《老大哥》（Big Brother）。片中採訪了想要應徵加入節目卻失之交臂的人。其中一位年輕女性想要參加這個電視節目，因為她「知道」自己有天能夠成名。至於問她為什麼應該會成名，她卻沒給出任何理由。她並不是表演者，也沒有創造出值得注意的事物。她僅僅是活著，卻覺得這樣就足以讓自己成名。

說句公道話，現在參加了電視實境節目，的確不需要什麼原因就可以成名，但是那個人就像是夏綠蒂成名之路的反面教材。在上一章提到了野心和動機，「應該我」和「理想我」。想要得到名聲，代表你腦中的理想我是個知名人物，這會讓你有個想成就的目標，你會把這個「理想我」和「真實我」加以比較。但是名聲非常難以量化。你可以精確測量某人的身高、體重或所有財產的價值，但是無法測量一個人到底多有名，因為名聲本就定義模糊，而且多由主觀認定。*基本上，對於「變有名」這樣的目標，你自己是很難具體量測這個目標到底有多遠，更何況你根本就不知道有名是什麼感覺。多數人都會賺到一些錢，所以知道更富有之後可能會變怎樣。但是名氣？這就很難說得清。這是哲學家所謂的「堆垛悖論」（sorites paradox），說明該悖論的經典問題是：一堆砂子要堆得多高才算是夠大呢？

譬如說走在街上有多少人認得你？名字出現在全國性報紙上？收到粉絲來信？這樣就算是成名了嗎？發生了這些事，的確顯示自己的名氣逐漸增加，重點是我們自己能夠察覺多少。淋到雨並不代表你知道具體有多少雨落到自己身上，你只知道自己淋濕了而已。同樣地，那些想要成名的人，如果沒有設定好要多有名，那麼就難以知道自己是否離目標愈來愈近，自我評估時便充滿了不確定性，導致失敗，這可讓人快樂不起來。

相較之下，如果你本來沒有打算卻出名了（假設你沒有主動排斥出名），這是不是相當於贏了彩券？至少腦中處理報償和愉快的程序會啟動。你會得到數百萬人的喜歡而產生心理利益，卻不會有擔憂和自我評估的問題。至少理論上是如此。

不過，知道他人認同自己的抽象感覺是很好，但實際和那些人直接有互動卻是另一回事，夏綠蒂便指出了這一點。

「一開始很好，可是當我進入青春期後，就有點……討厭了。很多人顯然太緊張了，甚至害怕見到我。有些人甚至還認為我真的是天使。」

---

*我必須承認，隨著網際網路和社群媒體的進展，你可以精確計算出點閱／訂閱／按讚／下載等次數，所以現況可能改變了。

這代表了名氣的另一個奇特面相，以及對於快樂的影響。受到一群陌生人的喜愛也許挺好的，但是之前提到過，腦所期盼並能獲益的社會互動，實際上是發生在兩個人之間的。如果你成名而有許多人爭著要和你互動，就不是理想的狀態。人們為什麼要爭著和有名氣的人說話呢？嗯，之前提到過，對於小小的社交排斥，大腦也會看得很重，並且想要盡量避免這種事情發生，現在想想，如果受到自己真正喜歡之人的排斥，但卻受到其他無數人的認可、尊重與憧憬。對於有些人來說，這種可能性絕對會讓內心不安，腦部的威脅偵測系統感覺絕對像是在玩弄手榴彈。因此在與有名氣之人見面時，當然會緊張，因為恐懼且不願有風險的大腦，會全力以赴，避免說出任何可能製造混亂的話，而把一般的溝通過程簡化成為單音節發聲、咕嚕聲或笨拙的手勢。

成為名人之路也不是毫無痛苦的。和我們一起同桌吃飯的還有夏綠蒂的朋友、演員兼歌手卡莉絲·艾勒里（Carys Eleri）。卡莉絲說他曾見過因為剛演出電影《新娘百分百》而處於名氣顛峰的萊斯·伊凡（Rhys Ifans），他只是要去上個廁所，就花了三十分鐘，因為一路上都有人攔住他要簽名或合照。顯然有許多人很大膽，能夠毫不遲疑地就去和名人攀談，他們認為與名人交談的利益遠大於受到拒絕的風險。

如果這種事情持續發生，無疑會對腦部造成極大的壓力。在第二章中，我提到人類需要同伴和隱私，這兩個看似彼此矛盾的需求，其實是有道理在其中。社會互動通常是必需的，也會帶來樂趣，可是需要腦付出心力、消耗能量。私人時間可以讓腦休息，並且恢復活力，但是還有更重要的意義。

本章一開頭就提到，社會群體的平均大小，和腦部大小及智能有關。其中大部分的研究及一般性社會腦理論（social brain hypothesis）的發展，皆是由英國的人類學家羅賓·鄧巴（Robin Dunbar）進行的，他發明了這個詞。在鄧巴發明的理論中包括了「鄧巴數」（Dunbar's number），這是理論上人腦能夠同時維持穩定社會關係人數的最大值。[51]我們知道進行社會互動需要用到腦力，那便是我們腦力的極限。鄧巴認為，我們能夠維持關係的最大人數是一百五十人。對此許多人提出異議，而且這個數字並沒有那麼固定或單純，不過沒有人真的反對人腦能夠維持的社會關係數量有上限，一如吞到胃裡的食物最多就那樣，再多便會造成傷害。

享有盛名之人，不論自己是否願意，必須去打交道的人數顯然遠遠超過一般人，這對腦部形成了莫大的壓力（對萊斯·伊凡而言，膀胱也承受了極大的壓力）。因此不意外，有些名人看來冷漠而疏離，甚至怠慢粉絲和支持者。但這並非針對個人或本身傲慢，只是想要保護自己的心智正常、福祉與快樂。當然，他們也或許是真的不高興，這是絕對有可能的。

有人說「千萬別見到自己心目中的英雄」，不過你的英雄可能也不怎麼想見你。

我想要知道夏綠蒂是怎麼處理這方面的事。

「我小時候非常擅長與人打交道，不過十六歲到十八歲之間，我認為自己就是個『壞女孩』，真的是糟糕透頂，對其他人非常惡劣。我不一定會幫人簽名，拍照時也不一定會好好擺姿勢。但是幹這些事情時並不會覺得舒服，只是想要裝得酷酷的。說穿了，我只是想要討好同輩的人。」

我承認這有點嚇到我。我不斷反覆說明人類的腦會讓我們想要和他人一致、想要受到認同者的認可。但是我以為成為國際巨星，受到無數人喜歡，可能會對此產生反效果。顯然我錯了，大錯特錯。

「我學到不要和朋友談這些事情，因為他們統統沒興趣。我試著告訴他們，我去參加葛萊美獎頒獎典禮，當時『超級男孩』為我唱歌的事，他們的反應像是聽到『猜猜看誰在腳踏車棚後面擁抱親吻時被發現了？』完全不感興趣。這是我後來改變音樂類型的原因之一，*因為我被同儕孤立，我唱的歌不是同年紀小孩多數會喜歡聽的。我想這是我改變歌路的原因：希望得到同儕的認可。」

對於自己的成功，夏綠蒂幾乎有種羞愧感，實際上改變了她職業生涯的發展方向，放棄了顯然受到無數人喜愛的類型，只是為了能夠受到自己最認同者的認同，這顯示了正面的社會互動與認同對於腦的影響力有多麼的強大。不過，就如同其他許多腦部喜歡的事物一樣，這份認同必須是明確有形的，是要腦部能夠認知且欣賞的。聞到自己最喜歡的料理當然感覺很棒，但是如果沒辦法真的吃到，食物的吸引力很快就會消失殆盡。受到一群看不見的陌生人喜愛感覺很不錯，但實際接觸的人卻不喜歡你，那就足以讓你非常不快樂。名聲所帶來的各種報酬可能很多，但是直接從名聲得到的愉悅和快樂可能轉瞬即逝。

夏綠蒂的同儕團體對她冷漠，可能也讓她因禍得福。用她的話來說，她的家庭和朋友「平凡如糞土」（common as muck），她自己是唯一的超級巨星。為了和他們一樣，成為群體中的一分子，並且被接納，對她本身與她的快樂而言，自然是相當重要。她得行事低調，並且忽略名氣帶來的威望，最後這證明了非常有用。可能威爾斯人就是這樣？我們的行為深深受到社區和家人的影響。夏綠蒂說有次在還不能喝酒的年紀，偷喝水果甜酒被父親逮到，受到一頓嚴厲的斥責。這讓我想到另一名出身威爾斯的知名歌手湯姆．瓊斯（Tom Jones）也說過類似的故事。當時他三十多歲，住在美國洛杉磯，有天飲酒作樂，隔天一早起來，來

---

*夏綠蒂的歌路在二〇〇五年從古典轉變成主流流行音樂。

家中暫住的母親隨即滔滔不絕地教訓這不當行為。沒有人能夠反對威爾斯媽媽兩次。

不論如何，從夏綠蒂對於名聲所帶來的負面效應，可以輕易看出其能夠抵銷名氣帶來「讓人興奮」的那些面向，甚至最終會造成傷害。如果我們只能從媒體上的報導來推斷，名人最後很可能只會被經紀人、保鑣、助理、隨從等人包圍，而這些人的存在就是為了要讓名人高興。這聽起來不錯，但是卻把名人置於社會群體的核心，名人誤以為自己的快樂是這個群體中最重要的事，以致他們沒機會檢視群體，從而能夠決定行為是否為社會所接受的主要因素也跟著消失了。無怪乎那些超級有名的人彷彿活在另一個世界，和其他人不同，因為從心理學的角度來看，確實如此。夏綠蒂還透露了一個聽來的故事，有個知名度更高的明星因為吸食海洛因，從而做出了荒唐無稽的行為。這個故事好笑到不行，如果我在書中披露，很有可能在墨汁尚未乾透前，就會被告到一文不名。

重點是，名聲可能讓你快樂，但也表示最後你在所處的群體中，能夠自動得到認可與接納，無需辛苦取得。這對於腦的影響會持續不斷。事實上，對於童星而言甚至有不良影響。就如同夏綠蒂很清楚地觀察到，成名讓兒童與同儕有著極大的差異。如果不是她費盡心力去解決這個問題，很可能會遭到放逐或排斥。這個狀況和其他隨著名聲而來的各種事物，會引發孤立，進而失去了正常的社會互動，雖然他們還只是個孩子。要記得，根據目前得到的資料，孤立對於發育中的腦部會造成干擾與傷害，進而損及腦部感覺快樂的能力。無怪乎許多童星最後會陷入藥物、人際關係或其他困境之中。得到了大量的名聲又無法正確地應對，對兒童的腦可能是有害的。

因為就如同前面所提，我們和他人的互動對於腦部健康與快樂是很重要的。我們享受正面的互動，也會積極尋找這樣的互動。和他人建立關係並維持關係穩定，是快樂的泉源之一。因為我們需要和其他人一樣，需要歸屬感，這樣才會感到安全，腦部才能夠正常運作。具有同理心代表能夠「分享到」他人的情緒，我們在做讓自己快樂的事之同時，如果有其他人在，對所有人來說都會更快樂。另一方面，在社交上受到排拒，不論是遭誰排拒都讓人不悅。照理說成名後得到數百萬人的認可，應該會讓人比較快樂，實際上並非如此。重要的是社會認可的品質，而非數量。重要的是認可自己的人，而不是有多少人認可自己。

在受到他人排拒的狀況下追求快樂，和為了出名而追求名聲，可用相同的方式來比喻：就如同只吃砂糖，一匙接著一匙，第一口可能不錯，愉快又滿足，但是到頭來並無法得到滿足，還會出現奇怪的行為，更有人對你大罵。

我承認這個比喻中，對你大罵的人，絕大多數是牙醫，但我依然認為這個比喻是恰當的。

第五章
性、愛、狂歡

「最近我過著長久夢寐以求的生活，和兩個男人住在一起，我就是那個『壞女孩』，而他們在『教我一些事情』。只是現實狀況和我之前所想的不太一樣。有一次我得停下來去上廁所，然後有人按門鈴，我們兩個得裸著身體躲在沙發後面。」

我得先聲明，我和其他人的對話中很少出現多重性伴侶施虐與受虐的角色扮演。不過這時我坐在倫敦國王十字（King's Cross）車站附近路邊的酒吧，聽到的內容就是如此。

會這樣，有一部分要怪夏綠蒂。她告訴我，來自許多人的認可與愛慕，並無法取代來自親愛之人的接納與情感。這點讓我深受感動。其中的「親愛之人」（loved ones）的確是與幸福息息相關的因素。我們聽到的陳腔濫調是，當你找到「真愛」後，就會過著幸福快樂的生活。的確，披頭四唱道「愛就是你所需的」（All You Need Is Love），相當明確的宣言，但這句話正確嗎？愛是無所不在的超級力量，能夠主宰我們的生活，提供無窮盡的快樂嗎？或只是腦中化學反應的突然轉變，然後我們只是把這個過程浪漫化而已？（滿諷刺的。）

接著我決定研究這個問題。但有件事情擺在眼前：這個問題會變得一團亂。我們可能會認為浪漫的愛情（romantic love）都是純潔美好的，但是這種愛情和情慾（lust）的關係太密切。情慾是強大的基本驅力，推動我們進行身體的親密接觸，基本上就是性行為。

許多人都不願意談論「性」，但「性」是成年人生活中的主要活動之一，並且能以非常奇特的方式造成影響。性能夠讓人非常快樂，甚至陷入狂喜，也能讓人極度不快樂。性對於我們日常行為與思維的影響是難以低估的。

不論如何，我對於愛與性都不陌生，但不能宣稱我是愛情專家或性愛專家，就像是我看過電影卻不能宣稱能夠成為電影導演。因此一如既往，我找尋更有資格談論這些話題的人。其中一位是專業心理學家兼伴侶關係諮商師，另一位則是備受讚揚的性愛部落格主和作家。就如你想的那樣，是後者在公共場所和我大談「三人行」出毛病的故事，這些對話可能會毀了我健康端正的形象。

不過我是神經科學家，所以在躍入性愛與情愛關係的世界前，覺得必須先釐清在體驗這些關係時腦部發生的事。只是進行這件事，絕對會對我的網路搜尋歷史留下不良紀錄。

色到無法收錄進本書中

老實說，在我們尚未深入鑽研科學文獻之前，人類的性愛與性行為就已經夠讓人困擾了。人類個體的生存並不需要性愛，但是我們花了超多的時間和精力在得到性愛之上。人類文化與社會中的每個面向都牽涉到性愛，但是人們通常認為談論性愛是粗魯或不恰當的。在英國，合法性愛的年紀是十六歲，但是你要到十八歲才獲准看色情圖片等相關玩意兒，也就是說你在能觀看性愛之前，就能夠進行性愛了。雖然人類在從事性交時，選項多到目不暇給，但是如果性偏好不符合「常規」（也就是一位男性和一位女性性交），通常就會遭受汙名和迫害。所以說，性愛讓人快樂，但是又在許多方面讓人不快樂。我們為什麼這樣在意性愛呢？

探究這個問題的科學研究，往往集中在人類性行為的兩個基本要件上：性興奮（sexual arousal）和性慾望（sexual desire）。前者的意義是在身體上和心理上能夠從事性交，後者是想要性交。這兩者對於腦都有相當大的影響。

性興奮通常先出現，[1]這往往是我們察覺到某些與性有關事物所刺激引起的，但更常造成刺激的是人本身。多數人會因為他人而產生性興奮，特別是其他人類的身體（在某種程度上是臉部[2]）。在你看到一個人，身體上有些部位更容易引起興奮，例如肌肉起伏的腹部、曲線動人的腰部、性感的唇部、豐滿的胸部*、結實緊緻的臀部、隆起的肌肉等。比起看到耳垂或手肘，上述部位更容易「點燃慾火」。原因在於這些部位算是第二性徵，[3]是演化出來能夠吸引伴侶的特徵，但是又沒有直接參與生殖過程，有點像是麋鹿的角或孔雀的尾巴。這些部位是「性感的」，但是並非性器官，生殖器官才屬於性器官。許多人相信，第二性徵暗指出了潛在伴侶所在意的特質，例如生殖力、力氣和健康。身體基本上用這種方式打廣告，告訴其他人腦中負責內在本質的部位，說：「看看我的體態多麼健康！我的基因是頂尖的！我們能夠生出很棒的小孩。」

另一個引起興奮的主要方式是身體接觸。之前提到身體接觸到其他人可以產生報償感覺，身體某些部位受到接觸與撫摸，產生的反應特別強烈。性器官顯然是其中之一，上面密集分布了大量的神經，受到刺激時會把神經訊息經由多個管道送到大腦，產生愉悅感和報償感。[4]對於性器官的刺激似乎由體感覺皮質中的兩個部位處理，其中一個處理身體的真正感覺，另一個次級體感覺皮質（secondary somatosensory cortex）則額外添加了感覺中「愉悅」的成分。[5]

有趣的是，一些非生殖器官的部位，稱為性慾區（erogenous zone），觸碰到時也會產生性刺激。[6]耳朵、乳頭、大腿或脖子等是性慾區，但是這些部位為何是性慾區的原因依然不明。有些人認為這是皮質中處理愉悅感覺的區域「重疊」到了其他區域，也就是說當身體

＊絕大多數哺乳類動物的乳腺只在泌乳餵養幼兒時才增大，唯有人類女性在成年後乳房持續膨大。沒有人說演化是面面俱到的。

某部位受到觸碰，負責該部位的腦區活躍起來，也會使得（附近）處理性刺激的皮質區域活躍。總而言之，這個理論想說的就是性慾區有點像是隔著自家薄薄的牆壁，聽到隔壁放的音樂，雖然聲音不大，但依然想要聞樂起舞。不過科學研究到目前為止都還沒有發現支持該論點的證據，[7]性慾區的出現可能只是演化中的意外事件。

但是當我們體驗到一些讓人興奮的事物，腦中發生了什麼事呢？如果讓人興奮的事物是看到的，會讓橫紋外身體區（extrastriate body area）產生相應的活動，該部位位於視覺皮質中，專門負責辨認人體的形狀和活動，有這種結果是理所當然的。不過腹內側前額葉皮質也會活躍起來，這個部位接著各個重要的連接通路，讓腦部其他與興奮有關的區域也跟著活躍。[8]如果興奮系統像是火災警報器，腹內側前額葉皮質便是一開始偵測到煙霧而發出警報的部位，讓人知道這將會變得很熱。這個部位也會經由從下到上的系統（如同前一章所提到的），讓我們的注意力轉移到引起興奮的對象上。

當興奮的程序啟動後，杏仁核也跟著活躍起來。杏仁核與情緒處理和學習過程密不可分，[9]同時連接到腦部許多重要部位的「樞紐」，在性興奮和性行為中，具備了重要的功能，其中一個是評估刺激中的情緒成分，[10]用來決定這個興奮是否「正當」。俊男或美女一絲不掛躺在你的床上，這可是讓人非常興奮，但如果同樣的人裸體躺在手術檯上，可能因為你是外科醫生。雖然視覺訊息相似，但是杏仁核能夠決定在這些場合中，性興奮是否恰當（但願如此）。

如果杏仁核決定了這個興奮是恰當的，就會經由數個神經途徑引發多種反應，其中一個是「離杏仁核途徑」（amygdalofugal pathway）。這個途徑連接了杏仁核和視丘（thalamus）、下視丘（hypothalamus）、腦幹和依核，它們應該和性行為與性興奮中愉悅感的許多成分有關。[11]另一個由興奮引起活動的重要區域是「下視丘－腦下腺－性腺軸」（hypothalamic-pituitary-gonadal axis），[12]該部位能夠刺激與調節性慾，使用的方式是釋放性激素，男性是由睪丸釋放睪固酮（testosterone），女性則是經由卵巢釋放雌性素（oestrogen）。從這裡開始，事情就變得複雜了。

性激素會有這個「性」字，是因為在青春期中，腦部會釋放這些激素，青春期的身體有著顯著且不安的變化，便是由性激素所引起的。基本上，這些激素讓身體發育出第二性徵，同時「啟動」生殖系統，[13]這是人類發育的重要階段，不過沒那麼得體的毛髮和青春痘也會長出來。除此之外，「性激素」還有其他任務，它們參與了性行為和性興奮。我們感到性興奮時，會釋放一波性激素，讓遍布腦內的相關受體受到刺激。[14]但我們能說是這些性激素引起了興奮嗎？

關於睪固酮的研究最多。男性和女性都會製造睪固酮，這種激素顯然與性興奮有關。＊雖然常聽到說睪固酮的濃度增加能夠讓男性更為興奮，並且專注在性行為上，但是支持該說法的證據仍不足。[15]舉例來說，睪固酮濃度降低會造成男性勃起功能障礙，但是隨後以人工方式讓睪固酮濃度提高，依然無法改善。[16]為什麼無效呢？

而在女性所發生的狀況，則更讓人困惑。停經女性若進行激素補充療法（hormone replacement therapy），會使用到睪固酮，接受療法的女性經常會報告說性興奮提高了，[17]但睪固酮對於女性造成的效應，在個人之間差異非常大。雌性素由卵巢製造，常被當成是女性的睪固酮，只是該激素對於性興奮的影響依然不明。[18]再者，男性體內也有雌性素，睪固酮在經由多個步驟之後可轉變成雌性素（反之亦然），這個過程在女性中特別顯著，同時還有其他原料分子參與其中，所以整件事相當難解。不論如何，沒有人懷疑，性激素在性興奮的過程中至關重要，只是過程令人費解。

腦一旦興奮了，會利用性激素和周邊神經系統將訊息傳到身體各處，引起明顯的興奮跡象，[19]包括瞳孔放大、臉頰潮紅、心跳加速，當然也會有大量血液湧入性器官，讓性器官腫脹或挺起（狀況依照性別而定）。基本上，這時就已準備好可以性交了。

上面種種的內在本能生理狀況，大多數有性生殖的動物幾乎都會出現（應該是幾乎所有的有性生殖動物）。但就性興奮這件事來說，人類興奮的範圍又更「廣」了些。身體和視覺刺激可能是讓人出現性興奮的基礎，只是我們的腦不僅碩大且能力高強，因此除了這些基本刺激外，對於那些就客觀層面來說相當中性的事物也會覺得刺激，例如書中文字或說話內容。

此外，腦部對於性愛與性興奮的投資之多，使得人類對於不會發生的事和不可能發生的事，都能夠感到興奮。性幻想在人類性行為中是很重要的成分，在男性與女性出現的頻率約略相同。有研究指出，額葉中的額葉眼眶面皮質（orbitofrontal cortex）具備了很多精細的功能，[20]對於性幻想而言至關重要。把重要的腦力放在既與實情無干也與未來（幾乎）無關的性想像上，似乎和生殖這個目標彼此矛盾。性幻想怎麼可能會讓人快樂？應該比其他事物更讓人挫折、分心、暴躁吧？

顯然不會。有證據指出，經常幻想這類的事情有助於專注，讓注意力放在細節上，並且改善記憶。[21]腦中要有許多區域聯合在一起，才能夠製造出性幻想這樣充滿細節又強大的玩意兒。腦部各個區域之間的溝通效率和可靠程度，應該與人類的智能息息相關，所以我們能說，經常有性幻想可以讓腦部處於顛峰狀態嗎？

＊雖然在每個人的體內濃度不同，但值得一提的是，目前因各種原因，研究對象絕大部分是異性戀男性。

除此之外，有人相信這些幻想能夠在不需要真槍實彈與嘗試錯誤的狀況下，打磨並改進性行為和性能力，[22]因為前者顯然讓人尷尬萬分。每個人在日常生活中，都持續自動地想到最糟糕的狀況及可能發生的危險，以便預先考量並適當應對，而不是在事情真的發生時，手忙腳亂的解決。相同的道理當然亦可應用到性事上。

就如同前一章所說的，密集的社會生活讓人類變得如此聰明。但是生活在一個人數眾多又密集、絕大部分時間處於平和狀態的群體中，隨時都有可能受到成為性伴侶的對象所包圍。此種狀況下，腦部比較活躍與本能的部位會讓我們經常想到性，也就不需要太過驚訝。只是不論原因為何，腦部處理性的方式代表我們變得興奮、準備好性愛的情緒，多過真正想要做的時候。

這裡要思考的重點是「想要做的時候」。因為我們不一定會想要性交，即便已在興奮的狀態下。

今天晚上不行，我頭痛。

許多人在某些地方和場合下有性興奮卻無意享受性愛。我曾經聽過許多在必要的密切醫學檢驗時，身體出現性興奮的尷尬故事。有不少男性曾說坐在巴士上時，出現了無用又讓人困擾的勃起。

這些狀況中，許多原因是一些和性興奮相關的部位受到刺激，產生反射性反應，也就是說與腦無關，而是由性器官和脊椎間的基本神經連結處理的。[19]巴士產生的震動，可能刺激了這些反射性興奮系統，把那些震動感當成是伴侶對自己刻意的親密觸摸，而非大型交通工具內燃機運作時無可避免的結果。杏仁體可能會評估這時的狀況，然後決定興奮並不恰當，但對於這件事，並不只是杏仁體有發言權，有時其他已介入的刺激興奮生理機制獲勝了，杏仁體戰敗退場，像孤獨的水手要奮力讓郵輪轉向，避免撞上因尷尬構成的冰山。

這樣的狀況讓我們清楚地警覺，性興奮和性慾並不是同一件事。兩者通常能夠獨立出現。*但想了解兩者間的差異，最好先了解在神經層次上性慾的運作方式。

性慾主要由腦部的顳葉處理，這很合理（至少對神經科學家來說），因為邊緣系統有很多就在顳葉中，特別是杏仁體和海馬回。邊緣系統是一個複雜的網絡，能讓情緒和本能影響

*另一方面，也有性功能障礙（sexual dysfunction）這種狀況，也就是我們想要性交、但身體卻似乎無法察覺或產生適當反應，於是讓人陷入極度的不快中。

理性與思考，或是讓理性與思考影響情緒和本能。對於性慾而言，是基本的動物驅力決定了我們的思考和行動方式，在此過程中，邊緣系統顯然居於樞紐地位。[23]

在產生興奮或慾望時，杏仁體和海馬回都會非常活躍。我們知道杏仁體在處理情緒，會同時決定現階段的興奮是否恰當。海馬回則是處理基因的中心，這時海馬回的活躍能夠解釋我們在性愛狀態時為何會湧現許多讓人興奮的記憶，或是性愛相關的記憶會鮮明且強烈，因為這些有助於讓興奮變得強烈，時間持續並增加，同時確保之前有用的經驗能在心中重現。性慾也會由視丘引發，該部位亦屬於邊緣系統，像是腦部的中央車站，能夠把資訊傳送得又遠又強。[24]這些部位的活躍都意謂著腦部「有那種感覺了」。

但是光有情緒和感覺還不夠。杏仁核與相關的區域結合而成的網絡，對於動機而言也很重要，其中一個特別重要的區域是前扣帶皮質（anterior cingulate cortex），該區域連接了負責注意力引導、思索事物、情緒調節和其他功能的部位，[25]讓我們去追求並享受人與人之間的互動，同時對某一個特殊性愛狀況中情緒與動機產生重要影響。[26]真的很難想像有其他比這樣更強調「人與人之間的連結」了！

這些狀況都顯示了性興奮和性慾雖彼此不同，但是經常糾纏在一起。幸好許多相關的腦中系統是共通的，能夠讓我們同時體驗到性興奮、性慾和相關動機。與此同時，也能夠為系統煞車，讓我們不會整個小時都處於色慾不受控的興奮狀態。

之前提到杏仁核亦能協助評估情緒狀態。同樣的，前扣帶皮質對於性動機而言很重要，對於偵測自己表現中的缺點和不足之處也是，同時還能夠調節適當的報償。簡言之，就是能夠決定我們「表現得是否夠好」，表現不好時還能驅使我們搞定。不難想見，這多少解釋了為何大部分的人不只是想要性愛，還想要表現出色。在性功能障礙中，「表現焦慮」（performance anxiety）是很重要的成因。[27]這或許能夠說明為何我們認為有些人自己「高攀不上」。由於腦部花了很多能量在自我評估與自我印象之上，可能讓腦部認為有些人雖然讓自己興奮，但是太過性感了，便阻止自己追求，以避免失敗、批評和尷尬。

事實有可能就是這樣。額葉眼眶面皮質是控制性衝動的最重要部位，[28]能判斷一個動作最後所招致的結果是報償、還是處罰。如果是處罰，額葉眼眶面皮質就會抑制性慾和動作，就會有個聲音在你的腦袋裡說：「別這樣幹比較好。」對於性來說，這樣的自我控制顯然非常重要。舉例來說，在派對上有個渾身性感的人公開向你調情，但是你已經結婚了，那個人也是，而且結婚對象就是你最好的朋友。這時額葉眼眶面皮質會就這些資訊加以計算，得出可能引發的後果，然後說：「這可能會很有趣，卻是個糟糕的點子。」

當然也不會總是如此刻板。在錯誤的場合、錯誤的時機、錯誤的對象時，抑或你只是太疲累，額葉眼眶面皮質會察覺到並限制性行為。關於這點，有研究指出若男性該腦區受損了，就會出現魯莽、冒險又性慾亢進的行為。[29]不論原因為何，額葉眼眶面皮質異常活躍的人，往往會有性功能障礙或性慾降低的情況。[30]除此之外，額葉中如同額葉眼眶面皮質這樣複雜的腦區，會最先受到酒精的壓抑和干擾，這無疑能解釋很多狀況。

所以說，腦中有許多部位驅動我們從事性行為，也有許多部位將我們拉住。極度愉悅的性行為可以讓我們享受到短暫的快樂，但是我們的腦擅於打算，知道這不是什麼好主意。這狀況再次顯示，快樂遠不只是當下的滿足和愉悅而已。

昨晚還好嗎？

不論如何，一旦當我們真的進行了性交，這些阻止的部位就變得無足輕重。性交時通常需要一種暫時放下自己、迷失自我的感覺，自我分析和猶豫遲疑毫無用處。因此性交時額葉眼眶面皮質幾乎是關閉的。[31]反之，其他腦區則是馬力全開，這時我們的身體和腦會體驗到持續增加的快感。報償途徑中由多巴胺引發的活動進入超速狀態，來自性器官的訊息如潮水湧入腦部，其他各種感覺像火焰般湧現全身。在抵達高潮時，生殖程序會開始進行，我們會感到一陣強烈的愉悅感，如同海洛因造成的快感，對於動作控制極為重要的小腦（cerebellum）會受到強烈刺激（使得身體扭曲和出現奇特表情）。[32]

這是大致的真實過程，不過高潮時腦中發生的細節現在仍不確定。目前的資料顯示，就愉悅感來說，男性和女性對於高潮的體驗非常相似，[33]因為男性和女性有相同的報償處理系統。不過有些研究指出，女性在高潮時會導致腦部許多與性和情緒有關的部位「關閉」，特別是杏仁核，以致這時無法感覺到情緒。[34]該現象可代表在高潮時，女性可能不會感到快樂或其他情緒。但是並非真的缺乏感覺，而是像雷聲隆隆而暫時聽不到，或是因為閃光而看不見，因為感覺太多而腦部必須熔斷保險絲，以免過載。可能是因為高潮時一時要處理情緒的部位進行太多活動了。有理論指出，這種狀況會演化出來，是因為高潮時段對於生殖而言是最為重要的，*因此情緒中樞會關閉，以避免焦慮和恐懼打斷這個過程。

不過後來的研究指出，這些腦區在高潮時活動也會加強。[35]為什麼兩個對於相同題目所進行的類似研究，會得到截然不同的結果呢？主要的原因是抵達高潮的方式。在那個女性腦

* 至少在男性中如此。從演化的角度來看，女性高潮真正的目的，科學家目前還在激烈辯論中。有些人認為女性高潮能讓配偶連結更為順暢，這的確有助於生殖。不過其他人堅持女性高潮只是演化的殘餘物，就像是男性的乳頭，並無特別目的。

部「關閉」的研究中，是由受試者的伴侶所刺激而產生高潮；另一個結果是腦部活動「增強」的實驗中，受試者必須自己來。所以結論是，對於來自伴侶或由自己ＤＩＹ的性過程，腦部處理的方式完全不同。

這是有道理的。因為「最後的結果」基本上相同，但是顯然腦所感覺到的並不同。自慰的過程中，腦部需要進行更多的「工作」，得要「想很多」才能達到必要的興奮感。在這個複雜的過程中，需要充分的幻想，甚至用到色情圖片或黃色小說，還必須想像看到內容發生在自己身上，或是自己身處其中，怎樣都好。我們之前認為這個想像中的性對象會讓我們興奮，但是有些研究指出，人類的性過程有時像是注意力，也會有「由上而下」的成分在內。也就是說我們的意識、我們思索事物的腦部不只是參與了性刺激，也會控制甚至引發性刺激。研究人員要求受試者想像自己的性器官受到觸摸，結果身體感覺皮質也會出現活動，就像是性器官真的受到了觸摸一樣，這表示想像的性活動和真實的性活動在感知上有重疊之處。有些女性甚至宣稱光靠想像就可以高潮，[36]完全不需要任何身體刺激。很難想像吧！

聽起來很扯，但是想像一下厭食症（anorexia）這樣的飲食失調，或是確實存在的安慰劑效應，全因我們負責意識的腦確實能夠「強迫改變」身體的運作。那麼，在性這方面為什麼不可能發生呢？

當然，和伴侶之間的性愛是不同的。你在和某人做愛時不需要想像正在和某人做愛，因此這些高功能腦區便無用武之地，可以「關閉」起來。

現在的證據指出，雖然自慰和性交間有許多的共通元素，但是腦處理兩者的過程不同。這也能夠說明就算是人類自己就可以引發性報償系統，而且（在不違反法律的情況下）隨時都可以，但是很少就會因此而滿足，還是需要追求性伴侶。事實上有證據指出，對男性而言過度自慰會嚴重損害性生活，大幅降低性慾及產生性興奮的能力。[37]幸好該影響不是永久的，幾個月後就會恢復到正常狀態。但是經常和伴侶發生性行為的人就沒有這種現象。*因此就性方面來說，我們的性慾和快樂並不是建立在能夠得到強烈而短暫的愉悅就好。

我們需要其他人，需要能夠去愛的人。

腦如何做愛

寫到這裡，我發現到自己不經意地寫到了一個轉捩點：由性進入浪漫之愛。由神經化合

---

*這是個難以研究的領域。目前無法確定「性上癮」是不是一個真實的臨床症狀，或是更難以捉摸的現象，或由多種因子所促成。精神科專家並未普遍認同有這種失調狀況。

物和神經報償途徑來說明如何從性得到快感，這方面我們還可以得到適當的描述。但是很明顯地，這些作用在腦部的效果，可以因為是否有性伴侶而產生極大差異，代表我們雖然可以靠自己就活化腦部的性愉悅報償系統，但是對於得到快樂而言，並不是什麼上好的方法，就像是看小說時直接跳到結局。沒錯，我們知道結果了，但是太快也太輕易了，失去了中間許多過程。

但是提到愛，這可就複雜了，對吧。性雖然也是混亂且經常讓人困惑，但是至少有可觀察的現象。但是愛呢？愛無所不在，能夠提供強大的報償，也能夠造成嚴重的心理傷害。我們一生都在找尋真愛，但是有可能找不到，或是已經找到但太晚才意識到這一點。我們甚至大部分的時間都不在意愛，直到最後愛的故事突然降臨才注意到，就像是在我們位於九樓公寓的家做三明治時受到了巨大衝擊。如果我們努力尋找愛情，而最後也找到了，雖然相信「從此過著幸福快樂的日子」或「直到死亡將我們分開」，同時投入了所有的時間和精力，可是到最後，還是有可能會和愛人分開。

基本上，愛情和浪漫關係讓人困惑。我是一個專業的宅男，自己的愛情故事就如同土司食譜那般「刺激」，若想要了解愛情與浪漫的關係，最好是去諮詢他人的意見。不過首先得先確認自己已經知道足夠的基本內容，也就是腦如何處理愛情，以及愛情對於腦部與我們的影響。當「某人」成為「命中注定那個人」的時候，腦部發生了什麼事？一開始我的假設是，愛情與性之間有深刻且根本的關聯，有其中一個就不能沒有另一個，兩者的神經程序中有許多重疊之處。因為根據演化方面的證據，維持長期愛情伴侶關係的主要「目的」之一，就是能有效地扶養孩子[38]。基本上，愛情的根源是生育後代和找尋伴侶，這無疑會影響到人類的生殖行為。在前一章中我們看到了人類能夠建立親近的友誼，可能是因為在人類演化時，腦部促進伴侶連結（一夫一妻制）的系統與之分開了，並且作用目標轉變，所以連結的渴望也可用在非求偶的方向上，但並不表示原始的功用就此消失。

非常巧合地，當我坐下來仔細研究時，看了推特，發現到同為神經科學家的倫敦帝國學院（Imperial College London）的馬修・「麥特」・華爾（Matthew 'Matt' Wall）發表了最新研究，其中可能找到了全新的性激素，叫做「吻胜肽素」（kisspeptin）——極為恰當的名字。[39]我決定直接打電話給華爾博士，請他為我解釋這個激素。「吻胜肽素是近十年才發現的，最初科學家認為牽涉到癌症傳訊的相關過程。*後來他們發現到這是性激素，對於青

*癌症非常危險，是因為它們能夠影響並改變其他細胞與組織的活動，好讓自己繁殖。癌細胞經常會分泌化學訊息以達到此目的。吻胜肽素最初的名字是「轉移素」（metastin），想必就是因為這個功能。

春期而言很重要。」

華爾博士繼續解釋道，如果沒有吻胜肽素，那個由激素引導的青春期發育過程便不會發生。這個激素在腦中「位於整個過程的頂端位置」，一開始踢出的小石頭，最後引發了山崩。研究指出，把吻胜肽素直接放到（大鼠的）杏仁核中，會使得體內的性激素（例如睪固酮）濃度提高。

華爾博士團隊的研究方向，是檢視吻胜肽素有無將腦部情緒和性反應與身體其他部位的性系統接在一起。這可能會指出在愛與性之間有埋藏於深處的連結。華爾博士的團隊首度在人類身上進行這類的實驗，他們讓受試者看負面、中性或性感浪漫的圖片，研究腦中與性興奮有密切關係的區域。他告訴我說，雖然受試者在看性感圖片時，這些區域的活動程度明顯高於看中性或負面圖片，不過「讓活動最強的是看到浪漫及與伴侶連結相關的圖片」。

目前對於這種激素的研究尚在初期階段，不過吻胜肽素能夠同時刺激人類腦中性愛和愛情程序，強烈地表示出這兩個過程基本是相連的。

當然還有其他神經化合物參與了這件事。許多研究指出，在形成長期的承諾關係中，同時具有激素與神經傳遞物功能的催產素和增壓素，其扮演的角色至關重要。這兩種化合物的化學特性相近，都是由下視丘合成、由腦下腺分泌。非一夫一妻制的動物腦中，這些化合物的濃度往往低於有忠實伴侶關係的動物，後者對於這兩種化合物的反應非常不同。在橙腹田鼠（prairie vole）中，*若阻擋雌性素與受體結合，會讓雌鼠對於連結伴侶的日常行為發生改變。一夫一妻制動物的依核中，雌性素受體的密度往往較高。由於感覺到伴侶會讓雌性素釋放出來，這代表了伴侶的出現能夠引發愉快與報償的體驗。[40]

如果人類也是這樣，那麼就能夠解釋在墜入情網時我們會覺得快樂與滿足，其實就是因為處於「嗨」的狀態（要記得在談論藥物成癮時總會提到依核[41]）。看到自己的愛人的確會有愉悅的感覺，也難怪我們會喜歡他們。

接下來討論增壓素。科學家認為這種激素是建立長期伴侶關係傾向的重要因素，特別是在雄性個體中。雄橙腹田鼠和其他一夫一妻制的雄性個體，腦中「紋狀體－蒼白球區域」（striato-palladial region）中的增壓素受體密度特別高。這是一個複雜的網絡，由杏仁核、主司運動協調的蒼白球（globus palladus）及紋狀體（其中包含了依核）所構成。[42]另外，在紋狀體和杏仁核中還有許多增壓素神經元（vasopressin neuron），會長出神經纖維，延伸

---

*橙腹田鼠是該領域中經常研究的對象，牠們是一夫一妻制，但體型和遺傳組成都非常相近的山地田鼠（montane vole）則不是。因此科學家能夠比較這兩種動物的腦部，找出其中與維持長期伴侶關係有關的細微差異。

至前腦和額葉，[43、44]這種現象通常意指對於行為有「直接」的影響。

自然界中，雄性個體和伴侶在一起是相當罕見的現象，增壓素能以某種方式促使該種現象出現。一個有趣的事實支持了這個說法：增壓素受體基因似乎並不「穩定」，[45]也就是說在不同的雄性個體之間，紋狀體－蒼白球區域中增壓素受體的數量差異很大。而且就如同你所想，這個部位中增壓素受體愈少，會使得雄性個體形成伴侶連結的傾向愈低。基本上，如果你對於增壓素愈不敏感，就愈不容易成功地維持長期伴侶關係，甚或一開始就不想要有這種關係。這些資料來自對田鼠的研究，證據指出在人類身上同樣如此，[46]因此有些男性可能在生物本質上就不願意建立長期的伴侶關係。因此在情境喜劇中出現到爛的「承諾恐懼症」，是有遺傳基礎的囉？

情人盲眼出西施

當然，性慾和愛情之間有關聯，不是什麼新發現。許多人對於陷入愛情過程的描述，經常出現的順序是情慾－吸引力－依附關係（用的辭彙可能不同）。[47]我們一開始會對自己覺得性感的人產生性興奮，然後發展成為只受到特定對象的吸引，而將其他個體排除在外，這階段就和只因個體外貌性感而產生的普遍性興奮有所不同。我們會經常思及那個對象，我們的心受到吸引。最後，假設我們和那個對象建立了穩定的關係，便會產生依附感。一開始時的強烈激情消失，取而代之的是與長期伴侶間舒服、滿足、安穩和熟悉的感覺。這時，我們感受到的是滿足、放鬆類型的快樂。

從尚未愛人到愛上某人的過程中，到底發生了什麼事，很難說得明白。你無法把人放到腦部掃描儀中，然後說：「好，現在陷入情網中吧。」對於一夫一妻制的動物及某些人類來說，這個過程可能結合了各種狀況、可否追求的身分及基本的身體吸引力。當有吸引力又能夠追求的潛在對象出現了，而且可以讓你進一步採取行動，這時你顯然沒有其他的選項，又無跡象顯示你最近還會遇到其他對象，那麼與這個個體建立長期連結就應該是合理的選擇。*根據資料顯示，幾乎所有的動物都是在交配後形成長期的連結關係，因此「婚前沒有性行為」看起來是人類所發明的。

這件事有趣又重要，因為再次顯示了人類與人類發達的大腦將此類的事情變得錯綜複雜，讓人摸不著頭緒。人類能夠經由單純的抽象幻想或書面文字就性興奮，可以愛上未曾謀

---

*這段話最早出現在我寫給妻子（她所要求的）的情人節卡片上。

面的人。現在的確有許多認真的網路戀愛，兩人甚至身處不同的城市、國家或大陸。不論這樣的戀愛有多少，會出現這樣的事，顯示了人類腦部的能力有多麼驚人。但就另一方面來看，這也顯示了腦部缺陷：我們不需要一個外貌特徵符合自己要求的潛在伴侶，就可以和他們墜入情網。

之前提過，人腦非常善於社交，可以很快且容易就與他人建立「聯繫」，看來這種特性也影響了腦部對於建立愛情關係的傾向。人類發達的皮質和對於人際溝通的敏感，代表了有時像電子郵件往來這樣單純的方式，就能夠揭露對方許多事情：幽默感、對於各種事物的態度、好惡、野心等，然後在自己的腦中形塑對方的清楚形象。如果對方剛好就是自己喜歡的樣子，那麼為何不能經由文字對話這樣簡單的方式就愛上對方呢？

我的確說過這是人類的弱點，也的確是弱點，因為這表示腦部可從相當有限的資訊中便「創造」出某人的形象，這個過程摻雜了各種想像與推斷。如果人腦是百分之百合乎邏輯的，那倒也還好，但是人腦運作合乎邏輯的時候非常稀少。當這類事情發生時，人腦往往會樂觀以對。若是想要的事物、喜歡的人，我們的腦部傾向讓自己快樂，在詮釋與分析時會充滿美化的偏見。[48]結果我們從有限資料中對某人形成了印象，通常比較討喜，因為這是個有趣的互動過程，而且還能產生報償感。基本上，我們的腦想要去喜歡那些人，因此會推論他們值得喜歡。

網路交友詐騙正是利用這種特性而出現的。[49]有人會在網路上虛構假身分，讓其他人愛上這個身分。幹這種事的心理因素複雜難解，之後有機會再談，但是這種詐騙顯示了人腦有多麼容易就愛上另一個人。這種詐騙顯示了愛情讓人快樂，即使人類的腦如此強大，還是能夠阻擋邏輯與理性思考。為什麼會有這樣的情況發生呢？

研究指出，當我們愛上某人並深陷其中時，中樞神經系統中的多巴胺濃度會大幅增加，[50]而這種神經傳遞物對於產生報償感和愉悅感是很重要的。一生當中有比找到真愛更令人愉快的事情嗎？只是腦部更為複雜，而且多巴胺還有其他不同作用，例如對於引導行為的情緒－動機程序而言是必需的，同時調節了對於報償的預期，也就是我們會持續準備去找尋並得到能夠提供報償的事物，因此始終維持在高昂、專注的狀態。[51]陷入愛情中的人類，總是不遺餘力地待在所愛之人身邊，僅僅只是看到也好，多巴胺或許就是原因。

除了多巴胺，戀愛時腦中與體內的正腎上腺素（noradrenaline）濃度也會增加，[52]使得注意力、短期記憶和目標導向行為都增強。從正腎上腺素這個名稱就可得知，*此種化合物

---

*在美國和其他地方，正腎上腺素的英文是「norepinephrine」，腎上腺素的拼法是「epinephrine」。我拒絕使用這種拼法，並且願意與使用這種拼法的人幹上一架。

可以影響腎上腺素（adrenaline）的釋放與功能。腎上腺素是神經傳遞物兼激素，能夠引發「戰鬥或遁逃」反應，因此戀愛中人會神經兮兮且焦躁不安。正腎上腺素更會讓人難以成眠，這直接影響到心臟功能，*這也能解釋在戀愛時心跳為何會突然變得不正常。

由於那些化合物的作用，會讓戀愛時體內的血清張力素濃度下降，造成相當嚴重的後果。這種神經傳遞物對於平靜、放鬆與幸福感而言很重要。血清張力素失去平衡對於情緒的影響很大，[53]現在使用抗憂鬱藥物的原理，便是提高神經元間血清張力素的濃度（見第一章）。我們會難以成眠，心中有千頭萬緒，[54]動機和欲望也跟著改變，那些過往讓人感到愉悅的事物現在都變得無足輕重，我們不再從事往常的休閒活動，還會冷落朋友，搞得其他人不愉快。這些行為都會在強迫症患者身上出現。[55]

如果你自認或身邊朋友曾經深陷情網，那麼就應該滿熟悉這些事情。「為愛瘋狂」、「相思成疾」、「神魂顛倒」等表示方式都指出了那不穩定的狀態，以及失去控制和理性的行為，這樣似乎就言之成理了。戀愛過程中這個階段感受到的吸引力之強烈，也就沒什麼好意外的了。

參與其中的不只化合物，戀愛時腦中似乎有個特殊的網絡會特別活躍，這個網絡中含有我們熟知涉及情緒和動機的區域，像是殼核（putamen）、腦島和前扣帶皮質等。[56]有趣的是，有些研究結果指出杏仁核和後扣帶回（posterior cingulate gyrus）等活動減少了，[57]這些地方是偵測與處理負面刺激和情緒的重要部位。人在戀愛時，這些區域與其他負責批判思考及威脅偵測的部位，都受到了抑制。所以恩恩愛愛的情侶無論何時都快樂到不行，似乎沒有任何煩惱，因為在戀愛時，腦中負責偵測和處理不悅事物的部位統統停擺，當然也就無法感覺到後續的壓力和擔憂了。也就是說你無心於日常事務，但戀愛又讓你快樂至極，這是因為腦中充滿了提供愉快感和報償感的化合物，於是體驗壓力與擔憂的能力相對減弱。

不過憤世嫉俗的人也無需失望，戀愛的種種效應也有負面結果。不只是因為你對於愛人的邏輯思考大幅降低。腦本身對於自己喜歡事物的想法往往傾向樂觀，如果這時候搜尋錯誤的能力又減弱了，會讓我們看不到對方的缺點。你曾經困惑於為何有人會和……說得好聽點……恐怖伴侶在一起？對於身為客觀的旁觀者來說，這種完全不合邏輯與常理的狀況讓人惱怒到不行，因為他們正看著自己關心的人受到傷害或剝削。和某人談戀愛需要消耗大量腦力。愛讓人快樂，因此令人擔憂的事情出現了：就算這份愛戀是不適當的，腦也會不遺餘力地讓我們愛著。正所謂「愛情是盲目的」。

＊這或許能夠解釋心型後來用來代表愛情，成了無數情人節卡片和相關破爛玩意兒上的主要圖案。

當然，如果我們最後和所愛的人在一起，早期的混亂階段就會過去，進入彼此「依附」的階段，並且希望永遠持續。我們的腦部已經習慣了因戀愛而讓腦中化合物濃度產生的起伏變化，變得較穩定，皮質醇（cortisol）之類的壓力化合物減少，有放鬆效果的血清張力素濃度增加。

人類腦部維持穩定的方法之一，就是對於這個世界的運作方式建立一個「心智模型」（mental model）。[58]在任何狀況下，我們所做的決定與預期的事項，都是建立在該心智模型上。心智模型是由我們的經驗、記憶、態度、信仰、輕重緩急等構成。自己的戀人很快就會成為心智模型中重要的一部分，因為他們對於自己快樂的記憶和經驗影響重大，心智模型會更新，把戀人持續在身邊當成重要的因子，而納入模型之中。對於自己的計畫、判斷和預期事物中，伴侶都會成為重要的影響元素。因此我們的快樂和戀人持續的存在有了密切的關聯。基本上，由於腦的運作方式如此，若戀愛關係持續得夠久，想要維持長久關係的欲望就會自行補充起來。

大腦也會有些部位推動這個過程。研究指出，說自己在一起數十年依然快樂相戀的伴侶，腦中多巴胺報償中心的活動與剛開始展開戀情的人相同，[59]因此腦部完全有可能維持長久、愉悅又正面的關係。能有這樣的結果，可能要歸功於增壓素和催產素。之前提過，這兩種化合物對於建立和維持愛情關係至關重要。

現在我們很容易就可以知道性與愛在腦中運作的方式、兩者之間的關聯，以及讓我們感到快樂的原因。腦中負責性行為的系統讓我們很容易就興奮，並且去找尋性伴侶，因為性行為可以提供強烈的愉悅感，讓人快樂。如果我們覺得某個伴侶特別有吸引力，而且彼此的連結夠強，就會建立穩固的特定關係。這是腦進入愛情模式的過程，最後便有了持久的快樂。雖然愛情一開始非常強烈，而且中間充滿了焦慮與無理，但之後會趨於平緩，帶來寧靜而滿足的快樂，而持續終身，因為愛情關係已納入你所認知的世界。就這樣，我們可以用腦來解釋性和愛能夠讓人快樂。

可惜的是，這種解釋方式錯得離譜。

愛情關係建言

好吧，可能不算是真的錯誤。之前我提到關於人腦處理親密關係和浪漫的種種，從目前所得到的證據來看，基本上是正確的。只是如此清晰分明的解釋腦中愛與性是如何運作，顯然極不恰當，因為它並無法解釋在性或愛中的困境與複雜，例如具有非典型性慾者所遭遇到的汙名，還有愛情關係破裂時，如何讓人陷入悲傷之中。最後我只能承認這超出了自己能力範圍，轉而求助在報章雜誌上解決讀者疑難雜症的專欄作家。不然我還能怎麼辦？

我求助的人是派特拉·伯伊頓（Petra Boynton）博士，她在許多媒體上為讀者提供建議，包括了《每日電訊報》（*Daily Telegraph*），《衛報》稱她是「英國用科學證據回答疑難雜症的第一夫人」。她也是經驗豐富的社會心理學家，專長是人類的性生活與愛情關係，同時還是《研究夥伴》（*The Research Companion*）[60]的作者，這是一本從事心理研究的指南。我很幸運，她同意分享，讓我們知道在真實世界中，人類對於性與愛的看法。

首先，我問她為什麼墜入情網的人無法如我們常認為的那樣「從此過著幸福快樂的生活」。伯伊頓博士回答的語調溫柔，但是充滿厭世感，像是某人對有些事情瞭如指掌，但花了很多時間與堅持拒絕承認自己所知甚少的人共事。她隨即指出這個問題的答案就包括在問題中：事實上只是「我們常認為那樣」而已，那並非生物本性，而是由文化造成的，有些文化並沒有抱持這種看法。

「特定文化中的婚姻是經由媒妁之言成立的，要在結婚時候才會認識對方。你可以期待之後彼此成為好友，可能會墜入情網，也可能不會。你可能會得到很好的愛情，但是最優先的事項是生養孩子等。在這樣的文化中，『長久在一起』的概念和我們所想的不同，重點在於維持快樂、溝通與幸福，以及來自大家庭的支持等。」

我們這些西方世界的人，成長過程中聽了無數童話故事、浪漫喜劇，以及「他們到底會不會在一起」的電視節目，才會覺得結婚後才戀愛或見到對方這種概念很荒謬。但統計的結果顯示，超過一半的婚姻是通過某種第三者安排的方式締結的[61]（在印度很普遍，中國之前就是如此，這兩個國家的人占了全世界人口的三分之一）。

所以說，既然全世界實際上行媒妁婚姻的比例超過了一半，西方人認為偶然遇到某人而墜入情網、最後結婚的過程，對人類來說並非「基本的生物狀態」。我們西方人因為具有個人人權、言論自由和民主社會，有些人想到媒妁之言就全身發抖。我們從來都不讓其他人支配自己的愛情。

不過，就如同伯伊頓博士所指出的，我們的確受到了支配，而且一直受到支配。她說，絕大多數的人都受到了「愛情關係手扶梯」（relationship escalator）的影響，[62]去決定一段浪漫關係該如何發展，這段關係有各個階段，還有一份需要遵守的時間表，這份時間表的內容雖然縹緲模糊，卻無法避免。你是否問過或被問到「這段關係會發展到什麼地步？」這是非常普通的問題，可是這個問題揭露了我們在下意識裡認為一段關係應該要朝著某個特定目標前進，關係的存在並不是為了這個關係本身，所有的神經程序似乎是為了這份關係而存在的。腦中當然不會知道「這兩年必須要開始住在一起」。我們已經知道人們在現實世界中會懷抱長期的野心和目標，這些野心和目標會影響自己的動機、行為和快樂。有什麼能夠阻止這個程序影響到我們的愛情關係呢？答案當然是「沒有」。

這或許合理，而且顯然許多人都會這樣，但也帶來許多負面影響，其中一個是在一起的兩人事先都有想法，知道這段關係終將走到某一步後結束，就是以某種形式發生，不過在這方面可能彼此都不同意。就算是我們真的墜入情網，在遇到「那個人」之前的種種盼望、夢想、計畫與野心依然存在。不幸的是，這時我們相愛的人，可能以主動或被動的形式，阻礙了那些盼望、夢想、計畫與野心。這時腦中就會出現了抉擇：哪樣會讓我們更快樂？愛情關係或其他夢想與計畫？在「愛情滋長」的階段中，我們會偏向維持愛情關係。但是之後的選擇就沒那麼容易了。

你可能想成為成功的律師、作家或其他什麼人；抑或你的夢想與他人有關、充滿浪漫氣息，像是在三十五歲結婚成立家庭、並且有棟漂亮的房子之類的。之後你愛上了某人，但這讓你的夢想更難以實踐。你的戀人有自己的生涯規劃，可能和你並不相容：你想成為頂尖的肉販，但對方卻是非常堅定的素食者，甚至連雞看過一眼的東西都不吃；或是不想有小孩，或是曾離過婚所以不想再婚等。

這種狀況幾乎會引起某程度的認知失調，「我想要結婚／我想要成為成功的律師，我也想要和愛人在一起，但是對方可能會讓我無法達成目標。」有些狀況中，腦可能會決定其他事根本不重要，和在意的人一起才是最重要的，而化解了這種失調狀態。或是我們會認為自己的目標和夢想能讓自己更為快樂，所以會說「我可能根本不愛這個人」，然後就分手了。

因此找到愛人並不會自動「從此過著幸福快樂的生活」，可能的原因是我們的生活並不會因為找到能夠共度生活的人就停止了。腦部讓我們愛上某人的機制，雖然有著強大的力量，但是依然不會讓我們放下一切全心投入，在人生的歷程中，變化會持續出現，攪亂原本祥和平靜的狀態。有些關係能夠維持長久，甚至強大到壓過各種事，但是有的關係卻在來自周遭世界的壓力下崩潰。

原始人類時期，我們壽命短，居住在比較小的群體中，活動的範圍有限，這時腦中產生與支持愛情的機制比較合理。但那已是很久以前的事了。現在的大腦讓我們有著複雜的內心世界，而且在同樣複雜的社會中生活，還活得更久，顯然長期的愛情關係需要更多心力才能夠維持下去，不論你的伴侶在一對一的情況下讓你有多麼快樂。我們現在冷靜地想想，找到了真愛會讓你「從此過著幸福快樂的日子」，就像是說最佳的餐點能夠讓你之後都不再感到飢餓。這兩者都無比美好，但是效果不會永遠持續，因為真實世界並不是這樣運作的。我們的腦和這個世界都不會停滯不動。今天讓你快樂的事物，明天不一定也會讓你快樂，因此就算是最穩固的關係，也需要花費時間和精力才能夠長久維持。幸好這個是與所愛之人建立的關係，你付出的時間和心力本身就會產生報償，讓你快樂。

所以若要讓現代的感情關係保持完整，那麼就應該把「臥房裡的事辦好」。在我們這個時代，許多人認為健康與活躍的性生活，是讓關係美好長久的基石。但是就如同伯伊頓博士所說的，這種想法可能也是文化的產物。

「和某人相遇後，兩人在一起有著許多刺激、新奇的性愛體驗，直到死亡之日，其實是很新的想法，有趣的是有這種想法的人愈來愈少了。你看千禧世代的人，他們因為經濟因素而有著許多狀況要去處理，他們可能仍和自己的雙親居住，或是工作的時間增長，沒時間出門社交，但是（因此）他們似乎也認為唯一重要的事情就是性愛。他們在報告中通常顯示性愛次數要比上一代少。」[63]

對於性愛的社會態度及該態度在愛情關係中的重要性，要比大多數人所想的更有彈性。在一九六〇和七〇年代，由於避孕藥問世、女權運動、認可同性戀（在七〇年代前美國官方認為同性戀屬心理疾病），進入了「性解放」時期。性解放運動中有多少成分來自之前性倫理被壓抑後的反彈，留待歷史學家和社會學家討論，但是確實讓性愛在社會中的角色更為鮮明。不過，這影響了我們的快樂嗎？

有「愛情關係手扶梯」這個說法，還有人說有「性愛手扶梯」（sex escalator），也就是說我們對於性愛的態度，同樣也受到了心理預期和社會影響力的控制。什麼才「算得上」性愛？有些人說要用「各種方式」，又是指哪些方式？為什麼有些形式的性愛比其他的更重要呢？除此之外，許多現代媒體呈現出滿滿活躍的性愛生活，一副是我們所渴望的，*似乎這樣才「健康」。伯伊頓博士並不以為然。

她指出：「性愛是健康的這種概念是從何而來的？以前從未有過這種說法。」這並不表示性愛是不健康的。性愛就只是性愛。性愛可能就相當於吃東西。我們需要飲食，對於維持健康來說飲食極為重要，但是持續把大塊蛋糕送入口中可能很愉快，但是並不「健康」。性愛說不定也是如此？任何事都要適可而止。

實際的狀況是，對於飲食與性愛，人與人的喜好差異非常大，最重要的事就如同伯伊頓博士努力強調的，是要讓自己快樂，要回頭想想怎樣才能讓自己快樂，以及自己想要的與愛好的是什麼，而不是社會預期所認定你應該或想要成為的模樣。伯伊頓博士也經常質疑性愛

---

*你看看你，《慾望城市》（Sex and the City）。

是愛情關係中重要的一部分。當然必須承認，性愛是情侶間所做的事情中，最為親密與有回報的，但並不是唯一。如果一對情侶有過相處困難的時刻，許多事情能夠讓他們重修舊好，例如一起從事新的活動，或沉迷於共同的興趣，好好散個步，把拖延已久的家務事完成。或是如同伯伊頓博士所說：「善待彼此看看。」

在神經化合物階層，只要有正面的社會互動，就會刺激催產素釋放，如果這種互動能夠加強既有的連結，那麼關係就會受到強化。這可能不像性愛那般愉悅，但是影響也會比較小。只要看到其他伴侶間發生了問題，我們如同反射動作般，猜測他們之間可能是性生活出了問題。的確有可能是性生活出問題，但並不一定是。認為「房事出問題」是很普遍的，但是要記得，家裡面除了臥室外還有其他房間。

最後在我們的對話結束前，伯伊頓博士對我的研究提出了警告。

「你知道（提到性愛時）為什麼會有那麼多文章和編輯一直都想要納入激素和神經學嗎？因為當你談論腦中的激素時，就不需要談論放入陰道的東西。」的確如此，這還包括了許多與性有關但我們認為不禮貌而不願談論的內容。

看看我之前寫的，了解到自己的確也曾落入了這個陷阱。所有的內容都乾淨漂亮，適合全家閱讀，完全避開說明性愛時較棘手的面向。老實說，我希望這本書是全年齡相的，不會被放在書店後方可疑房間中架子的最上層。但即使如此，我可以把自己在性與愛方面的知識全都寫出來，又同時維持客觀與學術的眼光嗎？

我了解自己辦不到。所以我決定該是去找「網路女孩」（Girl on the Net）的時候了。

性與愛的平衡

鏡頭轉換到倫敦市中心某家酒吧的陰暗角落，我坐在那兒，身邊是知名的性愛部落格格主和作家。必須承認，這讓我擔心被其他人看見。我是一個愛家的科學作家，有妻有子，經常在學校演講；網路女孩有著多采多姿的性愛探索活動，這幾乎是人盡皆知的事，[64]被看到和她坐在一起，好嗎？這對我的整體形象會有什麼影響？

不過我知道應該沒有關係，網路女孩因為自己的工作內容，加上眾人會猜想誰在性愛上如此開誠布公，所以她一直維持匿名活動，沒有人會知道那就是她。

也正因為她匿名活動，所以我對網路女孩也不能多加介紹，但我確定她是位女性，身材很高，有臉，且四肢健全。除了在部落格上發表文章，她也寫了一本書，討論在對象單一的長期關係中，如何維持完整活躍又充滿變化的性生活。[65]伯伊頓博士之前提出了警告，若在愛情關係中將性視為最重要時會造成危險，特別是一個人的性慾又比較低的狀況下。不過網路女孩顯然沒有這種問題，性愛對她來說非常重要，不只是對於愛情關係重要，也滲入了生活的每個面向，包括她討生活的方式。*對於人們過度強調性愛的重要，我想知道她的看法。

出乎意料，多采多姿的性事愛好者非常同意這個看法。

「我沒思考過我們建立關係後，得『需要更多性愛』，因為我約略知道我們應該要有多少性愛。我會想『我所擁有的性愛分量是否讓我快樂？對我適當嗎？』而且這是對於現在的我，並非比較二十來歲的我。」

這是非常具說服力的觀點。青少年時期，我們心裡所想的事情，最重要的就是性，因為當時處於性成熟的發育階段，為了調整這個過程，體內充滿了性激素，雖然讓腦部一片混亂，卻也讓腦部充滿興奮的性慾。隨著年齡增長，性慾減少了些，只是因為身體和腦變老，性愛過程變得吃力了。不過，幾乎所有人都不會真的沒有性愛。男性的性慾幾乎每天相同，女性的性慾往往隨著月經週期起落。[66]因此你可以想像，在男女性伴侶間，對於性的熱忱有的時候並不相同。

網路女孩顯然對於性愛充滿熱忱，但是她也知道「盡可能多的性愛」與「足夠的性愛」兩者的不同。前者很有可能讓你受挫，特別是在愛情關係中，除非你天天做，而且整天做，否則是不會達到「盡可能多的性愛」的上限。不過，因為有「酗酒」等類似的問題，所以我們該知道怎樣是「足夠的性愛」。

除此之外，還有品質與數量之爭。讓人感到性興奮與快樂的事物因人而異。從這裡我們開始談到網路女孩對於更具「攻擊性」性愛的熱忱，例如用力打屁股，以及虐與被虐。這些完全都不吸引我，所以我忍不住問：顯然非常疼痛的事情，為什麼會讓別人感到愉悅呢？

「我認為重要的是預期心理。我腦子裡有這個想法，然後付諸實行，所以實行時，疼痛感幾乎具有淨化心靈的作用，疼痛強度造成的感覺非常好。」

雖然聽起來可能不錯，但是進一步想，在性愛的過程中，腦中處理疼痛的區域，例如環導水管灰質區（periaqueductal grey）非常活躍，特別是女性。[67]其中顯然有些道理，因為性愛很容易造成疼痛（事實上總是有人問伯伊頓博士這個問題）。所以說，腦部演化出處理該問題的系統，也能夠處理性愛時的疼痛感，將之轉化成更為愉悅的感覺，以上絕對不荒謬。這也就能夠解釋為什麼許多奇怪的性癖好與性行為都牽涉到了疼痛。

＊我要澄清她的收入來自於撰寫性愛方面的文章，而不是從事性交易。後者的起源更早，不過在這個國家仍屬違法。

如果你和我一樣，對這些毫無興趣，會難以想像那是什麼感覺。可是如果你吃過、而且喜歡辣的食物，那麼可能就與那些人有相同的興趣了，因為會讓辣椒和某些辛辣調味料充滿辣味，是因為含有辣椒素（capsaicin）這種化合物，它能夠刺激疼痛受體。[68]的確有些人（例如我）每餐都會用到大量斯拉差香甜辣椒醬（sriracha sauce）。

雖然我對辣食承受力很高，但是我必須承認這段對話讓我覺得面紅耳赤、困擾不已。我不是因為辛辣的內容而興奮，而是因為在公眾場合與他人若無其事地公開討論某人的性生活，讓我感到尷尬且不自在。我對網路女孩坦承這件事，反讓我們討論到另一個有趣的論點。她認為一般人都認為性愛是非常個人且私密的事，就因為這樣，許多人的性生活並不快樂。

「如果我假日過得很棒，我可以對每個人詳細描述整個過程，把假期中拍的照片拿給大家看。但若是你有了極樂的縱慾狂歡，你……不可能也這樣做。」

這可能是很有趣的對比，但當你想到腦部的運作及自己是否被接受或討喜會影響到快樂，那這件事顯然就會影響到我們的快樂了。不論你喜不喜歡，我們的性慾與性癖好是自我身分的重要一部分，[69]你只要想想自己腦袋裡有多常想這些事情，就不會感到奇怪了。但是通常因為古老與扭曲的原因，現在很少公開談論性愛，這樣做確實激怒了其他人。看看對於學校性教育要傳達哪些概念而經常引發爭執，便可以了解。[70]即使學校有性教育課程，討論的範圍也非常狹窄，往往集中在傳統的異性戀與一夫一妻制關係。

如果你對異性戀與一夫一妻制沒有興趣要怎麼辦？舉例來說，你可能不是異性戀者？影響性取向的因素林林總總，其中有許多尚無法確認，但是同性伴侶（或是其他形式的伴侶）絕對有可能在有意或無意識之間，去遵守社會理想中對於配對與性愛「應該」呈現的模樣。

倘若你對於性愛有其他的偏好與品味，或喜好的範圍廣泛，那又會怎麼樣？性經驗對於腦部的影響非常大，我們很快就會習得與性相關聯的事物，由於每人的個別經驗大相逕庭，每個人的性偏好相差甚遠。舉例來說，某人第一次的性交是在汽車後座發生的（因為某些原因，這樣的事情經常出現在電影中）。杏仁核和海馬回在性愛過程中非常活躍，特別是在初嘗禁果時，這時的體驗會牢牢地烙印在記憶當中。從此之後，那個人可能會非常喜歡在汽車後座做愛。這聽來不免牽強附會，但是在提到腦和性時，絕大部分的事情都是如此。舉例來說，有證據指出，年幼時受到的教養形式，會深深影響成年後的性生活表現。[71]還有一個比較久遠的人類古典制約研究，讓異性戀男性看色情圖片時拿著女性的靴子，[72]過了一段時間，受試者會因為靴子和其他種類的鞋子而產生性興奮。基本上這群心理學家為了研究科學，讓那群毫不知情的男性有了戀鞋癖。

這裡的重點是，我們很容易就發現許多「性趣」並不符合普偏又狹隘的「正常」定義。

所以你該怎麼辦呢？大家會覺得你不應該談論自己的性趣，再加上求學時也沒有學到全面的性知識，所以當有了不尋常的性癖好，你可能會受到社會的排擠、汙名化，甚至被暴力相向。當然我們有時能理解這種狀況的由來，因為有些人的性慾望或性偏好若付諸實行，的確會讓無辜的人受到嚴重傷害。不論這些性慾望是如何產生的，社會都無法視而不見。

話雖如此，你的性偏好可能對於成年者完全無害，但是整個社會仍可能譴責你這樣的性偏好過於「不尋常」，而你的選擇往往是壓抑或忽視自己的性需求（我們已經知道性和性興奮對於動機有極強大的影響），然後維持表面上「可接受」的形式，卻祕密滿足自己的性慾（這樣的日子過得很有壓力），或是承受社會極端的排斥與敵意（除了身體真的會受到傷害外，我們也知道腦部對於受到排斥非常敏感）。

或許正因為如此，「另類」性偏好很容易引發心理健康問題，也就不值得大驚小怪了，社會就是以這種方式運作，自然就形成很大的壓力和傷害。[73]

但如果所處的社區，對於所有類型的性愛與性行為都保持開放的態度，你的日子就會過得更快樂。網路女孩發現的確如此。

「有許多與性有關的社區和團體，讓具有特殊癖好或戀物癖的人加入，也有適合我這樣的性作家。我可能有些以偏概全，不過在這些團體裡，每個人都很可愛。我想正是因為這些人都很習慣解釋自己的怪癖或傾向，所以極具耐心，也比較善於溝通。」

滿有道理的，如果無需擔心社會排斥，也覺得自己滿正常的，那麼當然會覺得更快樂、更滿足，也可能更有耐心、更善於溝通。只是有時會出點狀況——某個社群裡的人和社群外的人在一起了。

「我朋友曾遭遇過怪事。他看上了一個有怪癖的女孩，但是不屬於同一個社群。他們上床了，然後在完全沒有告知的情況下，她把東西塞到他的……」

接下來的性交過程畫面感太強了，在此我無法轉述，但是當這段對話結束後，桌上的亮光漆都熱到起泡了。這足以凸顯開誠布公的溝通在性生活中有多重要，不然你只能臆想與推測他人的喜好，不過總會有猜錯的時候。

這樣的方式也能用在愛情關係上。網路女孩雖然相當開放，但是目前的愛情關係卻相當「標準」，也就是只有一個長期交往的男友，兩人住在一起。不過性愛在這個關係中顯然相當重要，她和伴侶的性愛次數也比絕大多數的人多，不過這一切並不容易。讀她的書便可發現到，影響她和男友最多的，是來自於生活中的其他面向。金錢、開始成立家庭等，通常你都能夠猜到的事。就算是「房事一切順利」，也並不保證生活中的其他面向能夠拋下。

她的朋友中有人有多個伴侶，有的具有開放的關係，有的狀況經常變化，這些朋友受到了許多猜疑。對此，網路女孩希望更多人能夠接受各種形式的關係，如此一來，不信奉「單一異性伴侶墜入情網後結婚」這種標準的人，也能過著健康快樂的生活。

基本上，網路女孩也解決了關係手扶梯的問題，只是完全沒有提到這個字眼而已。

該拿愛情怎麼辦？

科學文獻讓我們知道性與愛對於腦部有極大的影響。人類演化到能夠掌握任何機會去取得性與愛，我們的腦中有很大的部分涉及到這個過程，得到時也能夠產生強烈的報償感。性與愛深深影響我們的認知與感覺，讓人有極大的機會體驗到快樂，至少是短暫的快樂。這樣說應該也不為過：處於不只能夠滿足你所有基本性需求的愛情關係之中，的確會讓人非常快樂，因為得到的報償很多。

但這只是絕對理想的狀況，在理論中可以成功，但是在現實狀況中實屬罕見。會有這樣的差別，主要在於人類和人腦都很厲害，厲害到我們往往反受其害。人腦厲害到光憑想像就可以真正興奮起來，或是愛上自己用幾張照片和簡單對話所塑造出來的人。但是現實的狀況很難和預想的一模一樣（看看網路女孩提到的「三人行」故事），而且還有另一個問題：輕易地愛上一個人，並不保證你的愛情會有回報。從無數青少年的戀愛可以知道，你深深愛上的某人可能完全不知道你的存在。愛情時時讓人困惑、擔憂，甚至痛苦。得不到回報的愛，當然不會成為快樂的泉源。

基本上人類高超的智能，代表了我們對於愛、性和愛情關係能成為什麼樣子，有著細膩的想法，這些想法會改變我們的行為、動機與期待。人類是社會活動非常頻繁的物種，（通常不合理的）社會態度和看法會支持或影響我們的行為、動機與期待，而且很容易便吸收這些態度和看法，納入自己的想法與理想中。悲哀的是，我們住在現實的世界裡，只是現實世界往往對我們的夢想和情慾不理不睬。你可以花費大把時間和精力去追求屬於自己的浪漫與性愛，但是到頭來卻一無所獲。腦部天生就極度厭惡這種狀況。

你找到了真愛，並不代表生活會停滯不前，或是腦中促成找到真愛的機制會枯萎凋蔽。產生吸引力和性興奮的系統依然不變，伴侶之外的人依然能夠「刺激」該系統，仍有可能會愛上其他人。這種狀況雖令人傷心，但是的確會發生。浪漫的愛情關係不可能永恆不變，因為生活不會停滯不前。各種事情層出不窮，只要我們活著，就必須不停地處理各種事情。

下面這個比較方式可能有點老套：墜入情網好似有了部汽車。你真的想要一輛車，也經常想像自己喜歡的型號，最後你終於有車了。這輛車可能和你預期的不完全相同，可能更好？不論如何你有一輛車了，你覺得快樂。不過重點不在於有一輛車。你不是把車放到家裡當擺飾，你得使用這輛車，要開這輛車。讓你快樂的事情本身有其目的、有其功能，是活動的。愛情關係也是如此。

在這種狀況下，性愛就像是車子的汽油吧？有些人需要很多，有些不需要那麼多；有些人需要頂級的產品，有些人只需要基本產品，但這是在關係中不可或缺的成分。汽油雖然重要，但是車子需要的不僅是汽油，定期把油箱加滿，並不保證車子能夠跑得順暢。車子還需要保養，損壞了需要修理，更要定期維護。愛情關係亦然，性生活可能很重要，但是長期下來不可能光靠性關係就能夠維持。大腦非常複雜，而且適應能力很強，最後總是能夠適應所有事物，就算是性生活也會變得「在預期之中」。

總而言之，性與愛往往能讓人非常快樂，是因為腦部認為性與愛很重要，得到性與愛時會提供極大的報償感。但是，人類的神經系統和社會結構相當複雜，所以讓你犯錯的方式與抉擇多到難以計數，讓人沒有那麼快樂。唯一不變的是要經過一連串的嘗試錯誤，才能夠知道自己喜歡的是什麼，並覺得這樣的自己很好。只要我們所建立的社會不會經常混淆了性與愛的規矩，同時又施加了嚴苛的限制，那麼一切都會順利。

所以你依然笑口常開，對吧？

第六章

你該笑一下

「你知道喜劇為什麼重要嗎？因為不可能在大笑的同時又感到悲傷。」

這句重要的話是羅伯特．哈潑（Robert Harper）說的，讓他聽起來像是個古典哲學家。對英國讀者來說，他較為人知的名字是巴比．鮑爾（Bobby Ball），為資深喜劇表演搭檔「坎農與鮑爾」（Cannon and Ball）中的一員，他們在一九七〇和八〇年代紅遍了英國。他在英國福巴廣播電台（Fubar Radio）由伊恩．鮑德斯沃思（Ian Boldsworth）主持的節目中，說了上面那段話。我很喜歡伊恩的節目，訪問完「網路女孩」，我自倫敦返家，在火車上處於微醺狀態時，剛好聽到這一集節目。

雖然酒精的效用讓我有點不舒服，真正讓我不安的是剛發現的事實。每個人都認為性、愛與浪漫會讓人快樂，但是如果腦部過於專注在性、愛與浪漫，反而會讓我們極度不快樂，同時也犧牲了其他會讓我們快樂的事。基本上，刻意追求快樂往往會弄巧成拙。我們心中的許多忐忑與糾結可能就是這樣形成的，而這樣才算是人類嗎？

這樣深刻又實在的領悟，來自於一場發生於酒吧的對話，其中談論到一場性愛狂想曲，主題是造成災難的「三人行」。沒騙人，其中的荒謬成分讓我放聲大笑，嚇到了附近乘客。後來我從耳機中聽到鮑爾的訪談，他對於戲劇與快樂的看法很有趣，又讓我開始思考。

「笑」顯然深深影響了情緒，能夠讓我們更快樂，只不過有時效果短暫。說到唯一能夠隨時隨地就讓我們快樂的事，基本上就是笑和幽默了，適用於任何狀況。當狀況糟到不行時，笑是你維持快樂的最後防線。我們經常聽到「你該笑一下」或「有天你回頭看時會笑出來」，證明了這一點。縱使周遭的一切事物都崩塌了，但如果你有幽默感，依然能覺得快樂。

但是這個說法正確嗎？我們熟悉的笑和幽默對於快樂真的那麼有影響力嗎？幽默如何影響腦部的？如果喜劇和笑能夠馬上讓人快樂，那麼為何喜劇演員的日子都過得如此痛苦。我決定要好好研究一番。

你該笑一下，不，說實在的，你一定得笑。

大象要怎樣才能夠從樹上下來？坐到一片葉子上，等待秋天來臨。

我承認這不是非常好笑的笑話，但是對我而言很重要，這是我學到的第一個笑話。我最早的記憶之一，是對著房間裡滿滿的親戚說這個笑話，全部的人都笑了。我不知道他們只是為了迎合一個小孩子，或是真的認為一個喜劇天才出現了（長大後我並沒有展現多少喜劇天分）。不論如何，我記得很清楚，自己讓家人笑得非常開心、非常快樂。

我們為什麼會笑？是因為聽到了有趣的雙關語？或是看到了逗趣的哏圖？因為阿嬤掉到

水池中？因為有人把褲子穿到自己的狗身上？因為牧師在婚禮中放了個屁？世界上滑稽的事情數也數不清，但是為什麼只有人類會對這類的事有反應，並且橫隔膜會不由自主地抽搐，發出巨大的奇特噪音、臉部肌肉收縮而產生微笑的表情呢？的確有許多情緒能讓身體產生相對應的反應，其中絕大部分都是在臉部呈現出表情，[1]或是因羞愧而臉紅。但是只有笑發出巨大的聲音，而且持久，造成愉悅和滿足的感覺，有時甚至讓人虛脫。笑不是一種情緒反應，而是一種情緒過度反應（overreaction）。笑到底是什麼？幸好科學提供了一些答案。

首先和許多人所想不同，不是只有人才會笑，其他的靈長類動物也會，例如黑猩猩。[2]黑猩猩的笑和人類不同，不是「哈哈哈」那種聲音，而像是「瘋狂鋸木板」。不過，人類和其他靈長類動物的笑有許多共通的性質，例如「口中會發出清楚、規律與穩定的聲音」，以及「持續的呼氣」。此外，經過複雜的聲音學分析，科學家確定這些不同的笑聲都來自同一型，由一個共同祖先所產生，這個共同祖先生活在約一千萬至一千六百萬年前。[3]笑除了不是人類所獨有的，本身的歷史也較人類長了四倍。不只人類和靈長類，連大鼠都會笑。大鼠的笑聲頻率很高，人類聽不到，必須借助特殊的錄音設備，但是大鼠的確會笑。[4]

這些非人類物種也會笑，讓笑相對容易研究。不過這也產生了一個問題：你要怎樣才能讓黑猩猩或大鼠笑？看到年老首領雄性笨拙的爬樹技術？大鼠看到小鼠過大的耳朵和牙齒，會因為牠們笨拙的外貌而覺得好笑嗎？當然不是，如果你想讓黑猩猩或大鼠發笑，只需要對牠們搔癢即可。

這些動物受到搔癢時會笑，意謂著笑的來源是玩耍。許多動物會出現玩耍般的行為，通常是小打小鬧，但是你要如何區分這類玩耍般的行為與真正具有敵意的攻擊呢？當然可以從笑聲來判斷。有人認為笑演化成為反射性訊息，代表了愉悅和接納，像是在跟對方說：「沒有關係，請繼續。」在搔癢這樣的玩耍過程中，笑聲會持續出現。[5]這也能夠解釋我們為什麼喜歡笑，因為笑代表了好玩，而玩耍是有利的，[6]所以演化讓我們在笑的時候有報償感。

笑聲（至少是由搔癢引起的笑聲）似乎是由腦中一個特殊的網絡所控制，包括了杏仁核、視丘的某些部位、下視丘和更下方的部位，以及腦幹中的重要部位。腦幹是腦中「最古老」的部位，控制了許多重要而非自主性的功能，包括了產生臉部表情的肌肉收縮，以及呼吸的模式。研究指出腦幹中的重要部位背側上腦橋（dorsal upper pons），是控制笑的中樞，[7]所有和笑有關的生理過程，都來自於背側上腦橋的神經活動。

我會特別寫出「由搔癢引起的笑聲」，在於笑是否出現，腦部處理發笑理由的過程占了很重要的因素。舉例來說，雖然笑是有趣的，但是許多人不喜歡被人搔癢，就算搔了會發笑也是一樣。因為從科學的角度來說，搔癢是個詭異的東西。

信不信由你，人類對於搔癢有兩種認知形式。[8]第一種是輕柔的撫過皮膚，稱為「癢抓」（knismesis）。理論上來說，這是昆蟲在皮膚上爬動造成的感覺（昆蟲可能是有毒的），演化出對這種感覺的厭惡是合情合理的。另一種是刻意、用力搔癢，稱為「搔抓」（gargalesis），和笑有關的研究看中這種搔癢。非常怕搔癢的人，通常是因為有「搔抓敏感」（hypergargalesthesia），若會這個字在拼字遊戲「Scrabble」中可以多得分。「搔抓」是種「友善」的觸摸方式，通常能夠引起體感覺皮質的感覺活動，也會引起前扣帶皮質中和愉悅與報償感相關的神經活動。[9]

搔癢可以讓人愉快，也可以讓人笑，不過還會引起下視丘和其他與「戰鬥或遁逃」相關部位的活動。[10]基本上，在人類「搔抓」時會同時憶起快樂與危險的感覺。有一個理論解釋這種現象：在玩耍時，有個演化出來的反射動作會發出訊息，讓人服從玩耍時另一個占優勢的人。這個「退縮時發笑」的奇特反射動作，就像是說：「你贏了，我承認，但是住手吧！」如果搔癢的部位是腳底、腹部、腋下和脖子等特別容易受傷的部位，反應會更為激烈。人類的祖先力量更強、手腳更笨拙，在熱熱鬧鬧地玩遊戲時會不慎傷到這些柔軟的部位，因此反射動作可以在不會打壞社會關係（這對社會性動物很重要）的狀況下，減少受傷。

並非所有人都討厭搔癢，人類嬰兒最先開始發笑，就是因為搔癢，也是父母與嬰兒可以輕鬆建立連接的有效方式。嬰兒大約三個月大時開始會真正地笑，這時他們還不會走路與說話，再次顯示了笑是多麼基本又重要的行為。讓嬰兒發笑的原因，也讓我們更了解人類的笑是如何運作的。舉例來說，玩捉迷藏時，爸媽會把臉遮起來，幾秒鐘後又重新出現，這樣可以讓嬰兒對於環境的緊張感降低。[11]做鬼臉、親吻嬰兒的肚子等動作，也有相同的效果。喜劇就是棒！有些人認為那些行為是「原始幽默」的例子：在熟悉的環境中，出現了意料之外的改變或驚嚇，這些改變或驚嚇並不會造成傷害。[12]基本上，嬰兒／黑猩猩／大鼠都遭遇了意料之外的事情，但是很快就知道這些事情並不會造成傷害，甚至是有利的。他們體驗了新奇事物，了解到有些新事物可能有用，並不會造成危險。這對腦部來說是有益的，因此愉快的笑會成為有報償的體驗，好鼓勵我們去體驗能發笑的行為。不過這個理論可以解釋人類為何會笑嗎？

這是很重要的一個面向，但並非全貌。舉例來說，讓人類發笑的所有事情中，包括之前提到那些更單純的事，都不需要密切的身體接觸。此外，就算是完全不說話，我們也能夠體會報償與愉悅的感覺，只要問有父母嚴格管教卻還是在深夜把「浪漫伴侶」帶回家的青少年就知道了。以笑的方式把愉悅和快樂「公開」的好處是什麼？

有此一說，那是為了「告訴別人，自己認可這次互動」，只是實際的狀況更混亂，因為有時我們不是因為高興才笑。科學家認為笑有兩種，「裘馨式」（Duchenne）與「非裘馨式」（Non-Duchenne），這是以法國神經科學家古蘭・裘馨（Guillaume Duchenne）為名，因為他對於人類微笑取得了相當有趣的研究成果。[13]微笑和笑一樣，是高興時出現的反射性表情。微笑時，嘴角會往上移動，這是因臉部顴大肌（zygomaticus major muscle）收縮造成的。人類能夠完全掌控顴大肌，因此隨時都可做出微笑的表情。但是真正來自於快樂與愉悅的微笑，還會用到眼輪匝肌（orbicularis oculi muscle），拉動臉頰和眼角。這是真正的「裘馨式」微笑，表達出真正感到愉悅。會這樣是因為人類可以自由地控制嘴部附近的肌肉，但眼睛周圍的肌肉就難多了。

所以說，「假笑」看起來就非常明顯。如果你在一場婚禮中，花了好幾個小時和他人拍照，你可能又痛又累，再加上吃得太飽，並無法打從心底感覺快樂，這時你的微笑都是做出來的。說「起司」時需要動用的微笑肌比較少，因此這種假笑也可說成是「偽笑」。你無法呈現出「裘馨式」微笑，所以在這生命中最快樂的日子裡所拍下的照片中，你看起來近乎崩潰，差點就要砍人了。

同樣的道理亦可應用到「笑」這個行為。「裘馨式笑」是真正的笑，來自於真正的情緒。「非裘馨式笑」多半是自主或「虛偽」的，是我們決定要笑而笑的。這種笑一目瞭然，有時就算不是被迫的狀況下，我們也覺得應該要笑。為什麼會有這樣的事情呢？

主要的原因，來自於讓笑產生的真正起源。

你覺得這很好笑嗎？

如同之前所說，人類並不是唯一會笑的物種。這沒毛病，但人類卻是唯一具有幽默感的物種，或「具有娛樂他人或讓他人感到高興的能力，特別是以文字或語言的方式」。這樣的定義是可以的，但是無法指出具備這種能力有多厲害。試想，只是說出或寫出一連串文字，就能讓看到或聽到的人大笑，並且覺得快樂，真的很了不起！能夠輕易打動其他人的腦，並且改變心情，聽來很像是科幻小說的內容，會發生在電視劇《第九空間》（The Outer Limits）的情節，可是幽默就是辦得到。但幽默是怎樣影響腦的呢？

最能夠表現出幽默的，是單純的笑話。「科學與幽默彼此的爭鬥至死方休」這樣的說法，已讓人聽到耳朵長繭，可是有很多實驗與研究對象就是藉由笑話，去理解腦部如何處理幽默、娛樂和喜劇表演。[14]而且科學家就是科學家，他們已經打造出嚴格且仔細的分類方式，將人類能夠體會的各種笑話仔細地分門別類。

首先，笑話通常能夠分成「聲音型」（聽到或看到的語言型笑話）和「視覺型」。這兩種笑話中最基本的例子是廣受歡迎的著名雙關語，也最常用在關於幽默的研究中。雙關的效果可以來自視覺或口語，重點在於這種笑話中的特殊元素能夠同時傳遞出截然不同的意義。舉例來說：「打高爾夫球的人為什麼要穿兩條褲子？以備一杆進洞（褲子破洞與一杆進洞的英文同文）。」視覺雙關或稱為「視覺笑話」的原理大致相同，只是以視覺方式呈現。

舉例說明，一張天真無邪的照片中，有個東西看起來很像陰莖，可能是一個沒有放好的桌腳、某人刻意裝扮的髮型或其他玩意兒。不論是什麼，顯然都不是陰莖，但是看起來像，同時也像是原本的東西。這很好笑，因為和性相關的事物會讓人尷尬（見第五章），而沒有人說我們時時刻刻都要裝成熟。

另一種笑話是語意學笑話，就是打破或跳脫邏輯與意義產生的笑話，比如聲音型笑話可以用視覺或口語的方式呈現，下面是一個口語語意學笑話的例子：一隻松雞（grouse）走進酒吧，酒保說：「嗨，我們有一種威士忌是用你的名字當品牌名。」松雞回答：「什麼？凱文牌威士忌嗎？」很好笑，對吧！但為什麼好笑呢？首先，有一種威士忌叫做「威雀」（Famous Grouse）。如果你不知道這種威士忌，就聽不懂這個笑話，因為酒保指的便是這個品牌。但是那隻會說話的松雞居然誤會了酒保的意思，還真的說出自己的名字，使得在可能的兩個意義間出現張力（這很重要，之後會說明）。

關於視覺語意學笑話，想像一幅漫畫：二手車場中賣車的人是個馬戲團小丑。這個畫面看起來相當超現實，因為小丑不應該出現在車輛展示處。但是你若想到有一種車叫做「小丑車」（clown car），整張漫畫就有了不同的意義，變得「更為有趣」。了解了意義與內涵，才能夠知道這個漫畫「好笑」，以上並不是來自於單純的視覺刺激。

也有加了語言的視覺幽默，也就是結合了文字和影像。你只要上到社群網路，就可看到各種迷因哏圖和加上說明文字的照片，讓原本中性的圖片在附了說明之後，有了全新爆笑的意義。一個表情不爽的貓，再加上一些適當的攻擊性標題，就能產生數百萬個迷因，外加幾部電影。真的是這樣，請搜索「不爽貓」（Grumpy Cat）。這種現象顯示出由文字造成的視覺幽默有多好笑。

再者，視覺笑話可以是「靜態」的（只有一個影像，例如小丑車銷售員漫畫），或是「動態」（影片或喜劇片段）。呈現動態視覺刺激的情境中，通常會有不尋常的行為，或是劇情出現意料之外的轉折。有些實驗指出，在包含了語言和視覺元素的完整喜劇或表演中，會把幽默的範圍擴大。你不需要了解語言，光是動態視覺訊息就已經夠好笑了，也因此卓別林是家喻戶曉的人物。

接下來的事情就棘手了。從結構和表達方式來看，笑話顯然有各種不同的類型，但是這些類型間有共通之處嗎？有什麼重要的面向和元素讓某些事物「幽默」嗎？就如同一道金礦礦脈上不重要的岩石真的值錢嗎？根據神經科學研究所得到的資料，可能如此，但是情況相當複雜。上面提到，笑可以追溯到腦幹中的部位或運動輔助區（supplementary motor area），後者是從研究癲癇病人發笑的過程中得知的。幽默就更複雜了，如果你把研究腦部處理幽默的實驗資料全部拿出來，會發現許多區域的活動都明顯增強了（先來個深呼吸），包括頂葉和額葉處理笑的區域、視覺皮質、皮質中線結構（cortical midline structure），該結構包括了內側前額葉皮質（medial prefrontal cortex）、後扣帶皮質（posterior cingulate cortex）和楔前葉（precuneus）。其他還有前顳上回、後顳上回、顳上溝（superior temporal sulcus）、背側前扣帶皮質（dorsal anterior cingulate cortex）、杏仁核、海馬回，以及周圍其他許多區域。腦中處理幽默的區域圖，看起來就像是倫敦地鐵圖，只是更讓人看不懂（居然會有這事）。

其實事情一直都是這樣。笑話或其他表現幽默的形式，含有大量資訊，包括了感覺上的、語言上的和語意上的。這些資訊必須由腦部「開箱」並加以處理，其中牽涉到許多不同的神經網絡和區域。不過，許多處理資料的區域都在腦中同一個程序下集合起來，和笑話相關的每一件事因而「彙整」起來，形成一個特殊的系統，可以用來「體認」幽默。這個系統所涵蓋的區域包括了顳葉、枕葉和頂葉間的區域，在腦中這個區域相當於能通往三個大陸的機場，顯示出參與幽默的系統範圍有多麼廣大。

這個系統的功能是偵查出不一致性，並且加以化解。當察覺到與預期不同的事情，或是事件與對話以非比尋常的方式展開，系統便會啟動。我們知道事情應該如何運作、應該有什麼結果，但是通常不會照我們所想的那樣進行，因此腦中的那個系統就是用來辨認這樣的情況。如果正常狀況給推翻了，我們就不知道接下來會發生什麼事，造成了認知上的緊張。同樣的系統也用來認知不一致的事情（或是非常密切的事情，因為發生得太快，目前最佳的科技無法辨別出來），並且提出補救方式，好移除不確定性，打消緊張。對於腦來說是好事，因此我們會得到報償感。

基本上，上面種種發現，表示腦中這些複雜又強大的系統，當某些意料之外或「錯誤」的形狀或形式發生時，最終只要不會造成傷害或帶來好處，就可讓人產生幽默的感覺。現在來想想搔癢或其他玩耍行為等讓人發笑的「原始」因素。動物或嬰兒受到的搔癢是意料之外的體驗。搔癢可能是熟悉的感覺，但是不會在特定的時間發生。因此在那極為短暫的時間中，便產生了不確定性。那些動作可能是危險的，造成了緊張或擔憂。我們知道對於任何可能造成危險的事，腦都很敏感，而且會快速反應。幸好絕大部分的狀況下，我們發現那不是值得注意的事。

同樣的道理可用來看待兒童間的打鬧、惡作劇，或是一群人中有一個狠狠地摔在泥地上。不尋常的事情發生了，這種與尋常事物起衝突的事情不在意料之中，旋即造成了緊張和不確定感。但若腦部快速釐清眼前所發生的事情，了解到這個不尋常的狀況並不會造成危險，不確定感移除了，緊張感煙消雲散，又有新的體驗，全部都不會造成危險。這些都是對腦有益的，所以馬上就有強烈的愉悅感，讓我們覺得快樂。

在其他動物中，這種狀況沒問題，因為牠們對於世界的知覺非常直接。人類的腦很大，生活更為複雜，有著各種期盼和預測、想像、複雜的推論、信仰、目標、同理心、精雕細琢的溝通方式、充滿細節的視覺等。人類生活中牽涉更多，從而能發生不一致的範圍就更廣闊了，「出錯」的狀況也是，可以是語言、想像、行為或其他任何東西。只要我們強大的心智設定了規則或預期的狀況，那就有可能受到挑戰或被打破，這種狀況造成了不確定性。如果這類的狀況快速又有效地解決了，或是以其他方式可以解釋得通，馬上就會產生強烈的放鬆感和報償感。我們通常都喜歡幽默的事情，腦部雖然想要理出這個世界的意義和規矩，但是受到的阻礙實在是太多了，所以人類演化出一個系統，在遇到阻礙時能夠盡快地加以化解。

這樣做很有益，甚至讓人類享受這個過程。也就是讓人快樂。

雖然這只是個理論，卻是相當有理的論點。舉例來說，研究笑話的科學家經常會讓受試者看與笑話相近的內容，但是這個內容並非笑話，用以確定所研究的現象不是因為笑話本身刺激五官所引起的。有時，重點句子埋在合乎邏輯的敘事中，例如「打高爾夫球的人為什麼要穿兩條褲子？以備其中一件穿破的狀況」。另一個說法是讓重點句子超乎現實，例如「打高爾夫球的人為什麼要穿兩條褲子？因為住在膝蓋骨中的獾吃掉了一件」。在第一個例子中，並沒有不一致性，也沒有超乎尋常的事情，所以沒有讓人發笑的原因。在第二例中，的確有不一致性，但是沒有合乎道理的解決方式，只更讓人混淆而已，這也不能讓人發笑，因為不確定性好好地還在那邊，[15]什麼事也沒有解決或完成。

幸好，消除不一致性的「解決方案」是很有彈性的，並不需要百分百的合理，只要腦部可以接受，「我知道發生什麼事了」，通常就沒問題，人們就可以接受這個「偽」解決方案。[16]松雞回答說：「什麼？凱文牌威士忌嗎？」使得他和酒保的想法並不一致，我們的解決方案是了解到松雞懂英語且自己也有名字，因此這是一個好笑話。當然不會解釋為什麼鳥會說話，或是酒保認為沒有人帶的鳥會自己溜進酒吧裡面。這些都沒有問題，因為我們知道這個情節並不會真的發生，這是為了笑話而創造出的情節。這種「狀況」雖然造成了緊張感

（只有一點點），但不會造成任何傷害，更會因為解決了對話造成的混亂，而得到滿足感。

這個偵測與解決不一致性的系統，成為了認知幽默事物的系統，此外，中皮質邊緣多巴胺區域（mesocorticolimbic dopaminergic area）的活動也會增強，[17]之前提過腦中這些部位與報償、愉悅及相關的正面情緒有關，特別是快樂這種情緒。該系統提供了幽默中的愉悅感和快樂感。有少許資料指出，幽默所造成的愉悅感和報償感與其他事物造成的報償感，性質並不相同。[18]有理論指出，這是因為來自於幽默的報償感，附加事件解決的滿足感和不一致性解決感——也就是說把心力用在處理笑話和幽默之上——本身就是好玩的。這點是從其他引起愉悅感和快樂的事物中所得不到的。我們已經知道腦部會「知道」投注了多少心力在事物上，而這通常會影響到報償感。釐清笑話內容或其他不一致性的行動，是讓人喜歡幽默的關鍵，不光只是最後找出解決方案。過程和終點一樣重要，兩者通常在彈指間就已發生並結束。

這個系統還解釋了幽默的其他特點。如果你聰明、腦子轉得快，就可能比較容易察覺出不一致性，並且加以解決，甚至能預知結果。所以簡單的笑話對你可能沒什麼笑果。也就是說，要更為複雜的內容才能激發你的幽默感系統，所以你會偏好更為複雜或「有內涵」的笑話，而不是簡單到只因特殊打扮的男性就哈哈大笑。這也就能夠解釋為什麼同一個笑話第二次聽就沒有那麼好笑了，因為其中的不一致性與接下來的解決方案都已經知道，並被提出，於是無法形成不確定性，你也就不需要為解決方案付出心力，笑話中能夠造成刺激的元素效力大減。這也道出了科學往往和幽默不相容的原因。科學主要是降低不確定性和異常現象，以增進我們對於事物的了解，但不確定性和異常現象對於幽默卻是必要的，這正是兩者為何會有文化衝突了。

所以說，幽默是腦部偵測並化解事物不一致性的結果。知道這件事很好，但還有其他尚未得到答案的問題。人在群體中笑的次數是一個人時的三十倍，為什麼？[19]為什麼有的幽默讓人覺得很糟糕，甚至讓人生氣？「幽默感」到底從何而來？人類和幽默相關的經驗非常多，找到一個專門負責幽默的神經系統，僅是冰山一角。就好像說房子是由磚頭蓋成的，基本無誤，但是你不會指著一堆磚頭說那就是房子。顯然有其他元素和因子參與到了最後的成品。在能夠清楚解釋幽默與快樂間的關係前，我需要更深入地了解其他相關內容。該是詢問專家的時候了。

女演員去見主教是爲哪椿？

在英國，如果你想要了解幽默和腦部的關聯，就得去找倫敦大學的認知神經科學家蘇菲・史考特（Sophie Scott）教授。[20]她對於幽默和語言在腦中的相關運作，做了許多研究，同時她也是單人喜劇演員。在我撰寫這一章時，她正準備前往卡地夫大學心理系進行演說，於是我約她在演講前於學校餐廳碰面，聊聊她的研究。

「笑的時候腦中發生了哪些事情？我們還無法完全確定，但我們知道笑有許多正面效應，例如能夠馬上降低腎上腺素濃度，長期則可降低皮質醇濃度，進而減少緊張與壓力。[21]笑也能夠提高對於疼痛感的閥值。[22]有種『運動愉悅』（exercise high），是由腦內啡增加所引起的。[23]許多人說：『笑十分鐘相當於跑八公里的路。』這類的說法很荒謬，不過笑的確具有功效。許多理論解釋了笑和娛樂。我的看法是，把重心放在『娛樂』上是錯誤的。比起因為幽默而表達愉悅的感覺，笑還有其他更重要的社會功能。」

聽來奇怪，甚至是錯誤的。笑怎麼可能不全是因幽默引起的？顯然史考特教授有許多支持自己論點的證據，而且我愈想就愈覺得有可能。我們一開始認為動物的笑是為了表示認知到遊戲行為，並且加以鼓勵，這不就是一種溝通方式、一種社會互動的形式嗎？我們已經知道腦部有許多部位從事溝通與社會互動，但也有資料顯示，笑和幽默進一步展示了腦部的本能：與他人交好。

舉例來說，笑似乎包含著許多訊息，如果只是為了表現其他看不到的過程所產生的無意義結果，應該就不會是這個樣子。如同發現到放屁的聲音實際是快速的摩斯密碼。對於不同形式的笑，腦部會以不同的方式認知與處理，[24]舉例來說，由搔癢引發的笑，似乎有更多意識過程參與其中，表明了搔癢是快樂加威脅的奇特組合，同時是由物理性活動所引起的。其他更為「正式」的笑，例如由笑話和幽默引起的笑，刺激的腦部位和搔癢不同，其中許多和社會知覺與處理有關。再者有研究指出，某些人的笑聲很特別，也就是說可以從特別的笑聲來認出這個人。許多時候這並不困難（我一個神經學的學生在興奮時發出的笑聲就像是鵝在叫），而且這種現象極度普遍。笑聲的特色也非常強烈，至少有一個研究指出，比起說話的聲音，人類更容易以笑聲認出他人。[25]

具有強烈社會特性的不只是笑，幽默也是。腦部處理幽默時會動用到許多區域，通常包括了額葉中負責心智模型的部位。[26]心智模型讓我們能夠推測他人的想法，產生同理心，「知道」在特殊的狀況中他們心裡會想什麼，這種能力對於幽默非常重要。說出什麼或做出什麼與他人觀念想法相衝突的事，那種深不見底的不一致性，引發了笑。試想，如果被捉弄的對象知道這是惡作劇，我們還會覺得惡作劇有趣嗎？研究指出，社會意識對於感知幽默很重要，科學家發現因為嚴重的社會焦慮[27]或憂鬱症[28]而同理心受到破壞的人，是無法體會幽默的，因為幽默要在心智模型中才能發揮效果。

有許多理論指出，幽默和笑的演化過程圍繞著社會功能。一些人認為，笑是對群體中的成員傳遞訊息，表示安全、可接近，或是表示想與對方互動。畢竟比起沉默陰暗，面帶笑容的人更容易親近。我們知道，不論是對於早期人類或現代人類，社會互動一直都很重要，但是社會互動消耗心力與時間。或許笑和幽默的演化，是為了在需要時鼓勵互動，就像是人際關係中的紅綠燈。

另一個理論則指出，幽默和笑是表達衝突與攻擊的方式，只不過是安全且社會能夠接受的方式，這樣緊張和敵意便可在不造成傷害的狀況下化解。[29]舉例來說，辦公室同事華爾特一直喝你放在公司冰箱中的牛奶，你可以和他打一架，但是對你、對華爾特都有風險，自己還可能因此被辭退。於是你採取了另一種方式，開個玩笑，像是說「華爾特在自己辦公室抽屜裡養了頭飢餓的貓」。不論內容如何，重點是提醒他該注意自己的行為，既說出了重點，而其他人（甚至包括華爾特本人）也只覺得好玩，社會關係就此能繼續維持和諧。這雖不是完美的系統，但卻是化解衝突氣氛的方式，不會見血。重要的是，這能讓大家都快樂。

還有一個理論認為，幽默是人類的一種「炫耀」行為。[30]或許在遙遠的過去，能夠快速地化解認知上的不一致性，對於生存非常有用。但是現今我們展現幽默（次數頻繁而且方式眾多）的原因，就如同麋鹿在繁殖季中彼此發生沒必要的爭鬥，為得是向潛在伴侶展現能力。公開展現幽默，就像在表現自己的急智與風趣才能，等同於表現自己的腦很厲害，「看看我由強大的突觸造就出的機智，注意我在彈指間就創造出不一致性，並且解決地乾乾淨淨，沒有絲毫恐懼和遲疑。」幽默能讓人感到愉悅和快樂，顯然能讓有些人比較喜歡，你希望其中包括了潛在的性感伴侶。

不過幽默是雙向過程。在社會互動中，幽默扮演了重要角色，社會因素深深地影響了幽默和笑。舉例來說，我們都聽厭了無數關於各種文化在幽默的獨特之處。美國人不懂反諷、英國人總是嘲諷、日本人有施虐傾向、加拿大人總是有禮貌、德國人不懂幽默，諸如此類的。其中絕大部分說法都是無稽之談，研究指出文化的確影響了幽默，[31]但是並沒有人們所相信的那般，具有界限分明的固定印象。這很有道理，如果我們相信幽默來自於人們認知到不一致性，那麼幽默就必須出自了解到有些事「不對勁」。我們必須要先知道世界運作的方式，才能夠察覺到事情「不對勁」，而成長過程接受的文化當然會有影響。如果你生長的地方，經常談論上廁所這檔事，那麼當你身處在認為這些話不禮貌或不該說的文化中時，對於該文化的廁所笑話，反應可能就會不同。這裡並非評判哪種文化比較好或比較不好，只是反應各有不同罷了。

另一個社會背景影響到幽默的狀況，則是牽涉到了我們熟悉的杏仁核。腦中似乎由這個部位來決定幽默或笑是否「恰當」。舉例來說，當被問到「影印紙在哪兒」這樣無害又平凡的訊息時，有人回答說：「我可以告訴你，但我之後得殺了你。」禮貌的反應通常是笑。這是一個老掉牙的笑話，並不帶有惡意。不過如果你問出現在自家車庫、袒胸露背、手持砍刀的陌生人，而對方這樣回答，你可能就笑不出來了。同樣的一句話能否啟動腦中的幽默系統，取決於社會狀況，杏仁核會檢視狀況，做出決定。

什麼時候笑才合適？是否要得到他人允許才能夠笑？這方面也有很多需要學習的。史考特教授說，她的兒子海克特（Hector）小時候，都會看著她，見她笑了，自己才會笑。我記得自己四歲大的兒子最近在一次婚禮中，聽到伴郎致詞時也是這樣。我們可能因為本能而發笑，也經由觀察他人，慢慢學到什麼場合與狀況才適合笑。在二〇〇六年，有項研究指出，聽障者與非聽障者互動時，彼此發笑的時間點是相同的。[32]笑聲很大，可以蓋過其他人說話的內容，那內容往往是引發笑聲的原因，所以人們通常會在句子結束後才笑，或是在呼吸換氣時才笑。聽障者亦然。這個現象很重要，因為聽障者是經由手語溝通而笑的，手語是視覺的溝通形式，過程中「笑」其實不會妨礙視覺，不需要等到換氣或句子結束後才笑。但是他們依然如此，因為笑的節奏與時機是在非常年幼時學得的，根深柢固。

我們學到的另一種奇特的事情，是在不想笑的時候笑。記得之前提過「非裘馨氏」的笑

（也就是「假」笑）。這種笑不是因為真實的正面情緒所產生的，而是我們覺得這個時候應該笑，或是笑能夠改善現階段這個不愉快的狀況。舉例來說，老闆在會議上說了個難聽的笑話，或是有熟人在宴會上說了個自以為有趣、實則不然的軼聞。此種狀況下，你並不想笑，但是其他人期待笑聲，因為如果沒有笑，場面會變得尷尬或緊張，而你並不想變成那樣。所以你笑了，只是發出「非裘馨氏」的笑，這樣才能夠維持和諧——了解到對方想要幽默，又確保自己受到群體的接納。假笑與諂媚、諷刺等惹人厭的習慣不同（雖然假笑也有諂媚及諷刺的效果），是為了社會和諧與接納所不得不做的行為，能讓自己與他人都高興。研究指出，黑猩猩也會假笑，而且假笑的目的與人類相同。[33]

這時我們有一個說法（更正確的說是有個好說法），說明幽默、笑和快樂之間的關聯。幽默讓我們化解體驗中可能造成異常的事物，這對腦有利，所以演化讓我們因為這樣而快樂。幽默和笑需要察覺到所處世界的異常或「差錯」時方能產生，因此在狀況最糟糕、所有事情都出差錯時，也能夠笑。只要我們的腦保持完好，就能夠因為幽默而快樂，縱使只是短暫的快樂。

幽默和笑的力量如此強大，人類又是善於社交的物種，因此幽默和笑在演化過程中增添了更多社會功能。我們現在能夠創造出不一致性，也就是笑話，然後隨意化解。這樣展現自己的幽默能力，就像是孔雀展示尾巴。幽默持續強化人與人之間的交流，讓我們對其他人更具吸引力（這是有原因的[34]），以安全的方式化解緊張與衝突，鼓勵為群體和諧，並因此提供報償感。無怪乎笑會傳染，而且我們更偏好在群體中笑，而不是一個人獨樂。因為在群體中笑才是笑的主要目的，能在人群中傳遞正能量和和諧氣氛，讓我們感到快樂。

從這個道理來看，你應該盡可能多花時間搞幽默，讓周遭的人發笑，這樣就能夠保持快樂了，對吧？

對嗎?!

讓小丑上場

如果我們接受了上述說法，那麼靠著表演喜劇維生的人，理論上應該要比一般人更為快樂，特別是單人喜劇演員，喜劇作家和其他幕後工作者無疑也會得到報償，但是為觀眾演出單人喜劇，代表了你的幽默及從幽默所引發的笑，彼此間沒有間隔。對大腦而言，單人喜劇表演展現了所有歡樂，那些演員無疑是最快樂的。但是我們從常識判斷便知道，情況剛好相反，因此才有「小丑之淚」的說法，這是說絕大部分的喜劇演員和表演者把最深的悲傷和痛苦藏在笑聲之後。

真的嗎？如果是真的，為什麼會這樣？喜劇演員本來就傷悲嗎？或是長期使用笑聲和幽默導致人不快樂？鹽使用適量很好，但是吃太多會危害健康，幽默和腦的關係亦是如此嗎？這裡有件事必須特別強調，對於喜劇演員及其演出的科學研究很少，因此我選擇直接取得第一手資料，也就是詢問一些小丑是否會哭、為什麼而哭。當然這只是譬喻的說法。我第一個訪問的是我的朋友魏斯·帕克（Wes Packer）。

魏斯是單人喜劇演員，他在二〇〇六年愛丁堡國際藝穗節（Edinburgh Fringe）中著名的「你以為你很有趣」（So You Think You're Funny）競賽中獲得冠軍，因此能在全世界最盛大的喜劇藝術節、於加拿大蒙特婁舉辦的「夠好笑」（Just for Laughs）藝術節登台演出。這時他成為單人喜劇演員僅僅一年的時間。以他的實力注定早該成為巨星，但你卻是第一次聽到他的名字，顯然他知名度並未大開。到底發生了什麼事？我們是好朋友，所以我打算直接提問。

衛斯和我一樣，都是在威爾斯南部的採礦山谷中出生長大。然後從卡地夫開始喜劇表演工作，我接在他首度巡迴演出之後演出，狀況慘不忍睹。衛斯可謂是一位「憤怒」的喜劇表演者，擅長以精確控制的憤怒大聲咆哮出來，並談論自己與他人的失敗。在舞台上的憤怒演出是否反映出他在真實中的不滿？是這種不滿讓他成為喜劇演員的嗎？

「我想我把喜劇表演當成一種逃避方式。我們都是飽受踐踏的鄉下工人階級小孩，前途光明與自己毫無關聯，更可想見之後會過著什麼樣的生活：在恐怖的辦公室中看著冗長乏味的網頁。*我不想如此，而喜劇表演看來像是有趣的逃離方式。」

為了完成目標，衛斯一心想要成名，他爭取每場可能的演出，但這是一個糟糕的策略。在那個「地獄般的一週」裡，他連續四天晚上演出，總共開車了兩千四百公里，平均每晚只睡三個小時，因為每天早上還要起來工作。

「星期六早上五點我開車回家，九點時坐在修車廠外的車子裡，我的妻子在廠裡面。我覺得不舒服，陽光讓我頭痛，我對光非常敏感，每當旁邊有車經過，整個身體都會縮起來。回到家後我立刻上床睡覺，鬧鐘設在下午一點，但是我醒來時已經下午五點，這離我在倫敦的表演只剩下一個小時，不可能趕得上。最後只好打電話去說我的車子拋錨了。」

把上面陳述中的「車子」換成「心智」，就是合理的原因了。但這並不能完全歸咎於喜劇表演。二〇一二年，衛斯診斷出罹患憂鬱症和焦慮症，但是他應該在更年輕時就有這些症狀，他覺得這可解釋他很害怕「控制不住」自己的脾氣（這是憂鬱症的診斷症狀之一[35]），他在社交互動時會反射性地想要說笑話，以避免開誠布公的交流，因為他害怕真誠表現自己所造成的後果。衛斯說喜劇表演成了最具療效的方式，在舞台表演間的短暫時間，讓他能夠「撐過」陰鬱的時光。誰能夠斷言其他的喜劇演員不是因為這種「自我治療」的手段而展開職業生涯的？

很不幸的是，就算是場面盛大、演出成功、能在眾多觀眾前演出，也不全都能帶來正面效果。

「就算我登上蒙特婁的舞台，在樂隊大聲演奏出湯姆．瓊斯歌曲時開始上場表演，覺得快樂的不得了；但之後我回到家，星期一去上班時，接到老闆打來的電話，嚴詞批評上個月試算表中的一個小錯誤，說我的工作錯誤不斷，說我就像是……我上個星期在加拿大，受到數百人的歡呼。我相信你的試算表很重要，但我已經很努力了好嗎！」

二〇〇八年，衛斯不得不放棄演出，選擇專注在白天的工作上。二〇一一年他成功重返舞台，但是在十八個月後因焦慮症和憂鬱症復發，不得不退出。現在二〇一七年，他離婚，而且（用他的說法）沒有任何可以失去的東西，他嘗試再次登台，希望這次能大獲成功。

衛斯顯然因為從事單人喜劇表演而承受了巨大壓力，但是當你在工作上努力以取得成功

＊衛斯當時是軟體工程師。

時，本就會有壓力。但如果你真的成功了，壓力就消失了嗎？接下來會怎樣？

要看看「在喜劇界成名」是否對快樂有影響，我訪問了國際知名的喜劇演員、電視與廣播界的巨星羅德·吉爾伯特（Rhod Gilbert），他不僅是二〇一〇年「威爾斯最性感男性」[36]且獲獎無數，更是我通訊錄中最知名的喜劇演員。我在其倫敦住家附近的酒吧和他見面。羅德和我一樣，是威爾斯人，出生於卡馬森郡（Camarthenshire）。他之所以嘗試喜劇演出，是因為當時的女友對他的多年嘮叨。三十三歲那年，他已是一位相當成功的市場研究主任，正要買下自己研究的公司。但是在最後一刻他退出協商，辭去工作，選擇成為全職的喜劇演員，縱使這讓他的收入大幅銳減。

雖然我們會說這又是因為想「逃避」，但羅德並不認為之前的工作不快樂。突然轉換工作，原因相當簡單：覺得原來的工作無聊。他在市場研究界一待十年，所以轉行從事喜劇，主要是他喜歡又擅長。雖說他最初的目標只求溫飽即可，孰料竟大獲成功，經常獲得電視和廣播的邀約。不過在寫這本書時，他已有五年的時間沒有從事單人表演了，理由還是因為厭倦了。

「上次巡迴演出時，我在八個月中進行了一百二十七場表演，每晚兩個半小時，新的笑點全用光了，巡迴結束後我要準備新的笑點，得重新開始。上次這樣已經是十年前了，這是工作中最困難的一部分。我沒有辦法從頭再來一次。」

讓許多人笑，是基本且強大的神經程序，但我們從羅德這裡得到的看法，就算這能讓人愉悅，若長期使用，最終效果也會逐漸消失。習慣化（habituation）又再度出現了。還有另一個問題：除了成為一個成功的喜劇演員之外，還有什麼讓你覺得不快樂嗎？顯然有的。

「當你開始演出時，全世界好像站在你這邊，人們鼓勵你，想辦法稱讚你。但是當你獲得成功後，有人喜歡你，就會有人不喜歡你。事實上，當你成功到某個程度時，他們便開始不喜歡你的表演，某個程度後他們甚至是不喜歡你這個人。」

所以成為知名的喜劇演員，代表你有更多可能持續受到批評，不會少只會多，這樣並不好。之前提過，笑是發自內在的社會本能行動，是「意圖」得到他人的認可與接納。但是到了某個程度後，想要引出笑聲的舉動卻受到他人的譴責、受到陌生人的濫用，真的讓人不舒服。我們知道人腦對於少許的排斥都非常敏感，更何況是在你想讓眾人發笑時、受到無數陌生人的排斥？羅德坦率承認這真的讓他很沮喪。最終他只能盡量避免受到這些排斥，例如不要與社群媒體有牽連等。

雖然他遭遇了種種狀況，並且在舞台上的形象暴躁易怒，那麼成功讓自己快樂嗎？他說是的，他本來就是個快樂的人，只是他得到的快樂像是在耍盤子，要同時保持好幾個盤子在空中轉動。

「這個盤子代表我的職業生涯、那個盤子代表我的家庭、另一個盤子代表我的財務狀況，凡此種種，我都要讓這些盤子好好轉著。如果某個盤子轉得不穩，便要把心力放在那個盤子上。如果另一個盤子不穩了，就過去搞定。讓所有的盤子都穩定轉動，我就會快樂。不過，我不會處理超過能力範圍的盤子數量，所以完全不去理會社群媒體上的那些玩意兒。我沒有時間與耐心花上一整天的時間，和那些告訴我他們為何討厭我的陌生人互動。」

羅德決定不再從事單人表演，這對幽默、笑和快樂的關係有什麼啟發呢？有的，幽默無所不在且力量強大，但有其極限。證據顯示，不一致性與不合常理對於幽默發揮的效應很重要。對於提供幽默的人和接收幽默人，效果是否也相同呢？老調重彈、千篇一律的情節讓人聽到開頭就知道結尾，新奇性大減，使得那些原本挑起人們疑竇的事情不太能再引發愉悅感。[37]還有習慣化這個基本過程，隨時間磨損了從事喜劇表演所帶來的正面效果。到了這個階段，喜劇演員生涯的負面效應可能開始占上風，因為變成了日常的例行任務，而非愉快的事。

羅德並沒有離開這行，只是暫停單人演出較長的時間（五年），和他碰面之後，他嘗試暫時回歸舞台。他說這樣的演出能夠「讓人放鬆而非讓人快樂」，且是因為必須演出才上場，不是演出讓人高興。他的確「不再充滿活力」，所以走下舞台。不過內心對表演的熱情未減，並且讓他重新回歸眾人視野。

那麼喜劇演員因為什麼原因而說「夠了，我不演了」呢？為了尋找答案，我趨車前往英國中部鄉間的一座農舍。這聽起來像是血腥恐怖電影的劇情，但是請讀者放心，結局不是我碎爛的屍體被埋藏在荒廢的農家倉庫裡。這座農舍是伊恩．鮑德斯沃思的家，這位喜劇演員和廣播節目主持人訪問了巴比．鮑爾，讓我興起研究幽默與快樂關聯的念頭。二〇〇六年我在愛丁堡觀賞他的演出，隨即看了他動人的部落格，促使自己也投入了部落格的創作。之後他開始製作 podcast。我在進行博士研究期間，他的廣播陪我度過漫長的實驗室時光。如果沒有伊恩，你可能看不到這本書。去見他就好比天行者路克去見歐比王，只是這個歐比王意外地把路克訓練成了絕地武士。

伊恩的身材壯碩，長髮，留著北方人的鬍子（就像是拿著滑板的維京人），直言不諱，有話就說，甚至談到自己的心理健康問題時都毫不閃躲。他經常陷入極嚴重的憂鬱，甚至有次在愛丁堡演出時，說了自己想要自殺的故事（二〇一四年演出的〈麻煩事來了〉）。更重要的是，最近他開始「回歸」舞台，表演單人喜劇，但是規定自己一個月只表演一次。我想要知道為什麼。

伊恩解釋道：「我只是覺得不好玩了。我想自己已不再覺得單人喜劇表演『有趣』了。

之前是這樣的，像是你說了些自覺有趣的內容，觀眾也真的喜歡，台上台下都有一段美好時光。當我和其他人演出雙人喜劇，或是一起巡迴表演，這些時間我能夠哈哈大笑，就像是在舞台上耍機車一樣。我喜歡那段時光。但是我一直對是否要演出有點矛盾。」

這種常見的矛盾心態，顯然影響了伊恩退出單人喜劇舞台的決定。當然還有其他原因，這些原因可歸納成現在的喜劇演出受限太多，納入大量的職場文化，例如規則和生涯目標，這些都讓伊恩和衛斯等人避之惟恐不及。我也從其他的喜劇演員那聽到類似的故事。

伊恩對於現場表演已然幻滅，現在的心力集中在廣播和 podcast 節目。而面對身心健康的經歷讓他的「心理Podcast」獲獎，[38]節目中他和其他具有患疾與失調的人公開討論病情，充滿啟發。他另一個節目「Parapod」剛結束，該節目的主題是鬼魂、神祕現象和陰謀論等。和他一起討論的是喜劇演員貝瑞·杜德斯（Barry Dodds），後者深信這些超自然現象都是存在的。[39]伊恩顯然很滿意現在的生活狀態，所有的工作依自己喜歡的方式進行與呈現。這解決了羅德觀察到的現象：缺乏新鮮內容，而且成名後各種批評傾巢而出。如果在演出未成名或沒有新花樣之前，轉移工作重心，轉投入新工作，是否就能讓人快樂呢？不過在這個探究結果中最重要的是，伊恩現階段的工作並不是要讓人們發笑。聽起來可能很奇怪，可是當你花了相當的時間體驗到了幽默和歡笑，在沒了這些幽默與歡笑後，反而變得較容易感覺快樂？人們看到喜劇演員在一般對話中往往顯得嚴肅或「正常」，不免覺得驚訝，因為他們沒有扮演在舞台上那種一分鐘能夠說三十個笑話的人。

或許笑與幽默讓人快樂的模式和金錢類似，在到達某個分量前，效果非常強烈，但是當覺得「足夠」後，就不再那麼重要了？伊恩帶著些微的罪惡感承認，現在所做的內容，若是讓有些人生氣發怒，反倒會有種滿足感，彷彿受到了稱讚。

「這很奇怪。當有些人對於呈現的內容氣到排斥，我的感覺竟是『好』，因為這些人顯然不是我的目標聽眾，顯然我做的是正確的。」喜劇甚至可以把排斥轉換成正面事物，這看似前後矛盾，但是如果你知道腦部的運作方式，就知道這是合理的。

笑聲停止之時

雖然和從事喜劇的朋友及偶像聊天很有趣，但是我依然得坐下來研究並消化了解到的內容：持續使用並接觸幽默和笑對於人們的影響。這樣的狀況讓人不快樂嗎？或是不會呢？不論會或不會，原因是什麼？有幾件事情是值得反覆思索的。

首先，（成功的）喜劇演出能夠帶來強烈的刺激與愉悅感。還記得嗎？只要有正面的社交互動，我們的腦部就會體驗到報償感，形成一股快樂的感覺。如果我們能夠讓人笑，這種感覺會更強烈。笑的意義是社會接納、認可、群體和諧，這些事情腦統統都喜歡。所以讓一屋子人（或一整座巨蛋體育場的人）笑，對於腦部報償回路的刺激是無與倫比的。史考特博士和其他人指出，喜劇演出成功能讓表演者有暈眩感，並且顫抖，你便可了解為何有些人會對這種感覺「上癮」。

和衛斯聊天時，他巧妙地把這種狀況與毒癮相較。舞台演出的滿足感和愉悅感讓人覺得值得持續投入心力，並面對種種麻煩（如長途開車、睡眠減少、與自大的起鬨者和無知的籌辦人互動時，控制自己以免把刀直接插入他們的眼睛等），就像是成癮者願意承受各種藥物風險也要持續吸食一樣。這樣的比喻適當嗎？難道喜劇演員對於大量的社會認可上癮了嗎？這個說法可能有點極端，但並非全然沒道理。

之前提過，毒品會持續強烈地刺激報償系統，進而改變報償系統，以及報償系統與額葉中負責認知、克制等區域之間的連結，使得人的思維和動機被真實改變了。[40]毒癮者會將心力投注在自己的癮頭上，造成其他事情受到損傷，包括了人際關係、個人衛生及遵從法律。我不是說喜劇演員是幽默成癮者，最終只能癱在毒窟汙穢的床墊上說笑話，不過背後的神經系統是相同的，每個人都有相同的系統。如果每個星期登台數次，得到大量的社會認可，或許能夠滿足所有對於渴望與接納的內在需求，因此無需再從其他地方獲得。相較於一群人因為你說的話而大笑、歡呼出你的名字，半年一度的工作評鑑中說你「符合職務需求」這樣認可，真的就微不足道了。衛斯的狀況正是如此。

演出喜劇為什麼會那麼刺激呢？我們也會和他人說笑，但是在一般對話或和朋友談笑整晚後，並不會有強烈的「嗨」感。這和演喜劇有什麼不同？重點在於風險。受到一群觀眾認可當然很開心，但是若觀眾不笑、排斥你，這可是極度不愉快的經驗（關於這點你可以相信我）。之前提過腦部對於社會排斥的反應很糟糕，事實上最常見的恐懼症便是社恐症（social phobias），[41]也就是說人類會本能地害怕他人排斥自己的狀況。我們可以合理推測人們對於社會排斥的恐懼，高過於對蛇和蜘蛛的恐懼。*

這種排斥威力強大。你努力讓觀眾發笑，但是觀眾毫無反應，甚至發出噓聲，此等排斥的效果顯著，僅次於情人突然對你提分手（關於這點你也可以相信我）。這也就能夠解釋當自我介紹提到自己是單人喜劇演員時，其他人對此的反應最為震驚、敬畏與害怕，要知道我

---

*實際上，這可能只代表了人們認為社會排斥更容易發生。在現代社會，工作報告出錯的機會要遠高於受到憤怒狼蛛的襲擊。

也是神經科學博士，並曾經以切割屍體為生。

所以當你上台演出單人喜劇，就腦來說，這種社會互動就像是高空彈跳，從意識層面上你知道這沒有問題，身體不會受到傷害，但是演化出的生存本能會發出尖叫、要你別幹。這使得你的「戰鬥與遁逃」系統處於高度警戒。如果你的表演成功，除了受到認可，且有報償感和其他相關愉悅感，還會因為避開了危機而有強烈的放鬆感。[42]無怪乎（有傳聞說）成功的喜劇演出會讓人異常快樂，糟糕的演出宛如掉進地獄。當然沒有像死亡那麼糟糕，但是也差不多。

如果表演單人喜劇很有可能受到社會排斥，那麼想要從事這種表演的人，通常不太會受此可能性的困擾。因為這些人不是有堅不可摧的自信（相信我，這在喜劇界很常見），就是已經習慣社會排斥而對這類狀況麻木了。包括不適應社會者、怪胎、門外漢，那些因為成長過程、個人性格或心理健康因素而不適應「正常」社會的人，喜劇現場表演的本質，幾乎會把那些具有情緒問題或相關狀況的人篩選出來，他們因為這些狀況，往往會迴避一般人。正因如此，可預期在單人喜劇的演出世界裡，更常見到這類人。依照那些關於喜劇演員的傳聞，你真的可以遇到。

表演喜劇時，全都是關於幽默、笑話與歡樂，可想見，這會讓本就存在的身心問題更為惡化。伊恩和魏斯兩人都有自己的身心狀況要面對，他們說在那些表演慣例中，會讓自己處於極度的負面情緒裡。伊恩在自殺的節目中重複講述自己的經驗，魏斯在表演中會不斷暴怒。人腦對於幽默與笑聲相關的種種事情都非常敏感，[43]極為擅長解讀與推敲他人的情緒。人類具有心智模型和同理心，所以成功的喜劇表演必須真誠，因為觀眾需要相信演出者表達出真正的感情，至少要有某種程度的真實。如果你的表演中包含了憤怒、哀傷或其他負面情緒，除非你是超厲害的演員，否則有效傳遞這些感覺的唯一方式，就是真正進入那些情緒狀態，方法可以是挖出相關的回憶，或是處於那類的心理狀態。基本上就是讓喜劇演員處於這樣不快樂的狀態，最後可以得到報償：金錢報酬及觀眾的笑聲與認可。魏斯說他必須找尋日常生活中會讓自己生氣的事，因為這樣才能在舞台上談論這些事。如果其他喜劇演員也是這樣，就代表他們為了製造幽默與歡笑而受到了制約，[44]注定會不快樂，這並不是什麼好事。

看來腦中的因素可能解釋為什麼專門表演幽默、散播歡笑的喜劇演員，最後不快樂的可能性遠大過於快樂，這和一般人的直觀想法完全相反。當然許多喜劇演員並非如此，他們非常快樂，沉迷於自己的演出。但如果要給「小丑的眼淚」有個說法，我想我們可以用神經機制來解釋。演出喜劇會受到許多人的認可，但受到排斥的風險也不小。對於社會排斥更無感的人比較可能嘗試演出。幽默需要由不一致性引發，代表具有「另類」世界觀的人較能在喜劇演出上成功。但是這也意謂著需要經常「表白內心」以換取他人認可。如果你展示負面情緒而得到報償，可能就受到了鼓勵，陷入持續的不快樂中。這樣的狀況加上表演本身的性質，使得喜劇演員受到相當大的限制，難以過上快樂幸福的生活，對於那些腦部和心智較脆弱的人來說更是如此。[45]

這對於了解笑、幽默與快樂有何幫助呢？我們在想到讓自己快樂的因素時，笑和幽默的確很重要。笑和幽默時時存在、功能多樣、容易發揮且效果神速，此外還有不少實際利益，例如促進社交團結、安全地緩解緊張與攻擊，甚至可以增強我們耐受壓力與創傷。不過綜合許多喜劇演員的談話來看，由於笑和幽默強大到足以產生報償，因此助長了不愉快和負面的行為，長此以往便會造成危害。如果羅德和伊恩的例子有什麼啟示，便是長期接觸笑和幽默後，漸漸無感。

總的來說，鮑爾說不可能同時笑又感到悲傷（假設那不是非裘馨氏笑容），這個講法基本無誤，但也只是在那個當下而已。笑的過程發生時，背後的機制的確能夠阻止其他更為負面的情緒，[44]不過該過程轉瞬即逝。幽默來自於覺察到事物的不一致性或「出現錯誤」，不一致性和出現錯誤能夠成立，必須先有規則、常理或預期的結果來「違背」才行。笑可能也有類似的社會性功用，不過具備協助性質，偏向加強社會聯繫，而非當場建立社會聯繫（但這並非牢不可破的規則）。

基本上，笑和幽默難以獨立存在，都需要建立在某項事物上，都需要有回應的對象。某種意義上，笑和幽默像是主食上的香料或調味品，適當的分量能讓主食更美味，或是為糟糕的主食增色。平淡稀薄的湯汁，加上足夠的番茄醬或鹽巴，往往能起死回生。笑和幽默也是，能夠讓愉快的狀況錦上添花，也能讓糟糕的狀況緩解，為黑暗時刻帶來一道快樂的微光。

或許還需要另一個烹調的比喻？幽默和笑就像是「快樂」這種蛋糕上的糖霜，只由笑和幽默帶來的快樂，就像是沒有海綿蛋糕本體的糖霜，看似可口，也像是真的蛋糕，嘗起來說不定也很美味，但是脆弱且無法提供飽足感，時間一長就不好吃了，而且稍微多了點就會讓整個「蛋糕」垮掉。由於幽默是建立在不一致性、主觀性、不可預測性和驚奇性之上，若想要將幽默形式化，賦予規則與架構，讓其便於使用又利於安排，可能危及讓幽默具有價值的特性，那又怎麼能夠讓我們快樂呢？

伊恩說的一個故事是很好的結論。當時他和寫作劇本的夥伴獲邀一起前往BBC的喜劇部門，幫忙新節目撰寫笑話。

「剛開始很高興。我們用的是過去（英國喜劇搭擋）『弗蘭奇與桑德斯』（French and Saunders）使用的房間。忍不住到處翻動，還和他們所有的獎盃一起拍照。後來我們覺得該工作了，就坐下來開始寫。來前就已想好材料了，這些內容真的好笑，我不覺得在哪些地方用過了，但真的很好笑，因此我們大笑。之後該部門的主管出現了，他本身就是一位著名的喜劇演員。他的頭從門後探出，說道：『兄弟，能夠小聲點嗎？我們正在工作。』這對我來說是個警訊，我們在BBC喜劇部門的核心，但是應該連郊區的人都可以聽到我們的笑聲。」

我覺得這是很好的結論。如果你把過多的時間和注意力放在幽默和喜劇上，多到成為自己唯一關注的事物，這時便會為笑容蒙上陰影。

有趣嗎？

第七章

快樂的黑暗面

我曾經當過啦啦隊長。身為三十多歲開始禿頭的男性神經科學家，我敢說這不是什麼值得宣揚的經歷。那時我才十幾歲，父母組織了一個募款活動：惡搞世界摔角聯盟的摔角活動，*我在活動中擔任其中一個「壞蛋」啦啦隊長。我的模樣光看就覺得荒謬：圓胖胖的男孩戴上金色假髮和黑色裙子，揮舞著彩色絨球到處走，就是如此荒謬。重點也在這裡。

成年後，除了在噩夢中讓我冒冷汗而尖叫，就幾乎不曾再想起那個當啦啦隊長的時刻。那與我現在的形象不合，所以甚少想起。我現在會講這件事情，是因為人人幾乎都有怪異且後悔不已的往事，多希望那些事不曾做過或經歷過，腦部讓我們壓抑這些事件的重要性，或將之輕描淡寫，好讓我們比較快樂，通常這沒有什麼問題。如果經常深入思索自己的缺點或錯誤，會傷及自己的信心與幸福，這種狀況是憂鬱症的重要臨床特徵。[1]另一方面，一直忽視或略過糟糕、沒有幫助或不討喜的資訊，最後會導致誤解與欺瞞。研究快樂的歷程到了這個階段，我開始擔心自己是否也犯了這個錯誤。

基本上，許多事情都沒有寫在之前的章節中。英國小報莫名地就開始「狗仔」夏綠蒂的一舉一動。網路女孩要對付暴怒的男性，只因他們聽說女性並沒有「虧欠」他們性愛。布拉特講述了紐約菁英人士彼此在瑣事上荒謬的勾心鬥角，錢伯斯教授也說到，在神經科學界沒有完全相同的事。鮑德斯沃思說遇到愈來愈多粗魯、口不擇言和偏狹的觀眾。諸如此類的事情我都沒有寫的理由是，如果我在研究快樂與腦的旅程中把所有的事情都寫下來，那麼本書的厚度會讓《冰與火之歌》看似薄薄的宣傳小冊。顯然有些事情要捨棄不寫。我在寫的書是關於快樂，當然不想讓其中充滿了負面和不快樂的事，這不是我當初想要敘述的內容，所以我在適當的地方刪除了那些灰暗的內容。不過後來我發現，截至目前為止，在這本書所描述的人類，是認真工作、偏好安全、帶有些享樂主義的浪漫追求者，不論如何，他們需要受到喜愛與接納。但是這樣的描述是否有危險？

真實的情況不是這樣，對吧！人類經常壞到不行，有時甚至幹下了或是體驗到一些不悅、危險或惡劣的事情而感覺愉快。到底為什麼會這樣？腦部為什麼會從不愉快的事得到愉快和報償的感覺？我不甘願地領悟到這件事：如果我要徹徹底底了解快樂在腦中運作的方式，就得要知道這個問題的答案。因此我必須和天行者安納金一樣，擁抱黑暗。

東海有逐臭之夫

「不愉快」的定義是「讓人不舒服、不快樂或引起反感」。照理說，體驗到不愉快的事

---

*當時是霍克·霍肯（Hulk Hogan）、蘭迪·沙瓦吉（Randy Savage）活躍的年代。

物時應該不會覺得快樂。那麼為何還有不少人喜歡令自己不愉快的事物呢？很多狀況下，答案很簡單：因為這樣的事情實際上並未發生。「糟糕」或「不愉快」往往是非常主觀的感覺。一個明顯的例子是對食物的偏好（我經常拿食物當例子，不可否認這種例子確實好用），想想看有些食物讓你作噁，其他人卻百吃不厭，像是牡蠣、藍起司、舌頭、蛋白杏仁糊等。有些食物就是能讓某些人作噁、讓某些人作樂，完全取決於個人的飲食偏好。如果你知道味覺感受和偏好的多樣性之高，對此就不會覺得驚訝了。[2]而且這種感受與偏好不只因人而異，就算是同一個人也會因狀況而異。氣壓會影響味覺（所以飛機餐經常被當成笑柄），懷孕和相關的激素化學改變也會大大影響對食物的偏好，年紀也會。如果同時看到或聞到其他東西，也會影響對於食物的味道。對食物的第一印象往往由外觀造成。

味覺其實是相當貧弱的感覺，腦並沒有分配多少資源給味覺，因此對於食物的體驗，往往受到了嗅覺、視覺、記憶和心理預期的影響。所以說，經驗、先入之見、文化等因素，深深影響對於食物的偏好。[3]所以當有些人吃了你認為糟糕的食物，只是因為對方的看法和你不同。他們不討厭那些食物，對他們而言，那些食物並不糟糕。

這個原理亦可應用到其他感覺上。有些人無法忍受菸斗的味道，但是有些人一聞到菸斗味就會想起親愛的祖父，所以只會激起美好回憶和正面感覺（味覺和記憶的關聯尤其密切[4]）。

有些人無法忍受重金屬音樂，有些人的生活中少不了它。人們經常嘲笑一九七〇年代的流行風格，可是當時燙髮和喇叭褲大行其道。基本上，你就是無法點出那些不喜歡的東西是絕對糟糕的，可能只有你覺得糟糕，因為你的腦就是長成那個樣子，使得你覺得那些東西討人厭。但是其他人的腦和你的腦不同，他們並不是你。

我要再三強調，兩個人的腦之間有許多差異。也因此，神經科學（和其他相關領域）的研究經常把同卵雙胞胎當作研究對象，[5]因為他們具有相同的基因，在同樣的環境中生長，發育階段所處的狀態更是相同。兩人的天性與教養大致一樣。如果同卵雙胞胎成年後，其中一個有憂鬱症，另一個沒有，那們你就可以探究兩人間的差異，並且更有信心說這些差異導致了憂鬱症，如果原因來自於遺傳組成或發育相關的事物，那麼兩人應該都有憂鬱症才是。要是兩人之後過著不同的生活，卻都罹患了憂鬱症，那麼遺傳或發育因素很可能就是原因。[6]實際的狀況要比這樣的敘述要複雜多了，不過，雙胞胎不只在恐怖片中是很好的設定，對科學研究來說也是一項恩賜。

不過就算是同卵雙胞胎，彼此也是差異很大，有不同的大腦和人格。為什麼呢？這樣想好了：拿一百萬個骰子，放到一個工業用洗衣機裡，轉動二十分鐘（一定非常吵，記得戴耳塞），之後把骰子倒在地板上，然後將面朝上的點數相加，會得到一個數字。之後再重複一次，每個步驟都相同，會得到第二個數字。你認為兩次的數字會完全相同嗎？並不會。相同的骰子，相同的機器，相同的程序，加上相同的時間，除非有奇蹟發生，否則兩次的數字不會相同。這是因為縱使在極高的相似性之下，個人的特質還是會受到隨機變化的影響，而且受到影響的特質也會互相影響。人類的基因和環境打造腦的方式也有點類似，不過骰子有一兆個，每個骰子有一千個面，同時不在是洗衣機中攪動，就是在雲霄飛車上。

無怪乎你會看到人與人之間有很大的差異。我們已經說過人對於家和居住空間有不同的喜好，對於職業生涯和野心有不同的需求和欲望，會因為不同的事發笑，有不同的性偏好且喜好的外貌各異。在這些差異中，沒有人是「錯」的，沒有人做了什麼「糟糕」的事情，只是沒有兩個人是完全相同的，能讓人快樂的事情也各自不同。

但有些事情的影響持續存在，就像是有些骰子裡灌了鉛，讓某個點數的面持續朝上。如果你出身自音樂世家，周圍隨時都有音樂，應該就對音樂很有感覺。你可能會喜歡音樂，也可能因為反抗而厭惡音樂，但是不會對音樂無動於衷。有些因素發揮的時間雖短暫，但是效果強大，而且深深影響腦中的許多部位，例如第一次的性經驗。有些人第一次做愛的對象是紅頭髮，之後可能就一直喜歡紅頭髮的人。腦部學習具有強烈刺激性與情緒性新事物的速度極快，[7]在這個例子中，基本的學習過程很快就讓「紅頭髮＝性快感」這樣的連結出現。腦部對於概括事物非常在行，不需要每次都是那位紅頭髮對象，因為類似的刺激便能夠引起類似反應（只是反應可能會稍微低一點），[8]所以具備偏好特徵的事物通常都會受到自己的喜愛。所以我們都喜歡某些樂團、某些風格的音樂或某些類型的藝術和影片，而不是只喜歡我們一開始喜歡的那一個。所以說，如果有人喜歡你所厭惡的事物，那麼他們所喜歡的其他事物，你很有可能就比較不喜歡。你們之間的差異可能會更大且更不易改變。

再又一次提出「每個人都不一樣，這很棒，願大家平安喜樂」這樣的結論前，我們做出的許多事，客觀看來確實糟糕，會造成傷害，但是許多人依然喜歡並從中得到快樂。我們的腦是那麼厭惡風險且渴望安全，那麼為何人們在持續地耳提面命下，依然喜歡享用不健康的食物、酒精飲料、毒品、賭博、危險又暴力的運動等呢？從小就有人灌輸我們，毒品的邪惡與危險，[9]同時還有抽菸造成的風險，[10]隨之而來的是食物中含有的化學添加物和熱量多寡，接下來讓我們知道的是那些超級食物，能夠清潔大腸、增強免疫力之類的。凡此種種，讓你光是一包餅乾，就會像獵殺小狗的怪物那般恐怖。但是人們依然執迷於那些有害成分，為什麼？

這是因為你的腦不會百分百的理性。舉例來說，雖然我們一直知道某些東西對身體不好或很危險，但是光「知道」並沒有用。社交媒體上往往充斥著一些故事、迷因或遊戲，朋友分享過來是為了提醒你「更清楚知道」某種疾病或引起悲劇的事件。縱使我們認為這完全是好意，[11]但是就算你清楚知道了又能怎樣？抽象的了解某些事物，知道這些事物有害，也鮮少能改變我們的作為和行動。當你想要對抗肥胖這種健康問題，或是氣候變遷等重要的環境議題時，這樣的心態無疑是個大問題。就算人們知道有些事是錯誤或有害的，卻依然持續從事。[12]

原因之一是人類的腦雖然強大，但是強大的有限。現代生活中，只要醒著的時候，各種資訊如潮水般湧來，但是腦在一定時間內就只能處理那麼多資訊。事實上，腦部能夠吸收那些有限資訊，並且能夠記得，才稱得上是奇蹟。這就表示腦部必須選擇出哪些資訊是重要的，然後忽略、看輕或漠視其他資訊。那麼腦部要如何決定該注意哪些資訊呢？

很多時候，帶有強烈情緒元素*或刺激特性（能夠讓人「興奮」[13]）的資訊，能夠壓過缺乏特性的中性資訊。在吃炸起司塊或三層巧克力布丁時，會覺得超好吃，感覺到愉悅與快樂，這是因為腦部對於甜食與高熱量食物會產生正面反應，[14]很快就學到「炸起司塊＝好」這件事。相較之下，那些由小冊子或枯燥檔案告訴我們關於高脂肪食物對於體內膽固醇濃度和血管的長期影響，就不一樣了。這些資訊可能也滿有趣的，但是一點都不刺激，無法像食物那樣讓人興奮。所以我們是經由抽象的方式了解到吃油炸起司是「糟糕」的，但是我們知道吃起來美味，自然後者就更容易影響我們的行為。

這也能解釋除非你真的很喜歡（當然有許多人如此），否則學習科學或數學之類抽象的內容真的是很困難。因為科學與數學是最為抽象、難以理解的資訊（確有其必要），幾乎不帶任何情緒或刺激成分。我們能夠刻意地重複學習而了解科學和數學，但是需要花心力，且要有毅力。其辛勞卻無即時與明顯的回報，以致讓學習更加費勁，因為腦中監控學習過程的部位並不贊成學這些內容。所以說，多年後我還可以記得《辛普森家庭》中許多集的對話，但是卻記不得學校最後一次地理考試的內容。考試內容對我的升學之路很重要，但是我腦中的相關部位卻不喜歡那些內容，人類不是演化來這樣運作的。一旦我們喜歡上了某件事，除非反對的理論非常扎實，否則我們不會輕易改變。[15]

當然心意是可以改變的。你可以喜歡車子與駕駛，但是經歷過幾乎使人喪命的車禍後，可能會讓你好一段時間才願意再次開車上路。[16]如果你吃了某個一直很喜歡的食物卻引發中毒，那麼可能要過一陣子才會再去吃它。腦中負責確認噁心與危險食物並加以強調的部位，

＊科學上的專門辭彙是「情緒效價」（emotional valence），該效價可能是正面的，例如快樂；也可能是負面的，例如恐懼。

在我們傷害自己時會活躍起來，但是這些部位的能力卻是有限的。

這裡面時間的長短很重要。若是你的手碰到了熱爐子，馬上就會引起疼痛，會反射性地縮手，立刻就清楚剛碰到的東西很危險，應該要避開。若是某些奇特原因讓你神經傳遞的速度像蝸牛爬行般，一星期後才感到疼痛的話，情況就不同了。你不會自動地把疼痛和爐子連接在一起，所以在這個星期中，沒有什麼能夠阻止你反覆觸碰爐子。在其他人眼裡，你可能是想要自我毀滅的瘋子，但是你自己卻一點都不知道。

行動與後果間的間隔愈久，人類的下意識系統就愈難將兩者連接起來。[17]如果我們吃油膩食物或過度沉溺在酒精、毒品中，有害健康的效應要數日、數月或數年後才會顯現出來。宿醉在隔天出現，但是比起飲酒帶來的快樂要晚了許多。熱量對血管造成的阻塞和對心臟的壓力，慢到幾乎無法感覺出來。重點在於，我們「知道」那對自己沒有任何好處，但是腦中較原始但力量強大的部位，關注的是成因和效應，這些部位並不了解那些因果關係。

老實說，就算是由額葉負責的意識活動，在這種狀況下也不可靠，因為人類會有「樂觀偏誤」（optimism bias）的特性，[18]傾向認為狀況會往最好的方向發展，所根據的就僅僅是毫無根據的臆想而已。在許多方面，這種傾向是好的，因為正面、樂觀的看法能夠有利於心理健康，並且讓人忍耐逆境，[19]幫助我們建立動機、設定目標；另一方面，認定情況最後會轉好並無幫助，甚至是自我欺騙。「如果戒菸就能夠避免得到肺癌，但是我不一定會得到肺癌，所以何必戒菸？」然後你就得到肺癌了，原因是你抽菸啊！知道了吧？

這不是我們刻意要置之不理。神經造影方面的研究指出，受試者想像正面的未來事件時，腦部有些區域，例如杏仁核和前扣帶皮質的頭側部位會非常活躍，*但是想像負面事件時就不會。這個結果代表腦部會自動認為樂觀預期更重要，給予更多資源，而悲觀預期則否。[20]這種狀況其實是有道理的：在演化的尺度中，事先計畫和預先推測對腦部而言還是相當新鮮的工作，杏仁核等在較深處的腦區，只會對眼前的基本性質起反應，所以看重好事多於壞事，且無法理解那些好事其實只是理論中的發展狀況而非實情。結果便是我們的預期通常混入了不切實際的樂觀想法。

不過，腦中有其他程序讓我們避免傷害自己。對於毒癮者與長期吸毒行為的研究中指出，成癮性藥物會刺激多巴胺報償途徑，這是腦中所有愉悅及快樂的泉源。隨著時間拉長，該途徑的活動降低了，一直具備充分彈性的腦發生改變，以平衡持續使用藥物所帶來的影響，從而需要增加藥物的用量，才能夠引發和以往相同程度的快感，因為報償系統對於外來

---

*這些區域和情緒與報償的關係密切，在之前的章節中已說明。

的類似化合物所產生的反應下降了。[21]以往科學家認為，報償活性的降低使得毒癮者持續用藥，並且改變了報償途徑和前額葉中負責意識、思考和行為部位之間的連結，因此毒癮最後會讓成癮者把吸毒看得比其他「尋常」需求更為重要，例如社交、食物、衛生等。[22]

不過最近的研究指出，腦中具備了反報償途徑（anti-reward pathway），能對事物產生負面的情緒和身體反應，就算是面對我們喜歡的事物也行。[23]比起報償途徑，我們對於這個途徑的了解少之又少，但是似乎牽涉到杏仁核及視丘附近的終紋（stria terminalus），並且連接到額葉，同時利用了神經傳遞物「促腎上腺皮質激素釋放因子」（corticotropin-releasing factor）與代腦啡（dynorphin）。[24]自殺身亡者的脊髓液中，促腎上腺皮質激素釋放因子濃度異常得高，[25]代腦啡則與壓力和憂鬱息息相關。[26]科學家認為這兩種化合物和焦慮症有關，後者是極度不舒服與不滿足的狀態，就是狂喜的相反。基本上，反報償系統讓人不快樂。

奇怪的是，該系統顯然在我們體驗到愉悅之事時啟動，只是一開始的活動強度遠不如報償途徑。在體驗到強烈愉悅感的同時，也會有一絲不快感，實際上這是腦部在「懸崖勒馬」。*研究結果指出，長期食用毒品會慢慢增強反報償系統的活動，報償系統則減弱了。使用過多毒品會讓這種精細的平衡偏斜，毒癮者最後的報償系統幾乎不會起反應，反報償系統卻又過度活躍。到頭來，毒癮者難以感到快樂，往往是極度的不快樂。他們的腦部故障了。就是如此，使得長期使用毒品的人，吸毒的原因不是為了得到快樂。許多毒癮者承認只是想要有正常的感覺而已，他們的腦部已經產生變化，現在只有毒品能讓反報償系統平靜下來。[27]

這也可說明毒癮者經常因為壓力而崩潰：反報償系統主要透過壓力反應機制運作，[28] 因此會造成壓力的事件能讓反報償系統的活動增強。假設所有的腦都有反報償系統（沒有理由假設沒有），以及每個人在生活中總是會遇到造成壓力的事件，這也就能夠說明人們為何沉溺於有害卻快樂的事情。他們並非享樂主義者或自我沉溺，而是真的想要停止不快樂的感覺，只不過可能是下意識的。喝酒、抽菸和吃不健康的食物都很糟糕，會傷害身體，也會讓你不快樂。但是如果你已經不快樂了，哪還會在乎這麼多？

快樂，同時傷害他人。

所以說，人們經常會做一些傷害自己身體和腦部的事。不過，他們做這些事情，自己高

*抑或只是讓相對立的系統能夠發揮功能。許多生物功能是由兩個相對立的系統所控制，例如交感神經系統和副交感神經系統。兩邊的系統都需要基本的活動，好讓組成系統的細胞活著。

興就好啦！如果沒有傷害到其他人，又有什麼關係？問題就在於他們經常因此傷害到其他人。二手菸、酒後暴力、自我造成的疾病，無止境地消耗掉珍貴的醫療資源。這只是附帶發生的而已。每天人們會主動說謊、欺瞞、攻擊、偷竊、霸凌、操控他人和搞破壞，目的僅是滿足自己的需求。他們的目標和欲望、他們的快樂，都讓其他人不快樂，而且是極度的不快樂。這個結果是不是打臉以前的結論呢？之前提過受到他人喜愛與接受是快樂的一大泉源，社會接觸中一丁點的好事都能夠啟動報償系統，稍微受到拒絕都會引起心理傷痛。還有提到同理心。同理心能讓我們體驗到他人的不快樂，雖然程度不及但還是非常有用的，這便是讓其他人不快樂也會讓自己不快樂，對吧。

人類甚至演化出羞愧和罪惡等獨特的情緒，讓我們在傷害他人時感到不舒服。雖然羞愧和罪惡感兩者經常交替使用，卻是截然不同的情緒。羞愧感直指內心，作用集中在自我之上，讓人有後悔與不快樂的感覺，因為你知道沒有達到自己的預期與標準。罪惡感則相反，是比較對外的，起因是知道其他人因自己的行為而受到了傷害。[29]在顳葉中，羞愧感讓顳葉的前扣帶回與海馬旁回（parahippocampal gyrus）出現活動，罪惡感則與梭狀回及顳中回（middle temporal gyrus）有關。羞愧感還會使額葉的內額葉回（medial frontal gyrus）、下額葉回（inferior frontal gyrus）活動增加。自我感覺、身分及自我評估，都是在這些部位發生的。相較之下，罪惡感激發杏仁核與腦島的活性，這些部位負責外來的問題和危險。

這些內容都很有趣，只是我們有許多複雜且扎實的神經機制，迫使我們要友善、要好好對待他人。但是許多時候我們會否決或忽視這些感覺，只為了滿足自己的需求，對他人造成或大或小的傷害。這是為什麼？

有的時候，「嚴格的愛」或「以菩薩心腸行霹靂手段」確實有必要，你得去傷害某些人，對他們而言才是有幫助的。把人的肚子剖開，在裡面仔細翻找，通常不是什麼友善的事，但是外科醫生每天都在這麼做，為得是拯救生命。而且這類的行動也有其主觀的成分在，某些人就是認為別人有反社會行為或不友善行為。我曾經和一個傳福音的基督徒聊過，週末時他會站在街頭，和大批購物者說教，告訴他們信仰耶穌並悔改自己的行為，對著無辜的路人大談地獄之火和最後審判，而他們只是來買新鞋。這樣的行為有什麼友善或高尚？

事實上還真的滿友善高尚的。這些基督徒打從心底相信，只有全心全意地崇拜上帝，死後才能夠上天堂，沒這樣做的人就會永遠留在地獄中。因此他們要做的便是說服人們加入自己的教會，並且接受自己的信仰系統，好避免墮入地獄，完全是出自善意。這就像是你知道船要沉了，催促人們登上救生艇，明知道會毀掉整個航程也要這麼做。你可能不同意那些街邊的傳教內容，但是從其觀點來看，他們是在幫你。那個和我聊過的基督徒說，自己是在做好事。再者，縱使有許多外來警告，腦中也有許多對抗措施，但是很多時候人們依然會為了自己的利益，做出損及他人的舉動。在這些狀況下，為什麼我們會聽從心中的惡魔而不是天使呢？

這是一個發人深省的比喻，因為很多時候，腦中的不同部位會做出相對立的結果（像是上面提到的報償系統和反報償系統），最後將有一個勝出，但會是哪一個則因狀況而異。所以說，有的腦區會讓我們友善和藹，有的腦區會讓人做出自私自利的行為。舉例來說，二〇一一年，張路克（Luke Chang）和同事所進行的神經造影研究，[30]讓受試者拿到錢然後再決定要還回去多少。若是受試者還回應該退還的金額，他們腦中與罪惡感相關的區域會比較活躍，例如腦島。如果自己可保留的金額比要求的多，那麼與報償有關的區域會活躍起來，例如依核。這項研究帶來許多啟發，其中之一是證明了人們會預期有罪惡感，對於行為動機的影響很大。光是想到會有罪惡感，就足以讓人退還所有金額。有些人比較不在意罪惡感。如果得到報償的可能性造成的刺激，強過罪惡感的可能性，那麼你可能經常會把自己的需求和欲望放到其他人的福祉之前，最後因此變得富裕。顯然世界上的有錢人往往都殘酷，而且只專注在自己的事情上。可以想像得到吧！

另外，還有一件需要說明的事。從演化的角度來看，讓人類友善和藹的神經機制仍相當新，那些關於自我保護與滿足的神經機制相對成熟且「地位更穩固」。在演化的歷史中，我們之前是更為簡單且原始的生物，要在狗咬狗的世界中求生存。成為巨大友善社會中的一分子所得到的利益和報酬，要很晚才出現，這時我們的腦已經發展到某一程度了。如果你研究額葉眼眶面皮質中發生的事，狀況就更清楚了。該部位負責複雜的理性思考，在我們基本的欲望衝動會引起麻煩或其他困擾之時，它會大潑冷水。這像是複雜的腦區猛然拉住較具動物特性的腦區，然後大喊「坐下」。

另一個例子是緣上回（supramarginal gyrus）在同理心中所扮演的角色。人類的腦以自我為中心，所做所思都是從自己的觀點出發，因此很多時候，我們看待他人及其行為，都是戴著「我會怎麼想與怎麼做」這樣的濾鏡。[31]可以了解會有這種想法是理所當然的，但是你也很清楚，這種想法在與別人相處時並沒有幫助，他們又不是你。這對於同理心而言更是如此，因為同理心就是要能夠了解其他人的想法或感受，我們自己的感覺往往會遮蔽事實、攪亂現況。不過在二〇一三年，德國馬克斯普朗克研究所的喬吉雅·希拉尼（Georgia Silani）和同事發現到，另一個位於頂葉、顳葉和額葉間的區域緣上回在同理心發揮時，能夠「糾正」由自我中心造成的扭曲。[32]這像是給腦子戴上立體眼鏡後，銀幕上雜亂混沌的影像隨即變得清晰可辨，因為腦部這時接收到的影響是有意義的。緣上回是腦中同理心系統的立體眼鏡。只是緣上回發揮的作用有限，如果我們的情緒狀態與觀察到的人之間有著極大的差異，那麼緣上回往往無法正確地辨識出他人的情緒狀態。

這有什麼意義呢？如果我們無法得知他人處於沮喪狀態，就比較不會在意是否讓他人沮喪。如果我們真的快樂，就比較難以確認其他人不快樂，甚至是自己造成他們的不快樂。在我們激怒他人之後，常常出於自我保護，會說「他真的不會介意」或「她為什麼不能接受開玩笑」之類的藉口。這也就能夠說明晚上出去尋歡作樂的人，常常讓討零錢的無家可歸者生氣（我經常見到這種狀況）。那些人徹夜狂歡，意謂著無法了解討零錢者有多麼絕望與無助，因此看到他們會生氣，會做出充滿敵意的反應，缺乏慈悲之心。這種反應並不好，再者並非我們無法具有慈悲之心（我們當然願意為狀況比自己糟的人多著想），但是我們的確有個神經學方面的解釋能夠說明，就算用婉轉的方式來形容，人類確實有些自私。

人類的腦部的確演化出數個確保社會和諧與快樂的方法，而令人驚訝的是，這些方法往往事與願違，造成反效果。舉例來說，腦部似乎天生就希望公平，當我們公平對待他人，腦中的報償路徑會活躍，就像是吃了巧克力或收到錢。[33]察覺到不公平時，紋狀體的活動會大增，之前就常提到該部位與社會接納和認可有關。[34]對於任何一種社會性生物來說，演化出渴望公平、享受公平的念頭，當然有很大的利益。當一小群人在分享果實或最近得到的肉類時，這種系統運作良好，只是我們的社會現在巨大又複雜，在社會的基礎下和隱藏的角落裡，有我們看不見的複雜社會關係，而能夠依據的資訊卻相當有限，現今我們經常看到的不公平往往並非不公平。舉例來說，人們經常會攻擊那些領取政府救濟金或資源的人。發出譴責的人通常並不了解急需幫助之人所經歷的紛爭與苦難。完全沒有，他們只看到有些人白白拿到資源，自己卻拿不到，而這些資源來自於他們的稅金，這完全不公平！難以同情現況比自己糟的人，顯然也無法改變這種根深柢固又不正確的偏見。

提到偏見，有一個所謂的「公正世界理論」（just world hypothesis），這是說有些人深信這個世界並非隨機混沌，而是公平公正，好心一定有好報，壞人必定有報應。由於人類的腦天生就喜歡公平，並傾向預期有最好的結果，因此會「相信世界是公正的」，也情有可原。有證據指出，腦島和體感覺皮質至少在某種程度上與該信仰有關。[35]這也說明了「相信世界是公正的」這種信仰，應該是來自於腦部。公正世界理論如同樂觀偏誤，可能是有益的：假設善行會得到回報、努力將會受到認可，有助於我們朝著長期目標前進。

問題是這個世界並不公平。壞事會降臨在好人頭上，可惡的壞蛋經常成為人生贏家。在面對這些案例時，認知失調便產生了：我們相信世界是公平的，但是面對遭受性侵害的無辜受害者，或是知道卑鄙無恥之人成為億萬富翁，都與該信仰衝突。為了調和這種失調，我們有兩種選擇：完全改變信仰，懷疑自己對於世界本質的看法，並且超越腦中天生的偏見。或是我們可以想出為何這種狀況其實是公平的！後者就是我們經常發自本能去做的事。那個女人為什麼會受到侵害？自找的！誰叫她要做撩人的打扮！邪惡的億萬富翁？做生意就是這樣，這是個嚴苛的社會，而且他的工作養活了許多人，因此暗殺了一些人、燒掉了孤兒院還在情理之中。諸如此類的自我催眠。

歸因偏誤（attribution bias）也很常見，[36]就是我們認為其他人遭遇到不幸，是因為他們的能力不足或未能做出正確決定，但是自己遭遇到同樣對待時，則認為是歹運或環境造成的。其他人若是與自己的共通點愈多，那麼這種偏誤就會愈嚴重。那些在遠方國度之人因饑荒或火山爆發而遭受不幸，我們會認為他們是無辜的受害者，這點無庸置疑。但是如果他們和你有很多相同之處，那麼你就難以認為他們的不幸離自己很遙遠，換言之，你很有可能也會遭遇相同命運。減少這種焦慮與恐懼的方式之一，是把原因合理化為「他們幹了蠢事」，所以只有他們受到譴責，這樣我們就不必擔心類似的命運降臨，因為我們又不是傻子。

人類的腦中有各式各樣的特性與機制，以確保自己盡可能對他人有善，同時又保持樂觀與精進。在原始時代，這些特性與機制可能就足夠讓我們擁有快樂。但在現今世界，各種事件與因素結合在一起，最終往往會讓我們愛好公平與樂觀的天性適得其反，在無意間傷害到其他人。

那些天性和機制都很好，而且讓我們不要忽略了重要的事實：人們往往也會刻意傷害他人，而且就是喜歡這麼做，原因是這麼做會讓自己快樂。為什麼呢？

我比你更快樂

有個陌生人曾想找我打架。當時我十八歲，剛上大學，某晚與新室友離開酒吧後，停在一間印度烤肉串店前。我當時面朝外，對街剛好有一群人喧鬧嘈雜，其中有人發現我在看他們，變得非常生氣，醉醺醺地揮舞拳頭要和我打架，然後不斷嚷著這可以「讓我今晚好過些」。還好我完全狀況外，只是瞪著他，想知道他到底要幹嘛。顯然他要找的是大膽的反抗，而我的反應讓他自討沒趣，於是那人便悻悻然地回去吃他的薯條。但是從那天晚上起，我經常在想為什麼他會這樣？為什麼他會那麼想和陌生人打架？

我當天穿著亮橙色的上衣（我不記得為什麼會認為這樣穿很酷，但學生就是這樣）。在顏色心理學這個離奇的領域中，特殊顏色被認為能夠影響人們的情緒和行為，[37]橘色會引起少許憤怒與敵意。那個想要攻擊我的人可能是喝多了，因此我的衣服讓他覺得不爽？這不是第一次這樣了。*不過你可曾注意到獄中犯人通常穿著亮橘色的連身衣褲嗎？從我之前的經歷來看，這可不是什麼好主意。

先把顏色心理學放一邊，有時攻擊他人的確是事出有因。如果有人攻擊你或其他人，你自然想以各種可能的方式阻止對方，其中便包括了暴力的方式。很多時候，我們友善、和藹、樂於合作，希望自己因此受到喜愛。但有些時候卻選擇傷害無辜的人，因為唯有如此才能得到快樂，想到此，不免讓人心驚膽戰。

自己的快樂有時就是和他人的快樂起衝突，而這只是邏輯問題。成為全世界最佳體操運動員的確會讓你快樂，但是如果你達成了這個目標，其他一樣也想成為世界最佳體操運動員的人就無法實現自己的夢想。同樣地，想要有很多錢、最棒的工作或贏得俊男美女的心，才能夠讓你快樂，那麼就表示其他人無法得到。這類例子數不勝數，總得有人成為輸家。

所以我們才需要用到腦。人類很喜歡住在大型的群體和社區中，不過這些群體和其他許多社會性動物的群體一樣，都存在階級。我們想要他人喜歡，這是理所當然的，但是我們也希望他們羨慕自己、仰望自己。基本上我們是發自內心想要比別人更好，這是埋藏深處的本能，並非幼稚的衝動。

許多種生物中都存在著社會階級，從大鼠到魚類，還有其他動物。社會階級也驅動了各種行為。對於很多社會性動物而言，群體中的主宰地位和從屬地位不僅是社群結構，也是生活中相當重要的部分，對於身為頂端的首領，以及最底層當出氣筒或遭到放逐的個體，個個都是如此。人類與牠們並無不同。如果有的話，便是社會階級對於人類變成現在的樣子有極大的影響：在結構複雜的社會中生活，可能驅使我們演化出很大的腦。了解自己在階級中的地位，需要自我意識，從而了解自己與他人間地位的高低關係。此外，還要提升自己的地位，才可能得到更多報償及交配機會。爬到高位需要狡猾機智，並且具有遠見。這些複雜又困難的過程，需要大量的腦力才能夠完成，特別是對手的聰明才智與你不相上下，想要做的事也和你一模一樣。

研究人腦處理社會階級的過程相當困難，就算是現在，要讓各種人組成的群體放到功能性磁共振造影儀器中，就是一項艱鉅的任務。不過研究獼猴之類的靈長類動物後，科學家發現社會地位的改變，會使腦中一些部位也產生實際的變化，這些部位包括杏仁核、下視丘和腦幹，[38]它們深藏在腦部中央，是最基本腦區。如果人類的腦和獼猴的腦在處理社會地位上

---

*有段時期我認為穿著明亮華麗到刺眼的夏威夷衫又酷又好笑，所以收集了一大堆，當我和妻子住在一起後，那些襯衫就詭異地消失了。

稍有相似，那麼社會地位對於我們的思想和行為一定有很大的影響，而且是影響了人類最深刻的本質。在認知社會地位時，顳葉和前額葉中的相關區域也會涉入其中，不過這些相關區域和那些腦部深處的網絡是分開的。[39]前者主要負責策劃目標、執行行為。

還有另一件事要納入考量：社會互動可能會讓你得到報償，不過有證據顯示，社會地位能夠調整報償感，也就是說當你的社會地位提升，超過其他人時，得到的報償感會更大，[40]也會更快樂。例如在玩笑鬥嘴時勝過對方，比同事更快得到升遷，雙親被動卻帶勁地指出自己的孩子要比別的孩子更優秀，比對手得到更多的按讚、轉發及追蹤者，或是「我很有錢」之類的。我不是想批判什麼，因為我也是凡夫俗子。現在我正在寫這本書，還是會不時停下來看看上一本書賣得有沒有好過其他同行、朋友或死敵的作品。如果我的書賣得比較好，特別是好過資深作家，就會特別心滿意足。為什麼，從這項「成就」中，我什麼也沒有得到，但是這代表了我在某方面更為出色，至於是哪方面卻一言難盡。人類雖然友善，卻也充滿競爭意識。我們對於社會地位非常敏感，也真心喜歡自己的地位有所提升。基本上，勝利有趣。勝利讓人快樂，讓人覺得自己很棒。但是為了要贏，就必須有人得輸，輸的感覺並不好。雖然我們常告訴孩子輸贏並不重要，但是這不在我們大腦的考慮範圍內。

很不幸，提升社會地位的愉悅很容易就變成棘手問題，這是因為我們喜歡看到地位高的人「跌下神壇」。夏綠蒂告訴我說那些八卦媒體突然對她很感興趣，完全沒有來由。當時她受到大眾的追捧，有人說她就像是真的天使，成為許多人生活的一部分。但是當新鮮感消失後，大眾仍然可以從偶像殞落的過程中取樂。之前高高在上的人，一夕間只剩毀謗與批評，這讓不少人感到興奮與快樂，因為這時我們的感覺像是自己要好過那些階級地位更高的人。基於這種現象，就足以讓一個全球性產業生存下來，其中包括垃圾八卦雜誌和下流的電視實境節目，全都是為了把人捧高後再重擊落馬。如果你的腦子對於社會地位的反應非常敏銳，那麼位高權重的人失去了社會地位，會讓我們得到很大的滿足感。

所以說嘲笑或批評他人滿快樂的，因此也有所謂「負面」形式的幽默，用來嘲弄與羞辱他人，[41]「嘲笑他人」和「與他人歡笑」在科學上是能夠區分的。有些人利用這點獲得成功，例如在電台廣播中罵人的主持人、引起爭議的權威人士，或其他各種行事高調的「反派」。你可以說這些人言談行事的內容可疑、違背道德或引起爭議，就只是為了引起注意而已。他們的確得到關注，更具有舞台（往往絢麗高調），代表同意他們那些有問題論點的人得到了滿足與接納。與此同時，那些不同意的人，一開始的感覺是這也太不公平了，居然有人能說出那些垃圾，應該遭受譴責，因而覺得自己比那些地位高的人更好更棒。如果你不知道背後原因，則會有很高的滿足感。人們為何會喜歡仇恨別人，當然還有其他許多原因，但是以上是神經科學的解釋。

所以說，如果我們是群體中的一分子，會希望受到群體的接納，但也想要在群體中的地位高。達成這兩個目標的方式之一，是把每個成員一致認為的好事做到最好，以及／或是達成最能夠體現群體的共識。用減重團體來當作例子，現在減重非常流行，對於減重團體來說，競爭意識有許多好處。這種群體是認為減重非常重要才成立的，因此不論是誰，減了最多體重的人就是「最棒」的。有組織的減重俱樂部會頒獎給「本週最佳減重者」，並且公開揭露成員的減重進展，*可能的原因是：減重往往需要改變生活型態，這種改變不容易堅持下去。由於有前車之鑑，任何外來的鼓勵或動機都可能有助於減重。

有些人後來認真過頭，想要成為最能夠代表群體特質的人，因而走上極端，逼自己要比其他人瘦得更多，因為這代表「勝出」。問題是其他人員不會坐視不管，讓別人成為團體中的主宰，這些人也會想要證明自己應該受到認可，也會更努力，讓表現更佳。當有人領先，其他人會與之競爭，如此持續下去。用不了多久的時間，本來的常規事項，例如不吃點心、選擇沙拉而非薯條、每週減幾磅體重，開始變得極端，每個人隨即每天要慢跑十二個小時，只靠青菜、胡蘿蔔汁為生，並且偶爾聞一下牛排的照片。

這種詭異的現象便是「群體極化」（group polarisation）[42]：在統一的群體中，成員的理念和行為都會比個人行動時要極端。在大家有共同理念的群體中，為了要得到接納、認可及更高的地位，人們的態度非但沒有變得寬廣或更為平衡，反而是變糟了。要記得，我們在群體中的地位與我們的自我感覺息息相關。[43]如果自己的地位低，就更容易覺得自己像個廢材。[44]另一個群體極化的例子是，一群人在理念明晰的群體中，對於理念的看法會愈來愈走極端，看看現在所有的政黨就知道。

身為團體成員的身分，是自我中重要的一部分，這也使得人們常常對其他人不友善。請回想鄧巴數或夏綠蒂，認為來自朋友的認同要比數百萬歌迷的認同來得重要，或是鮑德斯沃思說過人們不喜歡他表演的反直覺笑話，這些例子都指出，大腦喜歡其他人的認可，但是並非要得到所有人的認可。我們可能希望許多人喜歡自己，但其實有不少人我們也不喜歡，甚至有些還不認識。記得在第一章中提到，我們最愛的友善分子催產素在某些狀況下，會讓人變得更為種族歧視。[45]有證據指出，催產素能夠加強情緒知覺和敏銳程度，但是沒有人會說所有的情緒都是好的。

人類確實喜歡成為群體的一分子。人類大腦演化成的特性就是會接受自己成為群體成

---

*我是這麼聽說的，我從未加入過減重團體，因為不需要。我是個臃腫的美男子。

員，並且還會鼓勵你去做這件事。如果你是群體的一分子，就沒有人能夠阻止你，除非是……你知道的，就是另一個群體。其他群體是你所屬群體的潛在威脅。他們看似不同，講的話不同，信仰也不同，非常危險！社會心理學家定義了「內群體」（ingroup）與「外群體」（outgroup）。你所屬的內群體各式各樣，包括宗教群體、政治群體、家族群體到粉圈，但是有些時候你所屬的群體是文化群體及種族群體。人們在特定的文化社會中誕生與成長，周遭人的模樣和自己相似，因此我們認同他們，並且從那裡了解世界運作的方式，最後也希望得到他們的認可與欽慕。那些外群體的人，我們並不認同，他們是威脅！是敵人！

杏仁核最知名的功能是處理恐懼。研究發現，具有強烈種族偏見的人在看到不同種族的面孔時，杏仁核會比較活躍。[46]另外有研究指出，看到其他種族的人處於痛苦當中，較不容易產生同理心。[47]幸好我們經常能夠壓抑對外貌或舉止與自己不同的負面衝動，和他們共同生活，彼此經常接觸，有助於拓展我們對於內群體的定義，減少引起不快的偏見。[48]但是許多人不能或不願意這樣做，令人沮喪。從這種狀況推斷的結論便是，我們認為其他群體的人算不上真正的人。如果我們不認可他們的個人特性和自主性，那麼也就沒有理由在意他們的認同，或是同情他們。換言之，他們是「適合」的受迫害對象，我們能夠因為自己的利益攻擊他們。

到頭來，如果有人想要得到廣受愛戴的崇高地位與認可，從而獲得快樂，那麼攻擊或傷害非內群體成員，是個可靠的方式。那些人會採取具攻擊性的行為，傷害他人，而無辜對象唯一的「罪惡」，就是和那些人不同而已。全面屠殺就是這種態度最惡劣的呈現方式，此外還有種種行為，像是公開（且用謊言）譴責或騷擾政敵，拒絕為膚色或性取向與自己不同的人提供服務或正當的對待。或是隨便趁著酒興在不熟的人中找人打架，只因那個人剛好穿了件迷人的橘色上衣。

不要想著要快樂

事情是這樣的。我會研究以上的種種，目的是找尋不愉快的糟糕體驗和行為依然能夠讓人快樂的原因。但是絕大多數的時候，這些體驗和行為都不會讓人快樂，反倒是帶來負面的感覺，讓自己覺得是個垃圾。舉個恰當的例子：我花了那麼多時間閱讀種種資料，讓我很沮喪。還記得我是經驗豐富的屍體處理員嗎？所以如果要面對冷酷病態的事情，我算是滿有本錢的，不過煞費苦心分析人類，卻只為自己的利益而把他人視若糞土，即便是樂天如我，也不免喪氣。

這時我想到之前在看「網路女孩」的一篇文章，裡面提到男性無法忍受「盡全力追求」後卻無法和女性上床的狀況。這些男性遭受拒絕時，會變得暴力而出現攻擊行為。對於這樣低劣的態度和行為，我想到許多成因。舉例來說，雄性在較量男子漢程度來排定地位高低時，經常取決於雄性所擁有的雌性伴侶數量，這的確令人沮喪。更沮喪的是，通常他們會說「征服」了多少女性，但受到征服的一方通常無法享受這種感覺。所以說，沒有能夠上床的男性，地位比較低，因此沮喪。再者，在各個媒體與廣告中強調女性性別的呈現方式無所不在，讓人難以忽視性別及相關的衝動，而且有證據顯示，男性特別容易因視覺刺激而興奮。[49]除此之外，現今在網路上色情圖片和影片唾手可得，看這些的主要是異性戀男性。那些色情圖片和影片中，女性與男性萍水相逢，然後被動接受性愛。美麗女性最終與外貌平凡男性在一起的例子在主流媒體中很流行，那些男性的特點就只是溫柔而已。這些事（和其他事）會讓某些男性所建構的世界觀中，得到性愛成了自我認同的重要部分，同時相信只要自己展現正確的行為（也就是老套的搭訕方式），女性應該也願意和自己上床，就像是用正確的密碼就能夠打開旅館的保險箱。

事實不然。如果你覺得之後的說明有點複雜，請稍微忍耐。女性才不會像那樣失去了自主性與個人性，她們是人類（想不到吧），具有自己的意圖和獨立判斷的能力，幾乎不會和認為自己是下等人的男性發生親密關係，更不可能熱情地接受對方。換言之，那些男人的預期通常不會實現，他們付出的「心力」並不會得到回報。對此狀況，腦部的反應並不恰當，結果便是對女性的憤怒與攻擊、找尋有類似遭遇的群體（通常是在網路上）抱怨受到的挫折，然後群體極化的現象便發生了，最終他們變得非常憎恨女性，一口咬定女性是敵人……

……然後我想「這真是見鬼了，我得呼吸點新鮮空氣」，於是出門到附近的湖邊散步，花點心力去除我的同物種讓自己產生的噁心感。

和過往一樣，散步時聽伊恩．鮑德斯沃思的節目，這次聽的是之前提過與喜劇演員貝瑞．杜德斯一起主持「Parapod」，節目中伊恩和貝瑞會討論某一個鬼故事、神祕現象或陰謀論。貝瑞會力爭說這全是真的，而伊恩則會粉碎貝瑞的說法。我在聽他們吵嘴時，貝瑞提到了自己對於找鬼魂的熱情、對於恐怖片和恐怖錄影帶（video nasty）的喜愛，例如《食人族大屠殺》（Cannibal Holocaust）。這段話讓我開始思索。

許多人喜歡嚇人與恐怖的東西，不管內容為何，就是故意讓人產生恐懼與害怕的感覺。人類的超強大腦雖然有其限制，但是嚴格的邏輯顯然無法限制大腦。人們很容易從嚇人的事物中體驗到愉快的感覺，想去追尋明知是錯誤與邪惡的事物，並且相信沒有合理緣由的事物。對許多人來說，這就像一週中的星期四那般，沒有不尋常之處。看看有多少談論連續殺人犯的書？人們只是為了顫抖的感覺就刻意讓自己陷入危險之中？這其中沒有什麼明顯的社會因素，恐懼感是出自內心深處，所以不能說腦把這些感覺和什麼好的事物連結在一起。那麼其中到底發生了什麼事？

這次我覺得不要再去看那些內容陰沉的文獻了，而是直接去問杜德斯那些恐怖陰森的東西到底哪裡好。

如果說某人沉迷於血漿、恐怖片和超自然現象，我們心中對於這個人的印象，可能是有雙凹陷發紅的眼睛、面容枯槁、舉止焦躁不安、頭髮雜亂、身體骯髒。但是杜德斯完全不同，他是個和藹可親、氣色健康的泰恩塞德人（Geordies，當地人自稱），留著俐落短髮，性格樂觀活潑，而且堅忍不拔，很可能是因為一直有人嘲笑他的興趣和信仰吧。談話時，他中途暫停，去把鑽進箱子的貓薩克斯救了出來，他完全就不是個陰險恐怖的人。但是他熱愛血漿、恐怖片和鬼魂，為什麼？

「那些讓我害怕的事物總能吸引我。」貝瑞的解釋就是這麼簡單。最早因害怕而顫抖的記憶是在七歲時，當時他和奶奶住在諾森伯蘭（Northumberland）安貝爾的海邊。

「堂姊莎拉也和我在一起，她告訴我附近碼頭和海濱步道上發生的鬼故事，說是有個僧侶鬼魂會嚇人，我總是被這些故事嚇著。」十三歲時他重訪故地，莎拉讓他看了生平第一部恐怖電影《養鬼吃人2》（Hellraiser II），那是一九八〇年代最血腥恐怖的施虐受虐電影。他被嚇著了，看了一半就跑掉，不過隔天又回來看完，接下來在那裡的每一天都看，因為貝瑞說，由恐怖帶來的顫抖與快樂實在是太強烈了。

這個故事聽來像是有個小孩受到堂姐的心理霸凌，實情可能就是如此，但是貝瑞所描述的過程符合刺激轉移理論（excitation-transfer theory）。[50]強烈的刺激，特別是來自於恐懼、「戰鬥與遁逃」反應，或是其他能夠讓身體內腎上腺素大爆發的，都會引發強烈的興奮感，同時在恐懼的來源消失後，對於刺激的敏感程度依然維持在高檔（整個系統要花點時間才會恢復正常）。因此之前普通的事物變得能夠帶來刺激感，因為你的腦部閥值已經「調高了」，任何東西帶來的感覺都會更強烈。恐怖事物帶來的刺激感轉移至普通平凡的事物上，所以才有「刺激轉移」這個名稱。

此外，腦部的報償系統不只在好事發生時會活躍，壞事（正式地說是「負面」的事）停止時也會。[51]你的腦部會下意識地說：「不管那是什麼，我都不喜歡，還好現在已經沒有了，能夠避免實在是幹得好，來一點愉快的感覺吧。」這時很高興能夠好好活著的腦便體驗到了報償感，殘留的刺激感又讓報償感增強。如果你在電影院中見過看完恐怖片頭暈眼花而渾身顫抖的人，他們可能就是這樣。

另一個重要的元素則是安全。你多少需要知道自己是安全的，那個眼前的危險並非真的，否則你只會嚇到而已，因為本來就該嚇到啊。從災難中存活下來的人，鮮少會「喜歡上」地震或火災。貝瑞的經驗相當嚇人，但發生的地點是自己可以信賴的家庭中，以致保有控制權，[52]使得這種受到驚嚇而沒有陷入危險的狀況，更像是有趣的經驗，因此也就喜歡上了。

貝瑞也熱中於找尋鬼魂。他相信有鬼，但是並不相信自己曾經見過，所以許多週末他會去傳說中鬧鬼的房子或城堡，同時帶上各式各樣現代抓鬼者能夠拿到的儀器。這種熱情似乎也來自他對於恐懼感的享受。

「我不知道自己看到鬼魂時會怎樣。我猜如果真的看到幽靈或死人，完全會嚇死吧，也就是說會嚇到命都沒了。不過有趣的是在於顫抖的感覺，午夜時分在空蕩城堡中的感覺，探頭到一片漆黑的房間中，這時會血脈賁張、腎上腺素爆發、寒毛直豎，這種感覺真是愉快，會上癮。」並不是只有貝瑞會這樣，許多科學家都認為找尋刺激是一種明顯的人格特質，[53]而且有遺傳證據指出，他們的報酬途徑反應比較不敏銳，換句話說，他們需要玩命體驗所引起的強烈刺激，才能夠得到你我喝一杯好咖啡或特製三明治所獲得的愉悅感。[54]

不過喜歡血又是怎麼來著的？享受害怕的感覺是一回事，但是從來都沒有親眼見過鈍器用各種方式重擊身體的人，卻能從觀看這種場景中感到樂趣，還真是令人擔心。人們真的不會排拒這種場景嗎？許多人會的，他們真的害怕血腥場面。[55]但還是有許多人喜歡這一套，讓性虐待色情片成為一項賺錢的類別。

這也是可解釋的，可能與可怕和恐怖的經歷相同，那些讓人不愉快的事物消失後，腦部認為這是好事。有些人認為，令人苦惱的殘忍景象移除，心理上的壓力受到釋放，[56]因此覺得放鬆，就像是幽默造成的效果，只不過是用比較血腥暴力的方式。那可能是新奇的景象：正常狀況下我們不會看到這樣的事，親眼看到後就會覺得恐怖。會是淨化作用嗎？還是內心深處的好奇心驅使我們去看那些造成傷害的東西，好讓自己之後能夠避免？[57]

這些過程可能都有影響，結果會因人而異。但是貝瑞指出了另一點，讓我留心了起來：他有強迫症。雖然他不覺得這與他喜歡恐怖血腥有什麼關係，但有證據指出，強迫症患者特別容易思索那些「內含鬼胎」的想法。[58]

若是你曾想過要欺瞞父母、痛揍惹怒你的人、和朋友站在懸崖時想一把把他推下去、偷沒有好好保管的錢，那就是「內含鬼胎」。你有這些念頭和衝動，但是你覺得不該如此，因為這些行為是錯誤且不對的。可你還是有這些念頭。幸好這不是因為我們性格乖戾或邪惡，這是完全正常的。[59]請記住，人類的腦部能力高超，能夠經由目前持續而來的刺激，加上預期和想像事情的發展與結果，在心中建立世界的模型。[60]但是腦部並不會在那兒一動不動，等著事情發生，而是會持續測試限制及可行的選擇方案，很像是你在打字時筆記型電腦裡有許多看不見的程序飛快執行著。也就是說，對於每種狀況，包括假設的狀況，腦都在考慮各種可能的選擇，其中有許多選擇是錯誤或令人不快的。

人類具有道德界線、倫理限制和禁忌，其中有些是來自於本能（例如不想遭到群體的排擠），但許多來自於文化與教養。倘若你在嚴守教規的猶太家庭中長大，想吃豬肉這種愚蠢的想法就會是「鬼胎」，但如果你是無神論者，吃豬肉就稱不上問題。絕大多數的文化都認為嚴重傷害他人是嚴重違背道德的。但是否要傷害他人則是一種選擇，基於人類更底層的本能與衝動，我們可以想也能夠想這樣的事。通常這種需要警醒的念頭來得快、去得也快，往往剛浮現就消散了。這個過程能夠強迫讓我們心智中這個世界的模型拓展擴大，就像是腦部接近一道鐵絲網，靠近去聽會有嗡嗡的聲音，知道那是電網就退了回來，基本上這滿健康的。「我可以幹這件事嗎？」當然不行！好吧，那試試別的。你的鬼胎可能是腦部用來測試界線的方式。

不過，當人們仔細思索這些念頭，當真的程度超過了道德界線時，還是會引發問題。擁有外控制點（external locus of control）的人並不相信自己能夠控制自己的生活，可能是因為缺乏自信或自我信念，對於持續出現的鬼胎念頭更為敏感。前面提到過，焦慮症的人更容易如此，會一直去想那些應該消散的念頭，結果就真的困在那些念頭中。這個現象也引起了不幸的矛盾現象：腦部愈是要壓抑某個念頭，反而更不容易成功。

一九八七年，丹尼爾・韋格納（Daniel Wegner）在實驗中要求受試者不要想到白色的熊，[61]這些人比起那些未受到要求的人，想到白熊的時間更多。這種壓抑念頭的矛盾效應很常見。你曾經有強迫自己放鬆好入眠的經驗嗎？或是在節食期間較平時更常想到吃東西嗎？[62]實際發生的狀況是當你想要壓抑某個不想有的念頭，這時腦中被動的程序就變成了主動的程序，於是腦中開始處理這個念頭，反讓你更注意它。有時這種強迫的念頭揮之不去，影響到健康與福祉。最後有些人真的付諸實行，結果慘不忍睹。

所以如果你花了很多時間去想或去看那些令人不愉快的事情，最後有個選擇是真正去做，但是採用讓自己解脫、淨化且安全無害的方式，例如看銀幕上的殘酷暴力行為，搭火車旅行時閱讀描述連續殺人犯的書，在3D虛擬實境的電玩中開槍射倒一大批人。我們很害怕這些事會發生在自己身上，但是也能夠讓我們從那些黑暗的念頭、衝動和欲望中釋放出來。我們腦中不時會冒出這些念頭、衝動和欲望，但是社會卻告訴我們不能這樣做。有的時候，確認界線和滿足好奇心的最佳方式，就是真的去碰那個電網。

當然這種做法可能有缺點。持續接觸暴力影像與活動的人，可能變得麻木不仁，也就是說最後會想真的那樣幹，不過到目前為止，都還沒有足以讓人下定論的證據。[63]腦部依然可俐落地區分現實和非現實，就算他們對於銀幕上的血腥暴力已經無感，也不表示他們最後會有異於常人的行為。

其實貝瑞向我坦承，他現在對於恐怖片的興趣超過以往，因為現在特效進步，非常接近真實，而且傷人的方式屢屢創新。再者，我也沒有什麼資格說別人，因為我還記得以前處理屍體到倍感無聊的許多日子。從這點來看，我的腦子又是處於什麼樣的狀態呢？去鬼屋探險或有「心理」恐懼元素的電影依舊能夠讓他嚇著，但是對這些事物是真的有愛，因為他接納能夠讓自己嚇著的東西。他甚至說一開始對觀眾講話的恐懼，讓他成為喜劇演員、讓他做網路廣播節目，現在他還寫書。這種轉變真有意思。

事情就是這樣。每個人和他們的腦是不同的，通常是徹底不同，所以讓人快樂的方式會有很多種，只是不幸其中有些往往會傷害到自己或他人。每個人都有能力幹下壞事，三不五時會想去做壞事，其實很自然。重點在於我們有多看重這些衝動，進而決定了自己是怎樣的人，以及其他人看待自己的方式。最好是不要去深思那些念頭，我們只要知道這些念頭的本質並加以控制，如果這些念頭經常出現且揮之不去，在人類社會中有一個方便解方方便人們可沉溺其中且不會傷害到其他人：去看恐怖電影、電玩或其他類似的東西。

對於快樂而言，常常進行自我淨化及稍稍沉溺陰暗衝動中是滿重要的，只要沒有人受到傷害就好。因為他人受到傷害就表示問題上門了。自己的快樂可能對你而言很重要，但是會比其他人的快樂、福祉、甚或生命更重要嗎？不論你是什麼身分，都難以反駁這點。悲哀的是，人們並不會因此而停下危及他人快樂、福祉，甚至生命的行為。

我覺得這是個難以回答的問題。你的腦就是如此。有時我們應該沉溺在那些不怎麼令人愉快的衝動，其他時候就不應該，全都取決於狀況、共處的人及其他許多因素。但如果要說我們能從中領悟到什麼，那便是了解到這些黑暗的衝動與念頭是正常的，因此在清醒時一直壓抑或避免這些衝動和念頭，幾乎不可避免地會帶來很大的壓力與焦躁。我們無法全然控制自己的所有念頭，有時最好的方法就是順其自然。矛盾的是「別擔心，快樂點」這樣的建議對於壞心情來說，剛好適得其反。唱《別擔心，快樂點》的鮑比·麥克菲林（Bobby McFerrin，曾罹患憂鬱症）就是一個例子。

第八章

生命各階段中的快樂

二〇一七年中，有人招待我和我的家人前往威爾斯西部的青石國家公園（Bluestone National Park）度假區，代價是要對一本新書說好話，相關事宜我就說到這裡為止。之前有人對我說，出名的媒體經常會收到公司或企業寄來的禮物，希望媒體能夠說好話。但是我幫《衛報》寫了五年的滑稽文章，只拿到了一張優格兌換券。那是某乳品公司的公關偶然看到了我的一篇滑稽文章，[1]她告訴我她的工作是「追蹤所有與優格有關的新聞」（聽到有人實際的工作內容是這樣，就足以當作報酬了）。一次免費的度假當然是很棒的交易。不過我接受的主要原因是當時我為了這本書進行了很長時間的研究與寫作，幾乎沒有時間和家人在一起。我認為他們應該享受一下，至少能夠消除持續至今的罪惡感。

我和妻子也因此討論要從事哪些休閒活動，不過我的結論總是不變：小孩喜歡什麼就玩什麼。當時我的孩子一個五歲、一個一歲，他們的快樂比什麼都重要。現在我願意去遊樂場或家庭游泳池，玩太空船模型，或是看幾個小時的佩佩豬。二十幾歲的我可能光是用想的，就發抖了，寧願直接去寫那尚未完成的戲劇劇本、看科幻小說及瘋狂追劇。

不過十八歲的我著重享樂，會嘲笑二十多歲的我，居然把自己的時間浪費在室內活動中，門外就是廣闊的花花世界，能夠飲酒作樂。同樣的，這種念頭卻會讓孩童時期的我嚇到，那時的我寧願把時間花在漫畫書、游泳或玩太空船模型。基本上，現在的我又做起了童年時代的事。

這就是有趣的點了。之前曾提到許多讓自己和腦快樂的方式。但是在某個時間點有成效的方式，在一年、五年或十分鐘後，不一定有效。這也是為什麼那些新聞標題說新科技能夠「改變你的大腦」，無疑是在散布謠言、造成誤解。我們所經歷的事，不論是吃蘋果或釣魚，就某個程度來說都「改變了大腦」。這就是真實的生活，固定不變的腦在這個持續變化的環境中一點用處都沒有。靜止的腦是死亡的腦。

這不就是毀了那些「永遠的快樂」或「從此過著快樂的生活」等常聽到的生活意義嗎？快樂由腦產生，如果腦不是永恆的，那麼快樂怎麼可能是？我們從中得到的結論會是快樂變化範圍非常大嗎？快樂能有多「深沉」？抑或只是表象而已，像是電視上持續轉換的影像寄存於永久不變的硬體之上。或是像毛毛蟲蛻變成蝴蝶那樣，從內到外徹底改變，包括基本功能？答案可能位於這些極端的比喻之間。

我覺得我應該在結束這場研究之前，盡力找出答案，並且寫出來。在最後一章中，我決定要研究我們的腦從出生到死亡發生了哪些變化，以及這些變化對快樂的影響。

快樂如兒童

基本上，腦從來都沒有停止變化，新的記憶形成時需要有新的神經連結產生，在一生中這個程序始終沒有停止過。只是在童年時代，腦部的變化最為激烈。這個腦部成型速度最快的階段中，體驗快樂的能力會是怎樣的呢？簡言之，什麼事情會讓嬰兒感到快樂？因為在這個階段，他們除了發出咯咯聲、睡覺，以及把幾近於毒物的屎尿排到尿布，幾乎什麼也不做。這件事光用想的就相當奇怪。

剛出生的小馬不需要多久時間，便能在沒有幫助的狀況下自己站起來。初生的小貓小狗，雖然沒有視力與聽力，依然能夠找到母親去吸奶。剛孵化的海龜能夠用鰭移動，越過沙灘到水中，獨自在海洋中行動。相較之下，人類嬰兒要有人幫助才能把頭抬起。如果人類是最聰明的物種，不該這般無能才是？我們為何沒在一出生後就能引用莎士比亞的句子、點拿鐵咖啡，同時還帶個公事包呢？意想不到的是，這都要怪罪我們大大的腦。

簡單說，為了裝下那愈來愈大的腦，人類的頭和顱骨也演化得比較大，所以智人的額頭比較高，其他人族物種的額頭比較扁平，例如尼安德塔人。[2]但是這樣的變化僅限於頭部，我們身體與靈長類的平均大小相符。這種狀況造成的結果便是人類的身體發育並不同步，頭部發育要比身體其他部位還要「快」。嬰兒身體大小約是成年時的百分之五，但頭部已經有成年時的百分之二十五。[3]

由於產道大小受限於女性骨盆的寬度，嬰兒必須要在幼嫩的頭部還能通過產道前就出生。不過演化讓頭部發育的速度較快，這時身體尚未發育到「應該」足以降臨這個世界的程度。關於人類懷胎九月出生這件事，有許多理論，其中包括了人類採取雙足步行、能量需求，甚至還有因為發明了農業。[4]不論原因為何，人類的嬰兒和其他絕大多數的動物相比，出生時所處的發育階段都早太多了。

這能夠解釋為什麼有很多人把嬰兒的腦形容成「一張白紙」，沒有成見與概念。基本上這種說法是錯誤的。新生兒的腦並非一團雜亂無章的腦細胞，等著受到經驗的雕琢。腦部在某些方面已經「焊接」好了，例如對於生命功能極為重要的腦幹就是如此，因此沒有人需要教會嬰兒呼吸與排泄。也有證據指出，許多感覺方面的發育在子宮中就已經開始了，例如味覺和嗅覺。嬰兒天生也具有反射動作，例如驚嚇反應或會自動吸奶。顯然在出生時腦部已有一定的發育程度。[5]

就快樂而言，腦中有一組神經程序很早就已發育出來，可能是在子宮中成形的，這組程序調控了情緒反應。嬰兒甫出生就會哭，可能是感覺到了痛苦。在母親的臂彎裡會停止哭泣，可能是覺得有安全感，甚至是舒服。利用猩猩孤兒進行的研究發現，如果使用「代理母親」，牠們偏好表面有柔軟衣物的，而不喜歡硬梆梆的，就算是後者能夠餵食牠們也一樣。[6]靈長類和人類的嬰幼兒需要觸摸與擁抱，這會讓他們快樂，他們能夠有這種感受。我們也知道嬰兒在能夠說話走路之前，便會微笑與大笑。

也有證據指出，邊緣系統很早就形成了。[7]這個範圍廣闊的系統包括與情緒、意識和基本本能相關的腦區。其中的杏仁核便是如此，它對於情緒處理極為重要。同時也有研究指出，杏仁核、紋狀體及部分腦島的連結從出生時就有了，而且穩定維持到兒童期與之後的時間。前面的章節中多次提到紋狀體是社會認知與知覺的一部分，以及腦島參與了許多和自我有關的情緒反應。在這些前提之下，要說幼兒的腦部對於好事和壞事（特別是和其他人有關）能夠產生適當的情緒反應，應該是滿合理的。之前提到的呵癢與捉迷藏遊戲，顯示出幼兒喜歡和帶來安全感的人互動，同時也知道這種互動。嬰幼兒看到自己認為是親切的熟人時會微笑，[8]但是如果遞給不認識的陌生人或不喜歡的人時會哭。他們的年紀都還非常小。

事實上，如果要討論人類腦部在童年時期發展的過程與理論，可以寫滿好幾本書，而且有比我更適合執筆的科學家。不過提到快樂，一些有趣的神經科學和心理學內容，值得在這裡一提。

能夠辨認出好事與壞事，並且經由相關的情緒反應加強辨認的能力，對於學習這個世界的運作方式是很重要的工具，對於快速發育中的腦更是關鍵。有些人估計，在童年早期，小孩子每秒鐘腦內會形成一百萬個新的神經連結！由於腦部生長快速，兒童的腦在九個月大時已是成人的一半，兩歲是成人的四分之三，到了六歲時就有成人的九成了。[9]不論正面經驗或負面經驗，兒童腦部吸收的速度都快得驚人。這也就能夠解釋為什麼兒童對於你的插座、精美飾品、手機和放衛生紙與油漆稀釋劑的櫥櫃等充滿好奇，非得打破砂鍋問到底。我們知道人腦非常喜歡新奇的事物，對於幼兒來說，所有事物都是新奇的。每次探索、每個經驗，都能夠讓他們的腦中產生新的連結，並且終身受用。所以他們對所有事情都興趣滿滿，而且和成年人相比需要更多的睡眠時間，因為腦部需要更多「關機時間」來處理醒著時所學到的事物。[10]

腦部在童年時期激烈地生長，之後就不會如此具有彈性與吸收能力了。正因為如此，許多研究重點放在有害壓力所帶來的危險。[11]腦部幾乎可以正確地發展出體驗各種情緒（包括恐懼與悲慟）的能力，並且回應社會線索。但是對於狀況的了解與評估，則是慢慢透過學習與體驗而累積的。兒童對於造成壓力的環境非常敏感，例如雙親在吵架吼叫，或是其他更駭人的事。兒童不知道這些爭執的成因和意義，無法理解媽媽和爸爸只是太累了，所以才在吵誰該去倒垃圾。但他們知道這是壞事、怕人的事，只是不知道該如何應對，這帶給腦部極大的壓力，遑論是年輕的腦。這時大量的壓力化合物遍布全身，會干擾腦部的發育與生長，使得將來出現認知發展問題。[12]

幸好腦部的可塑性也能帶來正面的結果。最近一項研究指出，[13]大約在四歲時所處的環境，對於之後年輕時期腦部的結構有重大的影響。特別是四歲時環境中有豐富的物品，那麼十年後腦部發展的結構就愈好。為什麼是四歲？這很難說清楚原因，可能那時是腦部發展的關鍵期。舉例來說，有證據指出最早的記憶大約是在四歲形成的。[14]在此之前，腦部可能還在「整理自己」的階段，所以形成的記憶較不可靠。就像是你準備長途開車旅行，會把行李放到後車廂，檢查門有沒有鎖好，確定油箱是否加滿等。所以和旅行相關的事情都已準備妥當，實際上卻是尚未出發。最後你坐上駕駛座，說「上路吧」，這時旅行才正式開始。腦部可能也是大約到四歲時才「準備好的」。

不過若是以旅行來比喻，前面的路途還很長，腦部仍有許多需要發育的地方。能夠了解其他人感覺與念頭的能力稱為心智模型，這種能力似乎很早便形成了，不過要到兒童學會笑和同理心之後，才變得更精巧細緻。[15]兒童時期的智商也會隨著環境因素而變化（例如學校、老師和同儕），成年人的智商就不會如此，比較「固定」了。[16]兒童通常需要*和其他能夠彼此互動的兒童在一起，且對於群體的各種效應，例如極化、合作、群內競爭等非常敏感，要逆轉效應所引發的結果也非常快。[17]兒童可以為了雞毛蒜皮的小事和朋友大吵，並且發誓以後再也不和對方講話，但是隔天就把這檔事情忘得一乾二淨。

這種行動不一致和無法預測的傾向在兒童中相當常見，努力配合兒童變化多端食物偏好的父母，全都可以作證。一個可能的解釋是，在童年時期和成年時期杏仁核和前額葉之間的連結有重大改變，後者這個腦區主要負責理性思考和高階推理程序。在一項大規模的研究中，[18]研究了兒童的腦部活動，發現到杏仁核能夠刺激前額葉，意謂著情緒反應會優先於邏輯思考。這亦可解釋兒童在沒有得到答案時會鬧脾氣，或持續問「我們到了沒」、「我們到了沒」、「我們到了沒」，你當然可以說「還沒」。但如果兒童這時無聊又沮喪，那麼心裡面就會被此事件占滿，無視於你和邏輯的回答。

不過，成年時期這種連結關係基本上反過來了，記錄到的活動是前額葉能夠抑制杏仁核，理性思考壓過了情緒反應，這樣我們才能在現代社會中獨立活動。

---

*第四章提到了社會孤立造成的危害，第六章提到了年幼時與同儕玩耍的重要。人類腦部似乎天生就傾向避免這些事情的發生。

這些研究很有趣，不過多數的文獻指出，影響兒童快樂與否的最重要因子，是和主要照顧者間的關係。雖然不是沒有例外，只是主要照顧者往往是親生母親。親生母親不僅用自己的身體誕下嬰兒，而且嬰兒與照顧者間的關係也受到了催產素的鞏固，[19]剛生下小孩的母親體內就有高濃度的催產素。[20]實際上有些研究指出，催產素這種與人際互動、快樂有密切關係的激素，最初是為了強化母親與孩子連結所演化出來的。[21]

連結產生的過程是雙向的。母親看著自己小孩哭笑時，和看到其他模樣相似的嬰兒哭笑，腦中的活動截然不同。[22]*母親的腦部似乎對於自己的孩子與孩子的情緒狀態特別敏銳，這種母親與孩子間的連結非常穩固。

這種連結是兒童生活的基石，對於他們的腦部也非常重要。嬰兒需要探索這個世界，和這個世界互動，以便了解世界的運作方式，才能一直快樂。這時他們需要一個安全的場所或提供安全的人，在遭遇狀況時能夠退避。在當代嬰兒行為的研究中，依附理論（attachment theory）是最重要的心理學模型。[23]這個模型的內容是嬰兒的心智會「依附」於主要照顧者，會把照顧者當成安全感的主要來源，並且從照顧者那兒知道現況好壞。科學家經常在特殊狀況下，將兒童帶離主要照顧者，過一段時間再帶回去，用以評估親子間的關係，以及兒童的功能發展狀況。[24]他們認為這種依附的性質對於兒童之後的發展有極深遠的影響，包括了人格類型、[25]職涯發展[26]和性取向[27]。

心理學家黛安娜·鮑姆林德（Diana Baumrind）早在一九七一年起，便嘗試定義理想的教養方式類型，之後認為最好的方法就是混合了放任與紀律。[28]根據她和後繼者的研究，兒童需要機會探索，體驗新的事物和交到新朋友，這樣做對於自身的快樂非常重要。但是他們也必須知道限制在哪裡，並在限制內感到安全，這樣才能知道這個世界中有規則存在，而且幾乎萬事都是這樣的。

但糟糕的是，從神經發育的方面來看，有些父母太極端了。對於「錯誤」行為給予太多的限制、壓力與懲罰，或許能讓兒童的表現比較好，但也會讓兒童以為唯有表現優異或成功才能得到認可與親情，這會讓兒童比較神經質、社會認同貧弱，甚至引發貪食症（bulimia）等相關症狀。[29]反之是雙親太過放縱，使得兒童的社會認知扭曲。你可能見過這樣「失去控制」的兒童，由於父母從未制止過他們，所以他們往往喜歡破壞與搗蛋。由於這些兒童並不遵守規矩（這是他人所預期的），經常受到排斥，無法建立良好的人際關係，顯然他們也不快樂。雙親對於兒童的行為沒有反應，會使得兒童變得冷漠，缺乏目標與野心。

---

*幾乎沒有針對非親生母親為主要照顧者的研究，但也不是說他們的腦部活動不會有變化。

雙親的行動與反應，代表了兒童學習了解這個世界的成果。如果你做任何事，雙親都沒有反應，那麼你就清楚了解到那些事情看來並沒有意義。[30]

總而言之，有許多事情可以讓兒童快樂，其中有許多事情可以讓成年人快樂，但是由於兒童腦部持續變化，讓兒童感到非常快樂的事物，可能一天後就改變了。這種狀況就許多方面來看都混沌難解，所以雙親與兒童的關係是他們了解這個世界運作方式時的核心。要說對於兒童如何感受到快樂，的確有其他許多影響因素，這絕不離譜，但是最重要的就是親子關係。

在理想的狀況中，主要照顧者會關愛與鼓勵孩子，並且始終如一。保持一致很重要，因為兒童對於這個世界的運作方式，以及有哪些事情是需要知道的，主要都是從照顧者那兒學來的。最後，兒童可能學會了語言，但是從觀察和模仿中學到更多，[31]而且這時他們的邏輯與推理能力還在建立與調整當中，語言和行為傳遞出的訊息有所差異，對兒童並無好處。說「照我的話去做，但是不要學我的樣子」會讓兒童困惑，因為他們能夠看得出這種虛偽。

要做到理想很困難，生活並非一層不變，父母也只是人類。幸好百分百的一致性並不需要，只要有一定程度，兒童就能夠掌握重點。照顧孩子時經常會有疲憊和緊張的時期，這時候會讓兒童的行為出現偏差，但是好的父母能夠解釋清楚並加以導正。[32]基本上來說，如果你親切對待孩子，並且做個好榜樣，孩子就會快樂。

當然以上只是我從所看資料所整理出的粗略結論。你可能有全然不同的體驗和訊息。我並不是要告訴你養小孩的方式。我知道有人養小孩時完全不快樂。

顛簸的青少年期

青少年時期的我非常叛逆。*這不像是宅科學家會說的話，但的確如此。不過你要知道的是我所反抗的對象。我和一般青少年一樣，反抗權威，不過我的權威人物是我的父親。父親年輕時行為莽撞。某次家長日，他和我一起去學校，我的英文老師歐文先生適巧也是父親青少年時期的老師。他直接告訴我父親說，從我在課堂上的表現來看（例如來上課），我絕對不會是他的親生兒子。

所以在青少年反抗期，這就是我反抗的方式。父親會鼓勵我出門找朋友玩、找女生聊天。而我的反應則是「閉嘴老頭！我要在家裡看書！」這的確與一般人印象中的「青少年反

---

*那是在我當啦啦隊長後的事。

抗」不太一樣。如果有的話，就是我穿著皮外套，但這讓狀況更尷尬。而今我還是覺得當時的反抗讓我變成現在的樣子。

如果要辯解的話，會那樣穿只是為了符合社會對於反抗少年的印象。門禁時間、禁足、藐視父母、激烈爭吵等，都是典型父母與青少年間經常發生的事。為什麼會這樣呢？如果和父母或主要照顧者之間的良好關係，對於兒童的快樂非常重要，但為何後來會發生如此劇烈的轉變？

青少年是兒童過度到成年人的時期，雖然多定義在十三至十九歲，但是界線並不明顯。變成青少年的事件之一是青春期的到來，這個由激素引發的過程讓人性成熟。不過男孩的青春期始於十一至十二歲、女孩約在十至十一歲間。[33]雖有證據指出，身體生長和腦部成熟的過程會持續到二十多歲，但是青少年時期的成長最為明顯，只是對於青少年時期的開始與結束，現在依然有爭議。

但是沒關係，這裡的重點是青少年時期對於快樂的影響，而這種影響並不理想。能夠影響成年人快樂與否的事物，也會影響青少年。人們往往認為青少年憂鬱、乖戾、暴躁、憤怒，總是聽著陰沉憂鬱的音樂，從事危險的行為，例如未成年飲酒或性愛、吸毒、整天睡覺等。基本上許多人都順理成章地認為青少年不快樂。原因呢？和青少年腦部發生的改變有關。

青少年腦中的神經連結要比兒童時期少，這讓人驚訝。因為兒童腦中每秒可產生百萬個新的神經連結，不過並非全部的神經連結都是有用的。兒童的腦部基本上就是累積連結，並不刪除。雖然腦部並不會因此「塞滿」，但是過多的神經連結會減低腦部運作的效率，大部分功能正常的腦都傾向把效率提到最高，讓神經連結得最有條理，[34]但兒童的腦不是這樣。這或許也能夠說明兒童為何性情往往飄忽不定，而且容易受到混淆。

所以在青少年時期，腦部會進行「修剪」（pruning），[35]實際的過程就與字面意思相差無幾：把過多和不必要的神經連結（突觸）與神經元移除，經常使用的則保留並強化，好增進腦部整體功能。這是個激烈的過程，估計有百分之五十的神經元和神經連結會在修剪過程中遭到移除，不論這些神經元與連結所代表的意義為何！舉例來說，我和現已成年的夏綠蒂談話時，問她童年的巨星生活，她坦承成年後有好幾次見到一些超級名人，後來才發現自己小時候就和他們同台表演過。但是如果你在童年時期便經常與名人同台，這種記憶就變得普通且無足輕重，修剪過程當然不會饒過。

這個過程看起來不對，減少腦細胞怎麼會增進腦的功能？但這就像是古典雕像要比雕像的原料大理石塊有價值多了。對於腦部而言，「更多」並不代表「更好」。

這種腦部巨大修改過程的可能結果之一，是讓睡眠時間增加。成年人約需要八小時的睡眠時間，但一般的青少年則需要九個小時，甚至十小時。[36]如果青少年睡眠較充足，會更快樂嗎？很不幸，青少年需要早起上學。滿懷好意的父母經常哄騙青少年依循「正常」的生活作息時間，在早上碎念著要他們起床。雙親有可能是自己急著要趕去上班，賺錢養家。即便父母沒有這樣，在你要考試時，必須整天讀書，因為考試關係到你的未來。總的來說，青少年需要更多睡眠，但是現代生活卻讓他們往往睡不飽。我們都知道睡眠不足會搞糟情緒、快樂和認知功能，[37]青少年無可迴避地需要面對這樣的狀況好幾年。所以堅持說他們對此感到快樂是滿嚴苛的。

然後還有青春期，這時身體產生了（通常不愉快的）的改變：皮膚變油、冒青春痘、身體一些原本光滑處長出了毛髮、男性的聲音變粗、女性的月經來潮等。這些改變是因為性激素突然大量進入血液中造成的。[38]要記得，性激素也會引起性興奮，會刺激性器官和腦中相關的區域。因此你突然會發現想要性愛，但你並不清楚性愛到底是什麼，那些激素還一併將你的外貌變得奇特又怪異，令人卻步。

難道只有我會這樣？不論如何，這顯然是讓人沮喪而非快樂。

基本上，在青少年時期我們需要更多的睡眠和更多的性愛，但是這兩個目標都難以達成。光是這樣，就足以讓青少年相較於兒童和成年人更有敵意，而不是更快樂。可能吧，但是事情沒有這麼單純，有證據指出在腦部深處發生了更多的事。

凱西（B. J. Casey）教授和同事在二〇〇八年發表了一篇論文，[39]指出青少年時期因發育所引發的一種神經機制，可解釋許多青少年的行為和傾向。舉例來說，青少年更喜歡追尋新奇事物，嘗試新東西，縱使這些東西可能不合法。他們也想要與同儕、朋友等更為相似的人互動（少年「幫派」？）。另一方面，青少年經常與雙親爭執。由於青少年更想去從事危險的事，使得爭執惡化。以上種種現象在表現方式上有很大的差別。你可能會去旅行，體驗新事物，認識新的人，然後學習獨立。也可能是嘗試違法藥物，或是未成年時與志同道合的朋友去喝酒。會變成怎樣，性格、環境和生長過程都有影響。[40]

有些人說青少年比較衝動，這是錯的。衝動是做事情的時候沒有想到可能造成的結果，然而你在從事危險的活動時，已經想到了可能的負面結果，但還是做了。這兩者間的區別很重要。兒童可能衝動，幹出的事情如吃下危險物品，或是把手指頭伸到插座中，那是因為他們不知道後果。不過研究指出，至少在理論上，青少年具有完善的理性思考和預想能力，決策能力也是。[41]可是在實際的狀況下，在「血氣衝腦」的狀況中，他們並不理性，而更容易受到情緒的影響，缺乏邏輯。凱西教授和同事認為，這是因為腦中前額葉和邊緣系統區域發育成熟的速度不同所導致。

青少年時期，腦部依然在發育階段，但這時的發育方式和兒童時期不同。腦中的不同區域持續在形成並執行功能，但是這時調整、效率和特殊化才是最重要的。簡言之，兒童時期腦部所有部位都在說：「我真正的功能是什麼？」到了青少年時期，還加上了：「我知道這是我的工作，但是我該怎麼去做？」[42]

青少年時期的成熟過程帶來了改變，使得與情緒、愉悅和快樂相關的區域活動及效率都提升了，那些區域合稱為皮質下邊緣系統（subcortical limbic systems），其中的部位本書前面經常提到，例如杏仁核、基底核（其中含有紋狀體和依核）。這些部位也參與了報償的預期，同時經由連結到行為控制區域（例如前額葉）的多巴胺神經元，控制與引發找尋帶來報償感的行為。換句話說，這些區域讓我們想要得到東西，並且迫使我們去追尋。

成年後，就比較不容易遭受這些強大但原始的部位影響。之前提到，負責理性思考、調節衝動的前額葉，能夠評估由情緒驅動、滿足欲望的行為所造成的長期後果，並且說「不，這不是好主意」來否決。問題是在青少年時期，和情緒相關、負責追尋報償的系統，成熟速度要比前額葉快。這點你可能已經預期到了，情緒和報償相關區域完成得比較早，沒有那麼「複雜」，但其中的意義則在於有很長的一段時間，這些區域對於行為的影響力更強，期間腦內與規矩相關的部位還在發育整理中。在許多方面來說，這很像是兒童所要面對的「情緒對上思考」的問題，只不過複雜多了。並不是腦中新形成的部位想要讓自己的聲音壓過其他部位，而是有更為精細複雜的操作。這不是口水叫罵的脫口秀，比較像是《權力遊戲》。

想像有人在騎馬。大部分的事情都是馬在做，但整體由騎士所控制。不過騎士後來卻不知該怎麼走，於是停下看地圖，這時放開了韁繩，也就是說馬你可以自己走了，接下來騎士就發現自己到了水深及膝的溪流中，或是在荒野中央。在這個例子中，前額葉是騎士，皮質下邊緣系統是馬。基本上，讓沒那麼精細的區域控制，代表你最後會處於不當的地點與狀況。青少年就經常這樣。

上面的道理可以解釋青少年的許多事。他們當然能夠清楚地思考，並且平靜地進行理論推演，只要情緒反應不要來隨便摻一腳就好。但是在實際生活的狀況中，引發情緒的因素多如牛毛，有鑑於青少年此時的腦部狀況，這就足以影響他們的行為與決定。如果你問青少年：「討厭自己的父母嗎？」他們可能會說不，當然不討厭。但是如果父母說不能出門或不能買最新型的手機，他們可能會大叫：「我討厭你們！」因為在這短暫期間，他們確實有這種想法。在青少年的腦中，快速出現的強烈情緒，要強過邏輯與理性。他們可能會用力關門，這幾乎已是傳統了。這也解釋了青少年為何對危險無動於衷，因為他們的腦對於情緒欲望、即時的刺激與滿足比較敏感，同時也比較不在意長期的後果及理性思考。當然就會看到更多「危險」的行為。

邊緣系統和報償路徑的成熟，也代表了之前讓人感到快樂的事物，突然間就失效了。當初天真的想法，這時看來既幼稚又尷尬。紋狀體和杏仁核的活動與影響力增強，由於這些部位也負擔了社會功能，因此使得青少年對於同伴及同伴接納的渴求增加，對於高社會地位的渴望也是，所以一般的青少年急於受到歡迎，並且想要很酷。當然，突然冒出的探險欲望、自我放縱、寧願冒險也要成為團體中的領頭人物，都不是父母會覺得高興的事情，他們總是出手阻撓你滿足新的欲望。那是好意，不過一個人的基本需求和欲望受到阻礙，當然會造成憤怒與壓力。[43]除此之外，青少年又特別容易產生憤怒與壓力，所以他們經常出言抨擊父母和權威人物。總的來說，當年提供穩定生活與安全感的人，現在卻成了成長與自我發現時的阻礙，憤恨自然多過感激了。

這些讓人不悅的行為，可看成是人類腦部發育得更為複雜時所帶來的不幸轉變，但是這轉變的存在是有原因的。大鼠和靈長類動物同屬於社會性動物，其青春期階段也有類似的行為出現，[44]代表了這種轉變其實是有好處的。

當我們性成熟時，從演化的角度來看，理想狀況是去找尋可能的伴侶，並且求婚。在這個前提之下，高漲的性慾加上想要冒險，並且認識更多人，其實是有幫助的。如果偏好苟且偷安，留在舒適圈，免除責任，那麼就和找尋伴侶這件事相衝突了。還有，經常有人認為，與雙親爭辯或對父母生氣，然後離家，反倒讓找到伴侶、成功生殖的機會增加。

顯然不是所有青少年都會這樣。每個人的成熟方式與速度不同。有些青少年在這個過程中能夠集中注意力和自己肩負的責任上，只不過由於神經系統的變化，讓他們過得要比成年時期更為艱苦。對於青少年來說，影響快樂的主要原因可能不是神經系統中的變化，而是現代社會無法體認這種變化是有意義的。青少年和他們新發育中的腦部開始知道了性，並且受到性的驅動，然後想要獨立並控制自己的生活，去體驗新的事物、認識新朋友。不過社會中有許多限制，有的和年紀有關，有的則牽涉到財力與文化，到處充滿束縛。所以我們可以了解，社會讓青少年受挫，因此他們以刻意破壞或其他違法行為發洩，只是這種行為不一定被他人接受。

我們預期青少年的行為像是負責任的成年人，但他們同時又具備有兒童的權利（例如在英國，青少年在十四歲就必須選擇會影響終身的主修學科，但是要到十八歲才能受到法律的信賴，而允許喝啤酒）。從神經發展的角度來說，他們既不是成年人，也不是兒童，他們只是青少年，這種嘲諷的狀況滿殘酷的。除非有更多人能夠了解，並接納這種狀況，否則青少年不可能真的快樂，因為他們的需求和欲望突然間與全世界出現扞格。在此之前，青少年的快樂可能是取決於所沉迷的事物，讓累積的攻擊性、壓力和追求新刺激的需求能得到滿足。刺激的圖片和暴力電玩能當成這種精力發洩的出口，特別是現代的網路遊戲，還能讓你與同儕間對話，並在比賽中贏過他們。

實際的情況可能是，暴力電玩並不會鼓勵不良行為或腐蝕脆弱的心靈，但卻是某些青少年唯一能讓自己快樂並維持某種平衡的方法，如果被迫放棄才真的會有麻煩。許多散布謠言的媒體可能不願意聽到這樣的話，但是兩方相爭、不斬來使，好好地控制自己好嗎？

成年人的快樂

青少年之後就成年了，有了自由和獨立，太棒了！但是老實說，獨立自主和責任，呵呵，有好也有壞。

就如同在青少年時期常聽到的問題，「你什麼時候才能像大人般成熟？」這個問題還真難回答。在科學文獻中，「生物成熟」指的是個體已經達到性成熟的階段。不過對於人類來說，這個時間在青春期就達到了，那麼十一歲的兒童基本上算是成年人囉？大部分的人都不同意吧。對於壽命只有幾年的動物，像是齧齒動物之類，這個定義可能適用。但是人類壽命長多了，而且年少時期特別長，[45]因此並不適合這個定義。也正因如此，發展出「社會成年」（social adult）這個概念，也就是社會的共識與法律規定，在你到了某個年紀或完成了某件任務，才能夠算得上成年，其中的年紀與任務隨著不同的社會而改變。

從神經科學方面來說，腦部發育與成熟過程要通過哪個點才算是正式「結束」，也很難找得出來。上面提到腦部各區域的成熟速度不同，有許多證據顯示，有些區域到了二十多歲還在持續發展，例如在兩個大腦半球間擔任「橋梁」的胼胝體（corpus callosum），以及在額葉中執行重要功能和意識控制的部位，會持續發育到二十五歲左右。

因此從神經學上來說，人類要到二十五歲才算「真正成年」。假設一生的長度是七十年（不過這個數字持續增加中[46]），幾乎大多數的時間都處於成年時期，因此成年的腦將決定你是否能夠具有「永恆」的快樂。你的人格、脾氣、好惡、能力與傾向，都在發育階段時固定下來了，而這些特性決定了什麼事情會讓我們快樂、有多快樂及快樂的原因。

真的都已經固定不變了嗎？你可能會預期成年人的腦部會比之前更為「固定不變」，在許多方面的確如此。我把手機或平板電腦給小孩，他們僅花了五分鐘就用得和我一樣熟練。我是在一九八〇年代出生的小孩，覺得觸控式螢幕像是魔法。相較之下，我也曾努力教年長的親戚使用這些電子玩意兒，可以知道這差事有多艱難。

很久以來，大部分的人相信成年人的腦部基本上已經「設定完成」，具備了所需的神經元和重要神經連結。當然我們隨時都在學習新事物，並且更新對於事物的了解，代表了新的神經連結會持續形成，控制學習與記憶的網絡也會翻新。[47]但腦部整體結構和主要連結，那些讓「自己是自己」的結構，人們一直以為已經「完成」了。不過近幾年有愈來愈多的證據指出，成年人的腦也會改變與適應，甚至產生新的神經元，腦中的經驗也可以重塑，甚至到了暮年時依然如此。[48]在第二章中提到了倫敦的計程車司機，他們一直在倫敦混亂的街道中開車，使得海馬回增大了，代表成年人的腦部結構依然具某種彈性。不過有一個狀況看來很明顯：和年幼時相較，成年之後要改變腦部，得花更多時間與心力。[49]

舉例來說，智力是經由腦部眾多神經連結的效能與複雜結構下的產物，到了成年後就很難改變。[50]當然可以改變，只是要付出相當多的心力和時間，但改變幅度甚小。有許多產品與遊戲宣稱能夠「增強腦力」，全都是在誤導消費者。每天做填字遊戲或數字遊戲當然能夠增進能力，卻只增進玩填字遊戲和數字遊戲的能力，因為就智能這方面來說，腦部非常複雜，執行的功能更多，你僅是增強了這個精細系統中的一個特別面向罷了。這就像是將軍發現他的部隊僅自己所想的一半強壯，所以他派了個士兵到健身房一個月，讓體格增壯、體力增強，到頭來這個將軍只得到一個更強的士兵，卻無助於整個軍隊的戰力，實際問題依舊未獲解決。這種狀況並不表示你努力換得了糟糕或無效的結果，還是很有用的，只是難以改變基本的結構。

成年人的腦部的確可以改變，只是和年少時相比，要付出更可觀的時間與心力。腦部經歷那段混沌的發育過程是有必要的，不想再來一次也是情有可原。

什麼事情能夠讓成年的腦快樂呢？抱歉，這個問題沒有簡單明瞭的答案。前幾章所談的內容都是針對成年人的腦，有多少能夠適用在自己身上，要靠自己判斷。沒有兩個人是相似的，讓兩人快樂的事物亦是如此。那可能是美好的家庭、家人與朋友，愛與性生活，歡笑與幽默，運動成就，事業成功，財富與名聲，創造出傑作，或僅僅是讀一本書。這取決於個人及個人腦部對於這些事物的反應。絕大多數的人會因為上面許多事物或全部事物而快樂，但是根據時間的不同而有差異，也因不同的理由而快樂。人類受到演化的影響，而打造出現在我們所處的環境，因此有許多事物能讓現代的成年人快樂。

這真的很幸運，因為如果說有哪個因素能夠影響所有人的腦部，那便是壓力。皮質醇之類的壓力化合物、腦中偵測威脅的途徑、杏仁核的恐懼產生過程、「戰鬥與遁逃」反射等，全都非常古老，而且深植腦中，這代表我們對於任何會帶來危險或威脅的事物都會反應激烈。只是人類智能大幅擴張後帶來了一個負面結果：我們現在更容易感覺到有壓力，因為

「知道了」更多的危險和威脅。對於比較單純的動物，引發壓力的事情會是「我相信周圍有掠食者」或「我已經好久都沒有找到食物了」。人類有更多種壓力來源：丟了工作該怎麼辦？我的姻親喜歡我嗎？我的錢夠花嗎？我現在成家是否太晚了？我從沒去過巴黎耶？我要怎樣才能夠幫助悲劇的受害者？我的胸口為什麼會疼？經濟狀況看起來真的不妙！Wi-Fi斷線了！凡此種種。

成年意謂著壓力。在此之前，重要的決定都是由雙親做的，你的東西也是他們付錢買來的，現在都要自己來了。當然你能夠隨著自己的意願出門、吃自己喜歡的東西、見自己想見的人，但是你也得自己出錢了，同時還要照顧自己的長期健康，並且決定你要見的那些人是否值得信任或不會帶來危險，因為這些都無法保證。兒童通常在法律上不用對行為後果承擔責任，青少年在追求立即性滿足時也往往不會受到後果的束縛，但是成年人就沒法這樣了，很多決定和行動可能會反噬自己。成年人受到很多壓力，這還沒有算上許多成年人還要對他人的幸福負責。

對健康來說，這很不好。長期持續的壓力會造成很多疾病，是已開發國家中嚴重的健康問題，[51]而我們所打造出的環境又經常在生活中形成壓力。雖有個人差異，但腦部在到達極限前，能夠承受的壓力只有那麼多。一九七七年，心理學家約瑟夫·祖賓（Joseph

Zubin）和邦妮・史普林（Bonnie Spring）提出了身心疾病的「脆弱－壓力模型」（stress-vulnerability model）。[52]這是一種簡單明白的模型，應用的原理是：比較脆弱的人容易受到壓力，較少的壓力便能讓其崩潰，並產生身心疾病。過著堅苦生活、面對棘手問題或之前心理健康狀況不佳的人，腦中能夠用來處理壓力的資源較少。而能夠輕鬆度日的人對於暫時的困境可能毫不在意，乃至於認為本來就會這樣的。

這就是快樂之所以重要的原因了。研究指出，會讓你快樂的事物、讓你報償路徑活動的事物，能夠直接消解壓力對於腦部和身體造成的影響。[53]享受快樂的事物當然令人高興，而追求快樂可能也是一種需求，好讓成年人的腦部盡可能維持一定的抗壓能力，以便處理在人生道路上無可避免的問題與危險。

顯然事情沒有那麼簡單，和腦相關的事情從不單純。讓人快樂的事物最後可能會引起壓力，反之亦然。狂吃美味的高熱量食物是至高的享受，我們也知道這樣能減輕壓力，但是吃太多代表你的體重會增加、健康會受到影響，反而造成壓力。到充滿異國風情之地旅行能夠讓人快樂，[54]但是要花很多時間和金錢，這是之後你要避免的壓力來源。相反地，讓自己處於考試、訓練和節食之類的壓力中，能夠達成長期目標，過後會讓你快樂。這些事很複雜，不易釐清，因此我們只能在生活和環境狀況許可下（因為通常沒機會），一面過日子一面研究。

總的來說，體驗到快樂對於成年人來說，可能不只是享樂，而是一種需求。當然，我說確保快樂對腦部健康很重要，說來容易，但人類並非活在個空無一物的環境中，我們是大社群中的一分子，也是許多小社群的成員，之前提到過人類的腦渴望他人的認可。很不幸，讓你快樂的事物有可能不受到他人的認可；其他人以為與堅持能夠帶來快樂的事物，你可能無動於衷。在第五章中提到「愛情關係手扶梯」：社會規範與期待，使得西方世界中的人對於愛情關係的運作方式，有一種固定且狹隘的模式。愈來愈多人了解到這種模式並不能讓自己快樂。社會期待的影響力強大，很容易就能夠阻礙人們得到快樂。

舉例來說，能夠讓成年人得到快樂又感受到壓力的主要原因之一，是有孩子。讓一個生命降臨到這個世界上，對自己絕對有很大的影響，狡猾的演化讓人類的腦中具備了許多特性，激勵我們養小孩。舉例來說，我們看到類似人類嬰兒的東西就會覺得好可愛、好高興，並且想對這些東西做出照顧的舉動，[55]所以人類的家中才會有小狗、貓咪或其他寵物，他們有著大頭、大眼睛，同時性格類似兒童。然而若牠們不是自己的後代，那麼就很難延續那些同情、連結與保護本能了。顯然我們到了某個年紀，就會想要有孩子。

當然有些人並不想要孩子，這是腦中化學運作的改變、健康關係、環境影響所造成的，或只是在深思熟慮之後的決定。許多人沒有孩子，也不想有。他們知道能讓自己快樂的事情，並不包括孩子。

就有一個這樣的人，她是英國科技記者荷莉·柏克威爾（Holly Brockwell），擁有許多事業，包括成立專門為女性服務的科技與生活網站「Gadgette」。[56]此外，她還率直地表示自己要一個人過生活，也很成功，甚至說服了英國國民健保署認同其應該進行絕育手術。[57]但該事件引發騷動，遭受到強烈的反對，時至今日網路上仍有陌生人對她進行批評與譴責。但是原因為何？為什麼會有人在自己不認識的女性對自己身體的處置方式上大放厥詞？他們根本不可能見到那個理論上就不存在的孩子。對於國民健保署來說，這更為省錢：不需要提供終身的避孕方式或照顧她生下的孩子，而且輸精管結紮與墮胎都是合法的。還有，現在有七十億人占據了這個星球，人口還在持續增加，我不認為人類這個物種處於瀕危狀態或滅絕邊緣。所以說，有什麼問題嗎？最後那些意見壓過了國民健保署的人，那麼為何還有人對她很不爽？我覺得我應該直接去問荷莉：她為什麼那麼確定自己不想要孩子？

「我從來都不覺得自己需要孩子，從來都沒有。小時候有人說我『長大了就會有孩子』，我相信那些人知道的事情比我多，那時我相信自己是會有孩子的。所以有段時間，我對於未來的想像中是有孩子的，但我總是害怕有孩子。最後，我發現那些人並沒有懂得比較多，我不想要有孩子的感覺完全合情合理，而且還滿普通的。事實是我的母親也不想要有孩子，只是當時的狀況不同，她沒有辦法做出和我一樣的決定。」

時代的確改變了，現在年輕人具備的選擇更多樣，自主決定的程度也更高，對於整體快樂而言可能更有利，不過還是有很多人懼怕這樣的改變。荷莉告訴我，她見過一個看來只對「暫時交往」（casual dating）有興趣的男性，聽到她確定不想有孩子時勃然大怒；還有一個男的因此不到三分鐘就把約會結束了，名副其實的快速約會（speed date）。對於成年女性，我不是那種看重外貌的人，但如果我要用一個詞來形容荷莉，絕對不會用到「其貌不揚」。那個快速結束約會的傢伙真是個混蛋。

荷莉也盡全力說明自己雖然不想要有小孩，但並不是討厭小孩。她很愛自己的姪女，只是自己不想要有孩子。

「我不是對小孩反感，只是知道自己有了小孩後生活會變成怎樣。我很清楚知道如果選擇小孩後會非常不快樂。當然，日後如果我真的有了小孩，會如同母親對我那樣，喜歡並照顧他們。但是同樣的，我也可以有一份樂在其中的白天工作，因為一份美夢成真的職業讓我更快樂。對我而言，理想生活並不包括自己的孩子。」

光是一名女性聲明自己不想要有小孩，就能讓許多人不爽。這個聲明或許挑戰了許多人的重要信仰：女性愛小孩，看來有些人的世界觀是建立在這個信仰之上？[58]這真的不關他們的事，只是我們知道人們會因為追求的快樂不同而彼此批評與攻擊。有些人可能認為自己能夠幫助她，就像是那位在街上對異教徒叨叨不休的基督教傳教士。誰知道？重點是，如果你成年了，維持快樂很重要，甚至可能是必需的，但有時你能否快樂，則視他人能否接受而定。我認為這就是成年後的主要問題，腦部已經「成熟」了，需要自己解決所有事情，並且處在一個由我們持續改造的世界中。這事聽來就很有壓力。

長日將近

之前提到，成年人的腦要花很多時間和心力才能夠加以改變。投入的心力要看腦部是如何處理的，那麼時間呢？不論我們是否願意，時間持續流動。不論人類的腦有多麼複雜難懂、奇妙強大，畢竟也只是生物器官而已，屬於身體的一部分，而身體會老化、會漸漸磨損消耗。你可想見，這對快樂有很大的影響。

就算腦部可能不受年紀的影響，但是身體其他部位則非如此，這當然會讓我們比較不快樂。我們的筋骨磨損，肌肉衰弱，四肢愈來愈僵硬，眼睛和耳朵也逐漸不行，心臟乏力，血管變硬，性慾降低，還有其他許多狀況，全都會讓你不快樂，就只是因為你已經沒有能力去做那些能夠讓你愉悅的事情。你喜歡散步和去美術館？如果你的臀部疼痛或需要動白內障手術，就不能去了。

還有呢，其實無需嚴重的事情就能讓你不快樂。別人覺得自己好看會讓你快樂？頭髮變得稀疏或灰白，再加上皮膚失去彈性所產生的皺紋，都會阻礙那份快樂，特別是現今世界愈來愈看重外貌。至少我猜是這樣的，身為在十八歲時髮際線就往後退的人，這個問題從來沒有困擾過我。

更別提罹患重病的可能性增加，這種事情的發生機率隨著年紀增長而提高。當然，絕大多數的嚴重疾病不可能侵襲你，不過活得愈久，機會變得愈容易，而且惡性基因與看不見的環境危險因子會對身體系統造成傷害。每天的生活就像是丟骰子，總有一天會擲出兩點。許多嚴重的疾病通常會造成憂鬱症，或其他類似的焦慮症狀，[59]因為當然會沮喪！所有會造成壓力並用盡腦中對應機制的事情中，「絕症」即使不是第一名，也是名列前茅。

年老還會帶來其他與身體無關的影響，使得快樂減少。其中之一是你的一生當中可能有目標或野心，推動你前進，但是到了某個年紀後便不復如此。可能是因為太老而無法完成，或已經完成而無需從事。就如同格林犀利指出的要點：從工作、經濟壓力和其他責任中解脫，似乎可以過著輕鬆安逸的生活，對許多人來說最後得到的自由毫無疑問是最棒的，能夠讓自己去做一直想做的事。但是突然失去了規律的生活、責任和目標，其實會讓人身體衰弱，並且引發各種心理症狀，例如憂鬱症，[60]影響身體健康。在你年紀大時，這絕非小事。

我們還要記得，沒有誰能夠永生，你愈老，就愈有可能看到自己的朋友、家人或伴侶等親近之人離世。這時有悲傷的情緒是很自然的，但是這種情緒的力量強大，需要很長的時間才能調整與克服，有些人甚至覺得無法走出悲傷的情緒，變得離群索居，並沉溺在與逝者的回憶中，到頭來可能需要治療。[61]

而遠比上面更嚴重的狀況是，雖然我們經常受到教誨要「尊重長者」，但是社會並不一定會遵循。主流媒體往往忽略或無視年長者，甚至家人也是，因為家人有自己的生活、目標與責任。照顧日漸衰弱的雙親或親人是一個很重的責任，而且隨著時間流逝負擔會愈來愈大。此外，現在的交通方便，親近的家人往往因工作而散居各地，年長者受到忽視，幾乎被遺忘，但他們日益衰老的身體對這種狀況也無能為力。年長者的數量逐年增加，孤獨成為他們最後面對的重大問題，[62]同時還需要他人協助日常生活瑣事，這使得自主性減少、壓力增加，進一步造成不快樂，並且形成惡性循環。

以上種種推論，都是建立在腦部沒有老化的狀況下，事實上腦部也會老化。腦部是身體最耗能量的器官，對應各種裡裡外外事務的程序讓腦的結構日益衰退。年老對腦部有多方面的影響，[63]特別重要的是損耗了多巴胺系統與血清張力素系統。多巴胺對於情緒感覺和報償系統的運作極為重要，當然會影響到快樂。血清張力素對於心情穩定是關鍵性的神經傳遞物，從而影響睡眠循環。[64]年長者通常不需要較多的睡眠，但是睡眠受到影響則會導致認知和情緒問題。先不論神經退化問題所導致失智症之類的疾病（在年長者中風險特別高[65]），年長的腦比較缺乏彈性、效率，領悟力遠不及年輕時，處理情緒的效率更是大不如前，[66]這顯然會影響到快樂與否。事情就是這樣，沒有東西能夠逃過熱力學第二定律的掌握。

抱歉，我了解這是個黯淡無光的景象。不過我認為最好先說壞消息，這樣在解釋該如何預防與對抗這些悲慘命運的方法時，會比較愉快。上述的種種現象，只是在老化時什麼預防都不做時，才會「必然」發生的結果，幸好我們有許多措施可行，其中有些是演化所贈與的。

首先，近年來持續有研究指出，規律運動確實能夠對抗年老帶來的負面效應。[67]這很有道理，因為腦部是身體的器官，運動能夠提高新陳代謝，促進心臟與相關系統的健康，代表有更多血液和營養流通整個身體，腦部便有更多礦物質和能量用以保持活躍，對腦很有幫助。

活躍的腦是健康的腦，教育程度愈高的人，對抗認知衰退的能力似乎愈強，不過造成衰退的物理機制會占上風。[68]幸好學習從來不嫌晚，除非你的記憶系統嚴重受損（年老時罹患失智症可能就會這樣），學習新事物的能力是持續終身的。退休後去上課雖不會對職業生涯有所幫助，但是並不表示沒法帶來好處。

全球許多城市都有專供年長者使用的運動公園，[69]好讓他們能夠多運動，增進健康與福祉，同時也希望他們從運動中得到快樂及與他人互動的機會。如果能夠讓你快樂，回歸童年的感覺也沒有什麼不好。

還有另一件事是「懷舊」。許多人往往認為年長者喜歡回顧過往，讓人相信「當時」的每件事都比較好。就某方面來說這完全合乎邏輯，你當然會偏好回憶「當年勇」的時光，而非年老體衰的現在。不過懷舊有時會變質，因為腦中的樂觀偏誤在你回想往事時，會扭曲和美化那些記憶，[70]進而干擾現有的記憶。有不少心理學家認為懷舊是一種心理疾病，[71]或至少是一種負面的認知行為，會讓人分心在誇大但又無法接觸的過往回憶中，無法全力集中在此刻的生活中，因此發展出一些治療方式。

但是也有證據指出，不論在任何年紀，懷舊其實都是非常正面的，能夠讓我們更有動力、更樂意社交、更為樂觀，這全都有助於福祉與健康。[72]其中道理是，經常想到過去的美好，代表你依然知道自己的成就和能力，這樣就更容易認為好事真的能夠發生，當然也就會讓你感覺更好。懷舊並不是在哀悼往事，更多的是讚賞過往的成就，就像是在心裡面擦亮獎牌，而不是悲嘆失敗的戀情。

不過懷舊到太超過，讓年長者全體都投票贊成重新創造出一個類似幻想中的過去浪漫世界，顯然對任何人都沒好處（例如「英國脫歐」）。它會讓你回到把懷舊當成是毛病的時代，簡直就在自找苦吃。

最後，我們能夠避免年長而衰敗的另一個重要的方法，是保持社交活動，社交對於維持快樂是很重要的。對於年長者而言，孤獨和寂寞是心理健康傷害最大的非物理性因子，能夠避免孤獨與寂寞的東西，都有助於維持快樂。[73]我們經常聽到年長者說「只是想要找人說話而已」。我們是人類，演化出來就是需要和他人共處的，沒有人老到演化出與其他東西共處。

就某方面來說，這是人類一開始會變得那麼老的原因。比起其他相似的物種，人類的壽命長得多，在身體與生殖機能過了高峰後，都還能活很久，如果你細想，這很不「天擇」。有許多理論解釋說為何人類的身體可以那麼持久，其中有一個可能很重要：祖父母對於年輕個體和社區的生存，具有正面的影響。[74]在原始的人類社區中，年長的成員已無法負擔狩獵或其他勞動工作，但是依然能夠好好照顧嬰兒和幼兒；同時少壯年需要花時間追求伴侶，或是做其他讓人精疲力盡的事。兒童受到祖父母的照顧，同時直接學習他們的智慧，又能夠幫助日常瑣事。把老傢伙留在身邊有許多不同的好處。

成為祖父母，等於讓年長者有了新的責任（而且也比較不耗體力）、新的目標，自己的子女現已長大獨立。無怪乎許多年長者毫不掩飾想要孫子，就如同我的父母和岳父母。但這是雙向關係，孫子有人照顧，祖父母想要照顧孫子，對大家都好。

當然，並不是每個人都幸運到有情感親近或住得近的家人。不過，對於老化中的腦而言，要保持快樂和對抗不可避的效應，就必須與人保持聯繫。

「不可避免」在這裡是個沉重的詞。不論有多努力維持聰穎與快樂，終有停下的一天，因為我們都會死，抱歉，完全沒有避免的方式。每個人和腦的壽命都是有限的，終會死亡，只是不知道是何時以何種方式死亡，這是好的，或許也是不確定性能夠減少壓力、鼓舞人心的例子。

只不過腦把這種優點抹除了，因為腦的能力強大，讓我們能了解腦部的運作方式，並且發展出我們視為理所當然的先進醫療科學。目前幾乎有可能知道你約莫什麼時候會死亡。我們可以診斷絕症，並且提供預後，病人會清楚知道大概還有多少日子，至少是一個大概的數字。

這和我們的腦、我們的快樂有什麼關係？對我們的心理有什麼影響？從心理學的角度來說，這一直讓我困惑、警覺與訝異。我並不是在談其中神祕或宗教上的成分，那是哲學家和其他學者要處理的內容。

克里斯潘・亞哥（Crispian Jago）可能沒有時間想那麼多。這位言談機智的康瓦爾郡人，公開表明自己是無神論者與懷疑論者，喜愛黑膠唱片。我們認識時，他是「酒吧中的懷疑論者」（Skeptics in the Pub）這個理性主義者草根組織在溫徹斯特分部的幹部（我成立了卡地夫分部，並且擔任幹部數年）。二〇一六年他被診斷出無法治癒的致命癌症，當時估計只剩下十八個月的壽命。[75]

他現年五十歲，十八個月的壽限已過了一年，化療讓他顯眼的紅髮與鬍鬚變成雪白。我問亞哥在這死亡逐漸逼近的期間，如何維持快樂。

「當我知道癌症復發擴散，又到末期且無法治療時，當然稱不上快樂，感覺被騙了，特別是在辛苦工作那麼久之後，終於能夠好好享受退休生涯時。我並沒有很生氣，只是覺得很不幸，老實說是自憐自艾。」

克里斯潘就像是老派的英國人，在面對絕症時，覺得需要為自憐自艾而道歉。知道罹患絕症當然會經歷數月的消沉和沮喪，不過在這最後六個月，他又感覺到快樂了。他離開工作將近一年，能夠進行計畫退休後才能去的旅行。他看到自己的孩子上了好大學，可以好好地過日子。他還指出「不用工作，讓我能夠一連五天看在羅德球場舉辦的板球比賽」。

克里斯潘分享了一個有趣的想法。在接受化療的過程中，有些日子舒服，有些日子難過。治療後一段時間感覺糟透了，其他的日子感覺很好。他天生就理性且善於分析，發現到身體狀況好的日子，剛好就是與老朋友、探視者見面的日子，這樣的次數在他確診後增加很多。知道了趨勢後，他盡力讓身邊人成為他自己在乎的人，而且相處時間不斷增加，看來就像是在玩把戲。

「毫無疑問，末期癌症讓我知道有許多人愛著自己，包括朋友和家人。在自己沒有要面對死亡時，其他人是不可能對你說這種話的。不過真要死了，他們就會努力地告訴你，你有多麼重要，這讓我非常快樂。」

和他人愉快的互動，以及彼此的愛與認同，對克里斯潘的影響甚深。這是正面人際關係能夠讓人快樂的極佳證據，如果還有更好的，可能要比我厲害的人才能找得出來。許多人在這種時候可能轉向上帝或神明，但他是無神論者，沒有時間改變。他堅信保持心智澄清大有幫助，所以也不會去擔心最後的審判等諸如此類的事。

「在預後結果出來後的幾個月，我陷入悲傷。但是出乎意料的，我又覺得快樂了，這都要歸功於我們朋友、家人、放鬆的日子、愉快的回憶，沒有後悔與負面思考。」

我有可以補充的，但是到底能補充什麼呢？雖然他的病況嚴重，但因擁有這些正面的事物，讓克里斯潘有一個快樂腦，這也是我一直追尋的。

結語

你知道的，當你準備好開車去長途旅行，花了幾小時打包行李、檢查所有事情，然後在抵達終點前，腦中竟出現擾人的聲音，不斷告訴你有件重要的事情忘了或沒做，或不應該做。暖器沒關嗎？金魚的食物夠嗎？門前腳踏墊下有鑰匙讓看管房子的人開門進來嗎？在檢查臥室時那裡好像著火了，應該要處理一下嗎？諸如此類的。

在要完成一本書時，也會有一模一樣的感覺，只是嚴重上百萬倍。雖然可以找藉口說，我知道一定遺漏了許多相關內容。最近我和一位朋友說，自己對於快樂的研究將要完成，然後她問我對於「哪些國家最快樂」的調查結果有什麼想法。這讓我不舒服了好長一段時間，然後從喉嚨深處發出尖叫，並且不停抓臉。

我想要藉這機會公開向那位朋友表示歉意，因為從那之後我們不曾再見面。

後來我找了那些各國快樂調查的結果，其中最扎實的可能是經濟合作暨發展組織

（OECD）經過十年的調查與研究後，在二〇一一年發表的「美好生活指數」（Better Life Index）。這項研究採用互動的方式，讓各個國家測量一般國民生活過得有多好，以及整個國家有多「快樂」。我深感沮喪，想要重寫一整章，好把這個調查報告納入。後來我檢視了其中各種指數，包括了房屋、收入、工作、社區、教育、環境、施政、健康、生活滿意程度、安全，以及工作與生活間的平衡等，可由指數評估每個人的福祉高低。

試想，我已經用某些方式囊括了那些內容，有些是直接寫出且篇幅還滿多的，有些則是在他處以神經學的方式解釋。老實說，我從沒想要計算快樂的高低，只是想看看哪些事物能夠讓腦快樂，以及引起快樂的方式。花了多年才完成的多國計畫，得到的結果和我提出的類似，而我的方式是反覆在科學論文中跌跌撞撞找資料，並且穿插與各種人物的訪談，呈現他們的真實感受，這種方式的優點可在前面幾章看到。

毫無疑問，有些內容我並未寫入本書中。例如運動這樣激烈的身體競爭行為，對於從事和觀賞的人來說，都能夠覺得快樂？為什麼本應該快樂的家庭聚會，最後卻變成充滿壓力與彼此嚴厲指責的場域。對同性戀者和雙性戀者而言，所有與性相關的內容都正確嗎？對於跨性別者而言又是如何？或對於有某些心理疾病的人是如何？這些都與腦部讓我們快樂的過程有關嗎？我無法回答這種種問題的原因之一，是我沒有足夠的篇幅，因為那些全是大哉問，其中內容絕非一本普通大小的書能夠涵蓋。有時候則是因為能夠取得的科學資料有限而無法下筆。社會及社會所認為的「正常現象」轉變得很快，但是科學研究要花費數十年的時間才能取得的結果則不然。有些問題在缺乏相關論證的狀況下是難以回答的。

但是我發現了什麼呢？就我現在所知腦部處理快樂的方式，可以找到永恆快樂的祕密嗎？如果是從本書開頭閱讀的人，就會知道看似沒有永恆快樂這種事。快樂並不像是藏寶箱中的金塊儲存在腦中，等待以正確的鑰匙打開後拿走花用。人類的腦從來都不會這樣簡單直接且固定不變，以後也是。結果便是有許多事情的確能夠剛好讓你覺得快樂，但是每種方法都有限制及需要小心在意之處。

舉例來說，如果沒有自己的家，很難感到快樂，因為你需要有個安全可靠的地方把可怕又巨大的世界關在門外，讓你能重新取得環境的控制權。但是有了家也要是適當的家才行，得具備多種條件，能夠代表自己，符合自己的要求（往往非常個人專斷的），這樣的家，待在裡面才會舒服。另一件同樣重要的事情是，由於能讓自己快樂的方式很多，能夠影響你家的外來因子也很多，例如工作和親人。

工作是另一件能夠讓人快樂的事情，前提是在工作與日常生活之間維持平衡。不過呢，怎樣才可算是「平衡」，也是因人而異。而且就工作的本質與腦對於工作的反應方式來說，你的工作可以提供大量的滿足感與報償，卻也可能可怕而令人沮喪，不僅引起腦中的壓力與負面情緒反應，還讓你連緊急的事情都不願意去做。由於種種原因，有些人的腦非常喜歡工作，而其他人的腦則厭惡工作，只要基本工作內容外的增加都會覺得糟糕。除此之外，工作的本質也會在許多方面影響我們，例如對於自己社會地位的看法。

許多時候快樂和金錢有關，這是當然的，我們需要金錢才能生活，我們需要工作才能得到金錢。金錢報償似乎能讓腦比較快樂，但也只能提高到某個程度。如果你擁有的金錢多到超過在這個複雜社會中存在所需，那麼金錢和快樂間的關係就開始變得模糊而消失，金錢以外的因素變得更重要。你的腦能夠完全清楚財務狀況已經改變，接著財務狀況改變會引發新的問題與重要事項，這會帶給你成功，或是失敗。

我們都想要成功，至少是某種形式的成功。我們都想得到他人的認可。人類是社會性物種，許多理論指出人類一開始就是由交朋友和與他人互動的能力所驅使，腦才變得如此強大。腦部許多能力和功能是為了促進與周遭人溝通互動，結果是腦中系統對於其他人的認可——不論是什麼形式——都非常看重，也因此讓人快樂。而且讓愈多人喜歡就會愈快樂，因此才有那麼多人渴望名聲。

當然，事情沒那麼單純。名聲就像金錢，當你得到的名聲多到某程度，就開始變得乏力，這時來自於你最親近之人的尊重與認可則會讓你快樂。如果沒有的話，你可能會有些「精神失常」。

就算你不在意名聲，也會想要得到某個特殊人士的認可與愛情，不論是心理的還是身體的。愛與性彼此關係密切，也深深影響了快樂，只是每個人處理愛與性的方式不同。愛與性是日常生活的基本，人類也演化出希望能積極獲取愛與性，因此對腦有很大的影響，這些影響甚至讓腦變得不穩定，從而改變我們的行為、想法和觀念。有些時候我們會因此而快樂，甚或狂喜，但也會讓生活一團亂，變得更複雜。把愛與性當成目標來追求的人，這個目標到頭來會比較不快樂，因為愛與性是生活的一部分，而非生活的目標。當你和某人在一起時，並沒有什麼終點線要跨過，或是有「遊戲結束」的信號會出現。生活要持續走下去，你也是。愛與性能夠讓我們快樂，的確沒錯，但是當我們認為找尋愛情像在尋找寶藏，就等於是冒著讓腦部運作扭曲的危險，這才是重點。

同樣的，笑與幽默讓人愉快，是令人經常保持快樂的重要元素。每個人都喜歡、利用與追尋歡笑與幽默，因為歡笑與幽默可用多種方式影響我們，並在現代的腦中發展出數種不同功能。幽默雖然很棒，但是就如同快樂對我們造成的效果一樣，倘若你的生活都繞著幽默打轉，並不保證能夠得到持續且穩固的快樂。有時在某些狀況下反而會弊大於利。

快樂有時不僅會傷害自己，也會傷害他人，這是快樂對本身自動產生的阻礙。由於人類棘手的腦部有多種特性，在許多狀況下讓人快樂的事物也會讓人受到傷害，或是迫使自己和他人產生衝突。人類腦部的基本功能和機制無法配合現代社會的先進與複雜，最終我們發現找尋快樂會和生存本能或社會和諧產生衝突。你得知道，我們很在意生存與和諧。

但是我們知道，自己在意的事物並不固定。你的腦（也就是你本人）會隨著年齡變化而改變。當你進入不同的發育時期與階段，腦部深處的生物特性會發生改變，代表你年輕時會讓人快樂的事物在多年後就沒有這種效果了。

關於快樂的種種內容，如果有一個簡單好應用的重點不是很好嗎？但是很抱歉，我無能為力。我所訪問的對象，不論是科學家或超級巨星、喜劇演員，還是性感女性、億萬富翁、將死之人，全都以自己的方式找到快樂，這牽涉到他們之前的人生。如果有哪個重點，便是我在研究快樂的過程中讓我更懷疑那些宣稱知道永恆快樂的「關鍵」或「祕密」之人。我現在清楚相信沒有那種東西，就算有，也會因人而異。所以就算是退一萬步來說，用一種方法就要讓所有人快樂，實在是天真過頭了。但是如果哪個建議對你有用，就多用吧。人類的腦非常厲害，雖然具有邏輯與客觀思考能力，但是幾乎對於任何事情都能夠接納與反應，人類產生快樂的方式也是如此。

只不過如果你拿著槍指著我的頭，堅持要我指出一個無所不包的主軸，能夠連結到之前提過腦中所有與快樂相關的過程，那麼我會說自己的快樂取決於他人。和你住在同一屋簷下的人、和你一起工作的人、與你嗜好相同的人等。我們想要感動他們，追求他們的認同、親近、愛及笑容。不論用什麼方式，如果超越他人會讓自己滿足，縱使會讓其他人害怕、讓人受到傷害，都有可能讓自己快樂，但對許多人來說，這並不愉快，只是現實狀況就是如此。我們也喜歡其他人，如果自己能夠造人的話也能得到許多快樂。當然你可能一點都不想，這也很好。

我認為「沒有人是一座孤島」這句老話是對的，從文義上來說真就是如此，人類不可能是受到海水包圍的一片陸地，如果真是那樣也太蠢了。但就算是比喻，若人類在演化史上曾有孤獨而能夠快樂的時候（且不論當時人類是什麼生物），那也是很久以前了。我們是社會性物種，就算我們最看重自己所處的空間和隱私，但是知道還有他人的存在會讓自己感到舒適與安心。我們自身的存在，主要是建立在與周遭人的互動上，他們影響了我們快樂與否。

我也不例外，畢竟我花了好幾個月寫了一整本書，就只是為了讓完全陌生的人讀了能夠高興。而你也花了時間閱讀，希望你讀後能感到快樂。

致謝

如果受到他人認可是讓自己快樂的重要方式，那麼我想讓很多人感到快樂，因為沒有他們，這本書是不可能完成的。

謝謝我的妻子凡妮塔（Vanita），雖然一直很辛苦，但是她始終不離不棄。這些日子我一直在搔著毛髮日漸稀疏的頭，找尋寫作靈感時，她讓我仍能過著正常生活。

謝謝我最愛的孩子米倫（Millen）和卡維塔（Kavita），老爸每個週末躲在房間裡就是為了這本書。

謝謝我的經紀人克里斯·威爾畢拉夫（Chris Wellbelove）。之前他突然寄了封電子郵件給我這個普通的科學部落格主，說道：「想要來寫本書嗎？」當時我從沒想過寫書，真是奇怪呢！現在竟已經出版了兩本書。

感謝《衛報》科學網站的塔許·萊斯－班克斯（Tash Reith-Banks）、席琳·拜勒費爾德（Celine Bijleveld），幾位叫詹姆斯（James）的人，還有其他人，幫忙我把鬆散的文字整理到能見人的模樣，最後讓我寫出書來。

法博出版社（Faber）的編輯佛雷德·巴提（Fred Baty）與蘿拉·哈森（Laura Hassan）的耐心過人，節制自己，從未和我解釋「交稿期限」的意義，真是不朽偉業。

謝謝多娜（Donna）、史蒂夫（Steve）、蘇菲（Sophie）、約翰（John）、立茲（Lizzie）和每位法博出版社總部的人，把我混亂的文字轉變成人們想要閱讀的內容，簡直就像是兒童劇裡的煉金術。

最後，本書因為許多人的幫助才得以完成，其中有些人已經出現在書裡，但我要感謝我所有訪問過、引用過的神經科學家、心理學家及其他真正的科學家。同時也感謝正在工作的研究人員，他們持續拓展了我們的知識。

我當過研究人員，知道研究生活如何。在現有的資源下，努力真正地了解腦部，就像是薛西弗斯持續把大石推上山去。只不過這座山塗滿了奶凍，而石頭是由蜜蜂組成，活生生會螫人的蜜蜂。

近幾年我漸漸成了神經科學社群的發言人，經常在媒體出現，這是我始料未及的。我想自己較為擅長與媒體打交道而已。我也完全知道不只有自己正為了科學在外奔走，基本上我只是在傳遞訊息。

最後我想說的是，我只是像其他優秀科學家那樣，站在巨人的肩膀上。不過我不曾想要擁有什麼樣的成就，只想欣賞在這裡能見到的風景。

註釋

第一章　腦中的快樂

1. Burnett, D., 'Role of the hippocampus in configural learning', Cardiff University, 2010
2. Arias-Carrion, O. and E. Poppel, 'Dopamine, learning, and reward-seeking behavior', *Acta Neurobiologiae Experimentalis*, 2007, 67(4), pp. 481–8
3. Zald, D. H., et al., 'Midbrain dopamine receptor availability is inversely associated with novelty-seeking traits in humans', *Journal of Neuroscience*, 2008, 28(53), pp. 14372–8
4. Bardo, M. T., R. L. Donohew and N. G. Harrington, 'Psychobiology of novelty seeking and drug seeking behavior', *Behavioural Brain Research*, 1996, 77(1), pp. 23–43
5. Berns, G. S., et al., 'Predictability modulates human brain response to reward', *Journal of Neuroscience*, 2001, 21(8), pp. 2793–8
6. Hawkes, C., 'Endorphins: the basis of pleasure?', Journal of Neurology, *Neurosurgery and Psychiatry*, 1992, 55(4), pp. 247–250
7. Pert, C. B. and S. H. Snyder, 'Opiate receptor: demonstration in nervous tissue', *Science*, 1973, 179(4077), pp. 1011–14

8. Lyon, A. R., et al., 'Stress (Takotsubo) cardiomyopathy – a novel pathophysiological hypothesis to explain catecholamine-induced acute myocardial stunning', *Nature Reviews Cardiology*, 2008, 5(1), p. 22
9. Okur, H., et al., 'Relationship between release of beta-endorphin, cortisol, and trauma severity in children with blunt torso and extremity trauma', *Journal of Trauma*, 2007, 62(2), pp. 320–4; discussion 324
10. Esch, T. and G. B. Stefano, 'The neurobiology of stress management', *Neuroendocrinology Letters*, 2010, 31(1), pp. 19–39
11. Weizman, R., et al., 'Immunoreactive [beta]-endorphin, cortisol, and growth hormone plasma levels in obsessive-compulsive disorder', *Clinical Neuropharmacology*, 1990, 13(4), pp. 297–302
12. Galbally, M., et al., 'The role of oxytocin in mother–infant relations: a systematic review of human studies', *Harvard Review of Psychiatry*, 2011, 19(1), pp. 1–14
13. Renfrew, M. J., S. Lang and M. Woolridge, 'Oxytocin for promoting successful lactation', *Cochrane Database of Systematic Reviews*, 2000(2), p. Cd000156
14. Scheele, D., et al., 'Oxytocin modulates social distance between males and females', *Journal of Neuroscience*, 2012, 32(46), pp. 16074–9
15. De Dreu, C. K., et al., 'Oxytocin promotes human ethnocentrism', *Proceedings of the National Academy of Sciences*, 2011, 108(4), pp. 1262–6
16. Dayan, P. and Q. J. Huys, 'Serotonin, inhibition, and negative mood', *PLOS Computational Biology*, 2008, 4(2), p. e4
17. Harmer, C. J., G. M. Goodwin and P. J. Cowen, 'Why do antidepressants take so long to work? A cognitive

neuropsychological model of antidepressant drug action', *British Journal of Psychiatry*, 2009, 195(2), pp. 102–108

18. Jorgenson, L. A., et al., 'The BRAIN Initiative: developing technology to catalyse neuroscience discovery', *Philosophical Transactions of the Royal Society B*, 2015, 370(1668)
19. Zivkovic, M., 'Brain culture: neuroscience and popular media', *Interdisciplinary Science Reviews*, 2015, 40(4)
20. Pearl, S., '*Species, Serpents, Spirits, and Skulls: Science at the Margins in the Victorian Age* by Sherrie Lynne Lyons', *Victorian Studies*, 2010, 53(1), pp. 141–3
21. Greenblatt, S. H., 'Phrenology in the science and culture of the 19th century', *Neurosurgery*, 1995, 37(4), pp. 790–804; discussion 804–5
22. Sample, I., 'Updated map of the human brain hailed as a scientific tour de force', *Guardian*, 20 July 2016
23. Aggleton, J. P., et al., *The Amygdala: A Functional Analysis*, Oxford University Press, 2000
24. Oonishi, S., et al., 'Influence of subjective happiness on the prefrontal brain activity: an fNIRS study', in Swartz, H., et al., 'Oxygen transport to tissue XXXVI', *Advances in Experimental Medicine and Biology*, 2014, pp. 287–93
25. Kringelbach, M. L. and K. C. Berridge, 'The neuroscience of happiness and pleasure', *Social Research*, 2010, 77(2), pp. 659–78
26. Berridge, K. C. and M. L. Kringelbach, 'Towards a neuroscience of well-being: implications of insights from pleasure research', in H. Brockmann and J. Delhey (eds), *Human Happiness and the Pursuit of Maximization*, Springer Netherlands, 2013, pp. 81–100

27. Witek, M. A., et al., 'Syncopation, body-movement and pleasure in groove music', *PLOS One*, 2014, 9(4), p. e94446
28. Zhou, L. and J. A. Foster, 'Psychobiotics and the gut–brain axis: in the pursuit of happiness', *Neuropsychiatric Disease and Treatment*, 2015, 11, pp. 715–23
29. Foster, J. A. and K.-A. M. Neufeld, 'Gut–brain axis: how the microbiome influences anxiety and depression', *Trends in Neurosciences*, 2013, 36(5), pp. 305–12
30. Aschwanden, C., 'How Your Gut Affects Your Mood', *FiveThirtyEight*, 19 May 2016, fivethirtyeight.com
31. Chambers, C. 'Physics envy: Do "hard" sciences hold the solution to the replication crisis in psychology?', *Guardian*, 10 June 2014
32. Chambers, C., *The Seven Deadly Sins of Psychology: A Manifesto for Reforming the Culture of Scientific Practice*, Princeton University Press, 2017
33. Cohen, J., 'The statistical power of abnormal-social psychological research: a review', *Journal of Abnormal and Social Psychology*, 1962, 65(3), p. 145
34. Engber, D., 'Sad face: another classic psychology finding – that you can smile your way to happiness – just blew up', 2016, slate.com

第二章　世上只有家最好

1. Raderschall, C. A., R. D. Magrath and J. M. Hemmi, 'Habituation under natural conditions: model predators are distinguished by approach direction', *Journal of Experimental Biology*, 2011, 214(24), p. 4209

2. Oswald, I., 'Falling asleep open-eyed during intense rhythmic stimulation', *British Medical Journal*, 1960, 1(5184), pp. 1450–5
3. Schultz, W., 'Multiple reward signals in the brain', *Nature Reviews Neuroscience*, 2000, 1(3), p. 199
4. Almeida, T. F., S. Roizenblatt and S. Tufik, 'Afferent pain pathways: a neuroanatomical review', *Brain Research*, 2004, 1000(1), pp. 40–56
5. Dickinson, A. and N. Mackintosh, 'Classical conditioning in animals', *Annual Review of Psychology*, 1978, 29(1), pp. 587–612
6. Parasuraman, R. and S. Galster, 'Sensing, assessing, and augmenting threat detection: behavioral, neuroimaging, and brain stimulation evidence for the critical role of attention', *Frontiers in Human Neuroscience*, 2013, 7, p. 273
7. Larson, C. L., et al., 'Recognizing threat: a simple geometric shape activates neural circuitry for threat detection', *Journal of Cognitive Neuroscience*, 2008, 21(8), pp. 1523–35
8. Durham, R. C. and A. A. Turvey, 'Cognitive therapy vs behavior therapy in the treatment of chronic general anxiety', *Behaviour Research and Therapy*, 1987, 25(3), pp. 229–34
9. Szekely, A., S. Rajaram and A. Mohanty, 'Context learning for threat detection', *Cognition and Emotion*, 2016, pp. 1–18
10. Suitor, J. J. and K. Pillemer, 'The presence of adult children: a source of stress for elderly couples' marriages?', *Journal of Marriage and Family*, 1987, 49(4), pp. 717–25
11. Dinges, D. F., et al., 'Cumulative sleepiness, mood disturbance, and psychomotor vigilance performance

decrements during a week of sleep restricted to 4–5 hours per night', *Sleep*, 1997, 20(4), pp. 267–77

12. Agnew, H. W., W. B. Webb and R. L. Williams, 'The first night effect: an EEG study of sleep', *Psychophysiology*, 1966, 2(3), pp. 263–6
13. Sample, I., 'Struggle to sleep in a strange bed? Scientists have uncovered why', *Guardian*, 21 April 2016
14. Burt, W. H., 'Territoriality and home range concepts as applied to mammals', *Journal of Mammalogy*, 1943, 24(3), pp. 346–52
15. Rattenborg, N. C., C. J. Amlaner and S. L. Lima, 'Behavioral, neurophysiological and evolutionary perspectives on unihemispheric sleep', *Neuroscience and Biobehavioral Reviews*, 2000, 24(8), pp. 817–42
16. Mascetti, G. G., 'Unihemispheric sleep and asymmetrical sleep: behavioral, neurophysiological, and functional perspectives', *Nature and Science of Sleep*, 2016, 8, pp. 221–38
17. Eichenbaum, H., 'The role of the hippocampus in navigation is memory', *Journal of Neurophysiology*, 2017, 117(4), pp. 1785–96
18. Hartley, T., et al., 'Space in the brain: how the hippocampal formation supports spatial cognition', *Philosophical Transactions of the Royal Society B*, 2013, 369(1635)
19. Jacobs, J., et al., 'Direct recordings of grid-like neuronal activity in human spatial navigation', *Nature Neuroscience*, 2013, 16(9), pp. 1188–90
20. Rowe, W. B., et al., 'Reactivity to novelty in cognitively-impaired and cognitively-unimpaired aged rats and young rats', *Neuroscience*, 1998, 83(3), pp. 669–80
21. Travaini, A., et al., 'Evaluation of neophobia and its potential impact upon predator control techniques: a study

on two sympatric foxes in southern Patagonia', *Behavioural Processes*, 2013, 92, pp. 79–87

22. Misslin, R. and M. Cigrang, 'Does neophobia necessarily imply fear or anxiety?', *Behavioural Processes*, 1986, 12(1), pp. 45–50
23. Quintero, E., et al., 'Effects of context novelty vs. familiarity on latent inhibition with a conditioned taste aversion procedure', *Behavioural Processes*, 2011, 86(2), pp. 242–9
24. Brocklin, E. V., *The Science of Homesickness*, Duke Alumni, 2014
25. Bhugra, D. and M. A. Becker, 'Migration, cultural bereavement and cultural identity', *World Psychiatry*, 2005, 4(1), pp. 18–24
26. Silove, D., P. Ventevogel and S. Rees, 'The contemporary refugee crisis: an overview of mental health challenges', *World Psychiatry*, 2017, 16(2), pp. 130–9
27. Holmes, T. and R. Rahe, 'The Holmes–Rahe life changes scale', *Journal of Psychosomatic Research*, 1967, 11, pp. 213–18
28. Zhang, R., T. J. Brennan and A. W. Lo, 'The origin of risk aversion', *Proceedings of the National Academy of Sciences*, 2014, 111(50), pp. 17777–82
29. Ickes, B. R., et al., 'Long-term environmental enrichment leads to regional increases in neurotrophin levels in rat brain', *Experimental Neurology*, 2000, 164(1), pp. 45–52
30. Young, D., et al., 'Environmental enrichment inhibits spontaneous apoptosis, prevents seizures and is neuroprotective', *Nature Medicine*, 1999, 5(4)
31. Hicklin, A., 'How Brooklyn became a writers' mecca', *Guardian*, 7 July 2012

32. Quintero, E., et al., 'Effects of context novelty vs. familiarity on latent inhibition with a conditioned taste aversion procedure', *Behavioural Processes*, 2011, 86(2), pp. 242–9
33. Bouter, L. M., et al., 'Sensation seeking and injury risk in downhill skiing', *Personality and Individual Differences*, 1988, 9(3), pp. 667–73
34. Smith, S. G., 'The essential qualities of a home', *Journal of Environmental Psychology*, 1994, 14(1), pp. 31–46
35. Hall, E. T., *The Hidden Dimension*, Doubleday, 1966
36. Aiello, J. R. and D. E. Thompson, 'Personal space, crowding, and spatial behavior in a cultural context', *Environment and Culture*, 1980, pp. 107–78
37. Lourenco, S. F., M. R. Longo and T. Pathman, 'Near space and its relation to claustrophobic fear', *Cognition*, 2011, 119(3), pp. 448–53
38. Kennedy, D. P., et al., 'Personal space regulation by the human amygdala', *Nature Neuroscience*, 2009, 12(10), pp. 1226–7
39. Evans, G. W. and R. E. Wener, 'Crowding and personal space invasion on the train: Please don't make me sit in the middle', *Journal of Environmental Psychology*, 2007, 27(1), pp. 90–94
40. Schwartz, B., 'The social psychology of privacy', *American Journal of Sociology*, 1968, pp. 741–52
41. Berman, M. G., J. Jonides and S. Kaplan, 'The cognitive benefits of interacting with nature', *Psychological Science*, 2008, 19(12), pp. 1207–12
42. Ulrich, R., 'View through a window may influence recovery', *Science*, 1984, 224(4647), pp. 224–5
43. Dobbs, D., 'The green space cure: the psychological value of biodiversity', *Scientific American*, 13 November

2007

44. 'Tiny house movement', Wikipedia, 2017, wikipedia.org/wiki/Tiny_house_movement
45. Bouchard, T. J., 'Genes, environment, and personality', *Science*, 1994, p. 1700
46. Oishi, S. and U. Schimmack, 'Residential mobility, well-being, and mortality', *Journal of Personality and Social Psychology*, 2010, 98(6), p. 980
47. Jang, Y. and D. E. Huber, 'Context retrieval and context change in free recall: recalling from long-term memory drives list isolation', *Journal of Experimental Psychology: Learning, Memory, and Cognition*, 2008, 34(1), p. 112
48. Rubinstein, R. L., 'The home environments of older people: a description of the psychosocial processes linking person to place', *Journal of Gerontology*, 1989, 44(2), pp. S45–S53
49. Winograd, E. and W. A. Killinger, 'Relating age at encoding in early childhood to adult recall: development of flashbulb memories', *Journal of Experimental Psychology: General*, 1983, 112(3), p. 413
50. Lollar, K., 'The liminal experience: loss of extended self after the fire', *Qualitative Inquiry*, 2009
51. Jones, R. T. and D. P. Ribbe, 'Child, adolescent, and adult victims of residential fire: psychosocial consequences', *Behavior Modification*, 1991, 15(4), pp. 560–80
52. Kim, K. and M. K. Johnson, 'Extended self: medial prefrontal activity during transient association of self and objects', *Social Cognitive and Affective Neuroscience*, 2010, pp. 199-207
53. Proshansky, H. M., A. K. Fabian and R. Kaminoff, 'Place-identity: physical world socialization of the self', *Journal of Environmental Psychology*, 1983, 3(1), pp. 57–83

54. Anton, C. E. and C. Lawrence, 'Home is where the heart is: the effect of place of residence on place attachment and community participation', *Journal of Environmental Psychology*, 2014, 40, pp. 451–61

第三章　工作讓你的腦快樂

1. 'University of Bologna', Wikipedia, 2017, wikipedia.org/wiki/University_of_Bologna
2. Wilson, M., 'Stunning documentary looks at life inside a marble mine', *Fast Company*, 14 November 2014, fastcodesign.com
3. 'What Percentage of Your Life Will You Spend at Work? ', ReviseSociology.com, 2016, @realsociology
4. Work-related Stress, Anxiety and Depression Statistics in Great Britain, Health and Safety Executive, 2016, hse.gov.uk/statistics/causdis/stress/
5. Number of Jobs, Labor Market Experience, and Earnings Growth: Results from a Longitudinal Survey, Bureau of Labor Statistics, 2017, bls.gov/news.release/nlsoy.toc.htm
6. Erickson, K. I., C. H. Hillman and A. F. Kramer, 'Physical activity, brain, and cognition', *Current Opinion in Behavioral Sciences*, 2015, 4(Supplement C), pp. 27–32
7. Swaminathan, N., 'Why does the brain need so much power?', *Scientific American,* 2008 29(04), p. 2998
8. Sleiman, S. F., et al., 'Exercise promotes the expression of brain derived neurotrophic factor (BDNF) through the action of the ketone body β-hydroxybutyrate', *Elife*, 2016, 5, p. e15092
9. Godman, H., 'Regular exercise changes the brain to improve memory, thinking skills', *Harvard Health Letters*, 2014

10. White, L. J. and V. Castellano, 'Exercise and brain health – implications for multiple sclerosis', *Sports Medicine*, 2008, 38(2), pp. 91–100

11. Kohl, H. W. and H. D. Cook, 'Physical activity, fitness, and physical education: effects on academic performance', in *Educating the Student Body: Taking Physical Activity and Physical Education to School*, National Academies Press, 2013

12. Gonzalez-Mule, E., K. M. Carter and M. K. Mount, 'Are smarter people happier? Meta-analyses of the relationships between general mental ability and job and life satisfaction', *Journal of Vocational Behavior*, 2017, 99(Supplement C), pp. 146–64

13. Thoren, P., et al., 'Endorphins and exercise: physiological mechanisms and clinical implications', *Medicine and Science in Sports and Exercise*, 1990

14. Almeida, R. P., et al., 'Effect of cognitive reserve on age-related changes in cerebrospinal fluid biomarkers of Alzheimer disease', *JAMA Neurology*, 2015, 72(6), pp. 699–706

15. Scarmeas, N. and Y. Stern, 'Cognitive reserve: implications for diagnosis and prevention of Alzheimer's disease', *Current Neurology and Neuroscience Reports*, 2004, 4(5), pp. 374–380

16. Kurniawan, I. T., et al., 'Effort and valuation in the brain: the effects of anticipation and execution', *Journal of Neuroscience*, 2013, 33(14), p. 6160

17. Hagura, N., P. Haggard and J. Diedrichsen, 'Perceptual decisions are biased by the cost to act', *Elife*, 2017, 6, p. e18422

18. Herz, R S. and J. von Clef, 'The influence of verbal labeling on the perception of odors: evidence for olfactory

illusions?', *Perception*, 2001, 30(3), pp. 381–91

19. Elliott, R., et al., 'Differential response patterns in the striatum and orbitofrontal cortex to financial reward in humans: a parametric functional magnetic resonance imaging study', *Journal of Neuroscience*, 2003, 23(1), p. 303
20. Holmes, T. and R. Rahe, 'Holmes–Rahe life changes scale', *Journal of Psychosomatic Research*, 1967, 11, pp. 213–18
21. Howell, R. T., M. Kurai and L. Tam, 'Money buys financial security and psychological need satisfaction: testing need theory in affluence', *Social Indicators Research*, 2013, 110(1), pp. 17–29
22. Sheldon, K. M. and A. Gunz, 'Psychological needs as basic motives, not just experiential requirements', *Journal of Personality*, 2009, 77(5), pp. 1467–92
23. Roddenberry, A. and K. Renk, 'Locus of control and self-efficacy: potential mediators of stress, illness, and utilization of health services in college students', *Child Psychiatry and Human Development*, 2010, 41(4), pp. 353–370
24. Abramowitz, S. I., 'Locus of control and self-reported depression among college students', *Psychological Reports*, 1969, 25(1), pp. 149–150
25. Williams, J. S., et al., 'Health locus of control and cardiovascular risk factors in veterans with Type 2 diabetes', *Endocrine*, 2016, 51(1), pp. 83–90
26. Lefcourt, H. M., *Locus of Control: Current Trends in Theory and Research*, Psychology Press, 2014
27. Pruessner, J. C., et al., 'Self-esteem, locus of control, hippocampal volume, and cortisol regulation in young

and old adulthood', *NeuroImage*, 2005, 28(4), pp. 815–26

28. Lewis, M., S. M. Alessandri and M. W. Sullivan, 'Violation of expectancy, loss of control, and anger expressions in young infants', *Developmental Psychology*, 1990, 26(5), p. 745
29. Leavitt, L. A. and W. L. Donovan, 'Perceived infant temperament, locus of control, and maternal physiological response to infant gaze', *Journal of Research in Personality*, 1979, 13(3), pp. 267–78
30. Colles, S. L., J. B. Dixon and P. E. O'Brien, 'Loss of control is central to psychological disturbance associated with binge eating disorder', *Obesity*, 2008, 16(3), pp. 608–14
31. Rosen, H. J., et al., 'Neuroanatomical correlates of cognitive selfappraisal in neurodegenerative disease', *NeuroImage*, 2010, 49(4), pp. 3358–64
32. Maguire, E. A., K. Woollett and H. J. Spiers, 'London taxi drivers and bus drivers: a structural MRI and neuropsychological analysis', *Hippocampus*, 2006, 16(12), pp. 1091–1101
33. Gaser, C. and G. Schlaug, 'Brain structures differ between musicians and non-musicians', *Journal of Neuroscience*, 2003, 23(27), pp. 9240–5
34. Castelli, F., D. E. Glaser and B. Butterworth, 'Discrete and analogue quantity processing in the parietal lobe: a functional MRI study', *Proceedings of the National Academy of Sciences of the United States of America*, 2006, 103(12), pp. 4693–8
35. Grefkes, C. and G. R. Fink, 'The functional organization of the intraparietal sulcus in humans and monkeys', *Journal of Anatomy*, 2005, 207(1), pp. 3–17
36. Oswald, A. J., E. Proto and D. Sgroi, 'Happiness and productivity', *Journal of Labor Economics*, 2015, 33(4),

pp. 789–822

37. Farhud, D. D., M. Malmir and M. Khanahmadi, 'Happiness and health: the biological factors – systematic review article', *Iranian Journal of Public Health*, 2014, 43(11), p. 1468
38. Zwosta, K., H. Ruge and U. Wolfensteller, 'Neural mechanisms of goal-directed behavior: outcome-based response selection is associated with increased functional coupling of the angular gyrus', *Frontiers in Human Neuroscience*, 2015, 9
39. Elliot, A. J. and M. V. Covington, 'Approach and avoidance motivation', *Educational Psychology Review*, 2001, 13(2), pp. 73–92
40. Cofer, C. N., 'The history of the concept of motivation', *Journal of the History of the Behavioral Sciences*, 1981, 17(1), pp. 48–53
41. Lee, W., et al., 'Neural differences between intrinsic reasons for doing versus extrinsic reasons for doing: an fMRI study', *Neuroscience Research*, 2012, 73(1), pp. 68–72
42. Benabou, R. and J. Tirole, 'Intrinsic and extrinsic motivation', *Review of Economic Studies*, 2003, 70(3), pp. 489–520
43. Lepper, M. R., D. Greene and R. E. Nisbett, 'Undermining children's intrinsic interest with extrinsic reward: a test of the "overjustification" hypothesis', *Journal of Personality and Social Psychology*, 1973, 28(1), pp. 129–37
44. Lapierre, S., L. Bouffard and E. Bastin, 'Personal goals and subjective well-being in later life', *International Journal of Aging and Human Development*, 1997, 45(4), p. 287–303

45. Agnew, R., 'Foundation for a general strain theory of crime and delinquency', *Criminology*, 1992, 30(1), pp. 47–88
46. Higgins, E. T., et al., 'Ideal versus ought predilections for approach and avoidance distinct self-regulatory systems', *Journal of Personality and Social Psychology*, 1994, 66(2), p. 276
47. Leonard, N. H., L. L. Beauvais and R. W. Scholl, 'Work motivation: the incorporation of self-concept-based processes', *Human Relations*, 1999, 52(8), pp. 969–98
48. Neal, D. T., W. Wood and A. Drolet, 'How do people adhere to goals when willpower is low? The profits (and pitfalls) of strong habits', *Journal of Personality and Social Psychology*, 2013, 104(6), p. 959
49. Bem, D. J., 'Self-perception: an alternative interpretation of cognitive dissonance phenomena', *Psychological Review*, 1967, 74(3), p. 183
50. Utevsky, A. V. and M. L. Platt, 'Status and the brain', *PLOS Biology*, 2014, 12(9), p. e1001941
51. Pezzulo, G., et al., 'The principles of goal-directed decision-making: from neural mechanisms to computation and robotics', *Philosophical Transactions of the Royal Society B*, 369(1655), 2014
52. Leung, B. K. and B. W. Balleine, 'The ventral striato-pallidal pathway mediates the effect of predictive learning on choice between goal-directed actions', *Journal of Neuroscience*, 2013, 33(34), p. 13848
53. Media, O., Nuffield Farming Scholarships Trust, 2017, nuffieldscholar.org
54. Miron-Shatz, T., '"Am I going to be happy and financially stable?" How American women feel when they think about financial security', *Judgment and Decision Making*, 2009, 4(1), pp. 102–112
55. Moesgaard, S. 'How money affects the brain's reward system (why money is addictive) ', reflectd.co, 21

March 2013

56. Hyman, S. E. and R. C. Malenka, 'Addiction and the brain: the neurobiology of compulsion and its persistence', *Nature Reviews Neuroscience*, 2001, 2(10), p. 695

57. Sharot, T., *The Optimism Bias: A Tour of the Irrationally Positive Brain*, Vintage, 2011

58. Howell, et al., 'Money buys financial security and psychological need satisfaction: testing need theory in affluence', *Social Indicators Research*, 2012

59. Holmes, T. and R. Rahe, 'The Holmes–Rahe life changes scale', *Journal of Psychosomatic Research*, 1967, 11, pp. 213–18

60. Saarni, C., *The Development of Emotional Competence*, Guilford Press, 1999

61. Rodriguez, T., 'Negative emotions are key to well-being', *Scientific American*, 1 May 2013

62. Adkins, A., 'U.S. employee engagement steady in June', 2016, GALLUP

63. Spicer, A. and C. Cederstrom, 'The research we've ignored about happiness at work', *Harvard Business Review*, 21 July 2015

64. Van Kleef, G. A., C. K. De Dreu and A. S. Manstead, 'The interpersonal effects of anger and happiness in negotiations', *Journal of Personality and Social Psychology*, 2004, 86(1), pp. 57–76

65. Ferguson, D., 'The world's happiest jobs', *Guardian*, 7 April 2015

66. Peralta, C. F. and M. F. Saldanha, 'Can dealing with emotional exhaustion lead to enhanced happiness? The roles of planning and social support', *Work and Stress*, 2017, 31(2), pp. 121–44

67. Mauss, I. B., et al., 'The pursuit of happiness can be lonely', *Emotion*, 2012, 12(5), p. 908

第四章　快樂來自於他人

1. Theeuwes, J., 'Top-down and bottom-up control of visual selection', *Acta Psychologica*, 2010, 135(2), pp. 77–99
2. LoBue, V., et al., 'What accounts for the rapid detection of threat? Evidence for an advantage in perceptual and behavioral responding from eye movements', *Emotion*, 2014, 14(4), pp. 816–23
3. Jabbi, M., J. Bastiaansen and C. Keysers, 'A common anterior insula representation of disgust observation, experience and imagination shows divergent functional connectivity pathways', *PLOS ONE*, 2008, 3(8), p. e2939
4. Clarke, D., 'Circulation and energy metabolism of the brain', *Basic Neurochemistry: Molecular, Cellular and Medical Aspects*, 1999, pp. 637–69
5. Miller, G., *The Mating Mind: How Sexual Choice Shaped the Evolution of Human Nature*, Anchor, 2011
6. Dunbar, R. I., 'The social brain hypothesis and its implications for social evolution', *Annals of Human Biology*, 2009, 36(5), pp. 562–72
7. Flinn, M. V., D. C. Geary and C. V. Ward, 'Ecological dominance, social competition, and coalitionary arms races: why humans evolved extraordinary intelligence', *Evolution and Human Behavior*, 2005, 26(1), pp. 10–46
8. Reader, S. M. and K. N. Laland, 'Social intelligence, innovation, and enhanced brain size in primates', *Proceedings of the National Academy of Sciences of the United States of America*, 2002, 99(7), pp. 4436–41
9. Spradbery, J. P., *Wasps: An Account of the Biology and Natural History of Social and Solitary Wasps*,

Sidgwick & Jackson, 1973

10. Gavrilets, S., 'Human origins and the transition from promiscuity to pair-bonding', *Proceedings of the National Academy of Sciences of the United States of America*, 2012, 109(25), pp. 9923–8
11. West, R. J., 'The evolution of large brain size in birds is related to social, not genetic, monogamy', *Biological Journal of the Linnean Society*, 2014, 111(3), pp. 668–78
12. Bales, K. L., et al., 'Neural correlates of pair-bonding in a monogamous primate', *Brain Research*, 2007, 1184, pp. 245–53
13. Dunbar, R. I. M. and S. Shultz, 'Evolution in the social brain', *Science*, 2007, 317(5843), pp. 1344–7
14. Pasquaretta, C., et al., 'Social networks in primates: smart and tolerant species have more efficient networks', *Scientific Reports*, 2014, 4, p. 7600
15. Van Gestel, S. and C. Van Broeckhoven, 'Genetics of personality: are we making progress?' *Molecular Psychiatry*, 2003, 8(10), pp. 840–52
16. Matsuzawa, T., 'Evolution of the brain and social behavior in chimpanzees', *Current Opinion in Neurobiology*, 2013, 23(3), pp. 443–9
17. Gunaydin, Lisa A., et al., 'Natural neural projection dynamics underlying social behavior', *Cell*, 157(7), pp. 1535–51
18. Gardner, E. L., 'Introduction: addiction and brain reward and antireward pathways', *Advances in Psychosomatic Medicine*, 2011, 30, pp. 22–60
19. Loken, L. S., et al., 'Coding of pleasant touch by unmyelinated afferents in humans', *Nature Neuroscience*,

2009, 12(5), pp. 547–8

20. Iggo, A., 'Cutaneous mechanoreceptors with afferent C fibres', *Journal of Physiology*, 1960, 152(2), pp. 337–53
21. 'Insular cortex', Wikipedia, 2017, wikipedia.org/wiki/Insular_cortex
22. Kalueff, A. V., J. L. La Porte and C. L. Bergner, *Neurobiology of Grooming Behavior*, Cambridge University Press, 2010
23. Claxton, G., 'Why can't we tickle ourselves?', *Perceptual and Motor Skills*, 1975, 41(1), pp. 335–8
24. Keverne, E. B., N. D. Martensz and B. Tuite, 'Beta-endorphin concentrations in cerebrospinal fluid of monkeys are influenced by grooming relationships', *Psychoneuroendocrinology*, 1989, 14(1), pp. 155–61
25. Gispen, W. H., et al., 'Modulation of ACTH-induced grooming by [DES-TYR1]-γ-endorphin and haloperidol', *European Journal of Pharmacology*, 1980, 63(2), pp. 203–7
26. Dumbar, R., 'Co-evolution of neocortex size, group size and language in humans', *Behavioral and Brain Sciences*, 1993, 16(4), pp. 681–735
27. Dunbar, R. and R. I. M. Dunbar, *Grooming, Gossip*, and the Evolution of Language, Harvard University Press, 1998
28. Crusco, A. H. and C. G. Wetzel, 'The Midas touch', *Personality and Social Psychology Bulletin*, 1984, 10(4), pp. 512–17
29. Dumas, G., et al., 'Inter-brain synchronization during social interaction', *PLOS ONE*, 2010, 5(8), p. e12166
30. Livingstone, M. S. and D. H. Hubel, 'Anatomy and physiology of a color system in the primate visual cortex', *Journal of Neuroscience*, 1984, 4(1), pp. 309–56

31. Rizzolatti, G., et al., 'From mirror neurons to imitation: facts and speculations', *The Imitative Mind: Development, Evolution, and Brain Bases*, 2002, 6, pp. 247–66
32. Wicker, B., et al., 'Both of us disgusted in my insula', *Neuron*, 2003, 40(3), pp. 655–64
33. Schulte-Ruther, M., et al., 'Mirror neuron and theory of mind mechanisms involved in face-to-face interactions: a functional magnetic resonance imaging approach to empathy', *Journal of Cognitive Neuroscience*, 2007, 19(8), pp. 1354–72
34. Shamay-Tsoory, S. G., J. Aharon-Peretz and D. Perry, 'Two systems for empathy: a double dissociation between emotional and cognitive empathy in inferior frontal gyrus versus ventromedial prefrontal lesions', *Brain*, 2009, 132(3), pp. 617–27
35. de Waal, F. B. M., 'Apes know what others believe', *Science*, 2016, 354(6308), p. 39
36. Brink, T. T., et al., 'The role of orbitofrontal cortex in processing empathy stories in four-to eight-year-old children', *Frontiers in Psychology*, 2011, 2, p. 80
37. Hall, F. S., 'Social deprivation of neonatal, adolescent, and adult rats has distinct neurochemical and behavioral consequences', *Critical Reviews in Neurobiology*, 1998, 12(1–2)
38. Martin, L. J., et al., 'Social deprivation of infant rhesus monkeys alters the chemoarchitecture of the brain: I. Subcortical regions', *Journal of Neuroscience*, 1991, 11(11), pp. 3344–58
39. Metzner, J. L. and J. Fellner, 'Solitary confinement and mental illness in US prisons: a challenge for medical ethics', *Journal of the American Academy of Psychiatry and the Law*, 2010, 38(1), pp. 104–8
40. Izuma, K., D. N. Saito and N. Sadato, 'Processing of the incentive for social approval in the ventral striatum

during charitable donation', *Journal of Cognitive Neuroscience*, 2010, 22(4), pp. 621–31

41. Buchanan, K. E. and A. Bardi, 'Acts of kindness and acts of novelty affect life satisfaction', *Journal of Social Psychology*, 2010, 150(3), pp. 235–7
42. Bateson, M., D. Nettle and G. Roberts, 'Cues of being watched enhance cooperation in a real-world setting', *Biology Letters*, 2006, 2(3), pp. 412–14
43. Rigdon, M., et al., 'Minimal social cues in the dictator game', *Journal of Economic Psychology*, 2009, 30(3), pp. 358–67
44. Weir, K., 'The pain of social rejection', *American Psychological Association*, 2012, 43
45. Woo, C. W., et al., 'Separate neural representations for physical pain and social rejection', *Nature Communications*, 2014, 5, p. 5380
46. Wesselmann, E. D., et al., 'Adding injury to insult: unexpected rejection leads to more aggressive responses', *Aggressive Behavior*, 2010, 36(4), pp. 232–7
47. Farrow, T., et al., 'Neural correlates of self-deception and impression-management', *Neuropsychologia*, 2014, 67
48. Morrison, S., J. Decety and P. Molenberghs, 'The neuroscience of group membership', *Neuropsychologia*, 2012, 50(8), pp. 2114–20
49. D'Argembeau, A., 'On the role of the ventromedial prefrontal cortex in self-processing: the valuation hypothesis', *Frontiers in Human Neuroscience*, 2013, 7, p. 372
50. Fischer, P., et al., 'The bystander-effect: a meta-analytic review on bystander intervention in dangerous and

non-dangerous emergencies', *Psychological Bulletin*, 2011, 137(4), p. 517

51. Goncalves, B., N. Perra and A. Vespignani, 'Modeling users' activity on Twitter networks: validation of Dunbar's number', *PLOS ONE*, 2011, 6(8), p. e22656

第五章　性、愛、狂歡

1. Clark, C., 'Brain sex in men and women – from arousal to orgasm', *BrainBlogger*, 2014
2. Laeng, B., O. Vermeer and U. Sulutvedt, 'Is beauty in the face of the beholder?', *PLOS ONE*, 2013, 8(7), p. e68395
3. Jarvi, T., et al., 'Evolution of variation in male secondary sexual characteristics', *Behavioral Ecology and Sociobiology*, 1987, 20(3), pp. 161–9
4. Georgiadis, J. R. and M. L. Kringelbach, 'Intimacy and the brain: lessons from genital and sexual touch', in Olausson, H., et al. (eds), *Affective Touch and the Neurophysiology of CT Afferents*, Springer, 2016, pp. 301–21
5. Cazala, F., N. Vienney and S. Stoleru, 'The cortical sensory representation of genitalia in women and men: a systematic review', *Socioaffective Neuroscience and Psychology*, 2015, 5, p. 10.3402/snp. v5.26428
6. 'The neuroscience of erogenous zones', 2017, www.bangor.ac.uk/psychology/news/the-neuroscience-of-erogenous-zones-15794
7. Turnbull, O. H., et al., 'Reports of intimate touch: Erogenous zones and somatosensory cortical organization', *Cortex*, 2014, 53, pp. 146–54
8. Georgiadis, J. R., 'Doing it... wild? On the role of the cerebral cortex in human sexual activity', *Socioaffective*

Neuroscience and Psychology, 2012, 2, p. 17337
9. Aggleton, E. J. P., et al., *The Amygdala: A Functional Analysis*, Oxford University Press, 2000
10. Baird, A. D., et al., 'The amygdala and sexual drive: insights from temporal lobe epilepsy surgery', *Annals of Neurology*, 2004, 55(1), pp. 87–96
11. Newman, S. W., 'The medial extended amygdala in male reproductive behavior: a node in the mammalian social behavior network', *Annals of the New York Academy of Sciences*, 1999, 877(1), pp. 242–57
12. Goldstein, J. M., 'Sex, hormones and affective arousal circuitry dysfunction in schizophrenia', *Hormones and Behavior*, 2006, 50(4), pp. 612–22
13. Shirtcliff, E. A., R. E. Dahl and S. D. Pollak, 'Pubertal development: correspondence between hormonal and physical development', *Child Development*, 2009, 80(2), pp. 327–37
14. Alexander, G. M. and B. B. Sherwin, 'The association between testosterone, sexual arousal, and selective attention for erotic stimuli in men', *Hormones and Behavior*, 1991, 25(3), pp. 367–81
15. van Anders, S. M., 'Testosterone and sexual desire in healthy women and men', *Archives of Sexual Behavior*, 2012, 41(6), pp. 1471–84
16. Rajfer, J., 'Relationship between testosterone and erectile dysfunction', *Reviews in Urology*, 2000, 2(2), pp. 122–8
17. Sarrel, P. M., 'Effects of hormone replacement therapy on sexual psychophysiology and behavior in postmenopause', *Journal of Women's Health and Gender-Based Medicine*, 2000, 9(1, Supplement 1), pp. 25–32

18. Sarrel, P., B. Dobay and B. Wiita, 'Estrogen and estrogen-androgen replacement in postmenopausal women dissatisfied with estrogenonly therapy: sexual behavior and neuroendocrine responses', *Journal of Reproductive Medicine*, 1998, 43(10), pp. 847–56
19. Purves, D., G. Augustine and D. Fitzpatrick, 'Autonomic regulation of sexual function', *Neuroscience*, Sinauer Associates, 2001
20. Ishai, A., 'Sex, beauty and the orbitofrontal cortex', *International Journal of Psychophysiology*, 2007, 63(2), pp. 181–5
21. Ortega, V., I. Zubeidat and J. C. Sierra, 'Further examination of measurement properties of Spanish version of the Sexual Desire Inventory with undergraduates and adolescent students', *Psychological Reports*, 2006, 99(1), pp. 147–65
22. Montgomery, K. A., 'Sexual desire disorders', *Psychiatry*, 2008, 5(6), pp. 50–55
23. Gray, J. A., 'Brain systems that mediate both emotion and cognition', *Cognition and Emotion*, 1990, 4(3), pp. 269–88
24. Swerdlow, N. R. and G. F. Koob, 'Dopamine, schizophrenia, mania, and depression: toward a unified hypothesis of cortico-striatopallidothalamic function', *Behavioral and Brain Sciences*, 1987, 10(2), pp. 197–208
25. Shenhav, A., M. M. Botvinick and J. D. Cohen, 'The expected value of control: an integrative theory of anterior cingulate cortex function', *Neuron*, 2013, 79(2), pp. 217–40
26. Gola, M., M. Miyakoshi and G. Sescousse, 'Sex, impulsivity, and anxiety: interplay between ventral striatum and amygdala reactivity in sexual behaviors', *Journal of Neuroscience*, 2015, 35(46), p. 15227

27. McCabe, M. P., 'The role of performance anxiety in the development and maintenance of sexual dysfunction in men and women', *International Journal of Stress Management*, 2005, 12(4), pp. 379–88
28. Welborn, B. L., et al., 'Variation in orbitofrontal cortex volume: relation to sex, emotion regulation and affect', *Social Cognitive and Affective Neuroscience*, 2009, 4(4), pp. 328–39
29. Spinella, M., 'Clinical case report: hypersexuality and dysexecutive syndrome after a thalamic infarct', *International Journal of Neuroscience*, 2004, 114(12), pp. 1581–90
30. Stoleru, S., et al., 'Brain processing of visual sexual stimuli in men with hypoactive sexual desire disorder', *Psychiatry Research: Neuroimaging*, 2003, 124(2), pp. 67–86
31. Freeman, S. 'What happens in the brain during an orgasm?', 2008, health.howstuffworks.com/sexual-health/sexuality/brain-duringorgasm.htm
32. Pfaus, J. G., 'Reviews: pathways of sexual desire', *Journal of Sexual Medicine*, 2009, 6(6), pp. 1506–33
33. Georgiadis, J. R., et al., 'Men versus women on sexual brain function: prominent differences during tactile genital stimulation, but not during orgasm', *Human Brain Mapping*, 2009, 30(10), pp. 3089–3101
34. Komisaruk, B. R. and B. Whipple, 'Functional MRI of the brain during orgasm in women', *Annual Review of Sex Research*, 2005, 16(1), pp. 62–86
35. Komisaruk, B., et al. 'An fMRI time-course analysis of brain regions activated during self stimulation to orgasm in women', *Society for Neuroscience Abstracts*, 2010
36. Hunter, A., 'Orgasm just by thinking: is it medically possible?', 19 July 2010, cbsnews.com
37. Park, B. Y., et al., 'Is internet pornography causing sexual dysfunctions? A review with clinical reports',

Behavioral Sciences, 2016, 6(3), p. 17

38. Opie, C., et al., 'Male infanticide leads to social monogamy in primates', *Proceedings of the National Academy of Sciences*, 2013, 110(33), pp. 13328–32
39. Comninos, A. N., et al., 'Kisspeptin modulates sexual and emotional brain processing in humans', *Journal of Clinical Investigation*, 2017, 127(2), p. 709
40. Cho, M. M., et al., 'The effects of oxytocin and vasopressin on partner preferences in male and female prairie voles (Microtus ochrogaster)', 1999, *Behavioral Neuroscience*, 113(5), pp. 1071–9
41. Gardner, E. L., 'Introduction: addiction and brain reward and antireward pathways', *Advances in Psychosomatic Medicine*, 2011, 30, pp. 22–60
42. Nephew, B. C., 'Behavioral roles of oxytocin and vasopressin', in T. Sumiyoshi (ed.), *Neuroendocrinology and Behavior*, InTech, 2012
43. Bales, K. L., et al., 'Neural correlates of pair-bonding in a monogamous primate', *Brain Research*, 2007, 1184, pp. 245–53
44. Young, L. J. and Z. Wang, 'The neurobiology of pair bonding', *Nature Neuroscience*, 2004, 7(10), pp. 1048–54
45. Lim, M. M., et al., 'Enhanced partner preference in a promiscuous species by manipulating the expression of a single gene', *Nature*, 2004, 429(6993), p. 754
46. Lim, M. M., E. A. D. Hammock and L. J. Young, 'The role of vasopressin in the genetic and neural regulation of monogamy', *Journal of Neuroendocrinology*, 2004, 16(4), pp. 325–32
47. Fisher, H. E., et al., 'Defining the brain systems of lust, romantic attraction, and attachment', Archives of

Sexual Behavior, 2002, 31(5), pp. 413–19

48. Brown, N. J., A. D. Sokal and H. L. Friedman, 'The complex dynamics of wishful thinking: the critical positivity ratio', *American Psychologist*, 2013, 68(9), pp. 801–13
49. Kottemann, K. L., 'The rhetoric of deliberate deception: what catfishing can teach us', University of Louisiana at Lafayette, 2015
50. Aron, A., et al., 'Reward, motivation, and emotion systems associated with early-stage intense romantic love', *Journal of Neurophysiology*, 2005, 94(1), pp. 327–37
51. Fisher, H., 'The drive to love: the neural mechanism for mate selection', *New Psychology of Love*, 2006, pp. 87–115
52. Savulescu, J. and A. Sandberg, 'Neuroenhancement of love and marriage: the chemicals between us', *Neuroethics*, 2008, 1(1), pp. 31–44
53. Dayan, P. and Q. J. Huys, 'Serotonin, inhibition, and negative mood', *PLOS Computational Biology*, 2008, 4(2), p. e4
54. Portas, C. M., B. Bjorvatn and R. Ursin, 'Serotonin and the sleep/wake cycle: special emphasis on microdialysis studies', *Progress in Neurobiology*, 2000, 60(1), pp. 13–35
55. Hesse, S., et al., 'Serotonin and dopamine transporter imaging in patients with obsessive-compulsive disorder', *Psychiatry Research: Neuroimaging*, 2005, 140(1), pp. 63–72
56. Wood, H., 'Love on the brain', *Nature Reviews Neuroscience*, 2001, 2(2), p. 80
57. Zeki, S., 'The neurobiology of love', FEBS Letters, 2007, 581(14), pp. 2575–9

58. Johnson-Laird, P. N., 'Mental models and human reasoning', *Proceedings of the National Academy of Sciences*, 2010, 107(43), pp. 18243–50
59. Acevedo, B. P., et al., 'Neural correlates of long-term intense romantic love', *Social Cognitive and Affective Neuroscience*, 2012, 7(2), pp. 145–59
60. Boynton, P. M., *The Research Companion: A Practical Guide for Those in Social Science, Health and Development*, Taylor and Francis, 2016
61. 'Arranged/forced marriage statistics', *Statistic Brain*, 2016, statisticbrain.com/arranged-marriage-statistics/
62. Gahran, A., *Stepping Off the Relationship Escalator: Uncommon Love and Life*, Off the Escalator Enterprises, 2017
63. Twenge, J. M., R. A. Sherman and B. E. Wells, 'Changes in American adults' reported same-sex sexual experiences and attitudes, 1973–2014', *Archives of Sexual Behavior*, 2016, 45(7), pp. 1713–30
64. Girl on the Net, 'Sexy stories, mostly true', 2017, girlonthenet.com
65. Girl on the Net, *Girl on the Net: How a Bad Girl Fell in Love*, BLINK Publishing, 2016
66. Wilson, G. D., 'Male–female differences in sexual activity, enjoyment and fantasies', *Personality and Individual Differences*, 1987, 8(1), pp. 125–7
67. Levin, R. and A. Riley, 'The physiology of human sexual function', *Psychiatry*, 2007, 6(3), pp. 90–94
68. McQuaid, J., 'Why we love the pain of spicy food', *Wall Street Journal*, 31 December 2014
69. Person, E. S., 'Sexuality as the mainstay of identity: psychoanalytic perspectives', *Signs: Journal of Women in Culture and Society*, 1980, 5(4), pp. 605–630

70. Weaver, H., G. Smith and S. Kippax, 'School-based sex education policies and indicators of sexual health among young people: a comparison of the Netherlands, France, Australia and the United States', *Sex Education*, 2005, 5(2), pp. 171–88
71. Potard, C., et al., 'The relationship between parental attachment and sexuality in early adolescence', *International Journal of Adolescence and Yout*h, 2017, 22(1), pp. 47–56
72. Hoffmann, H., E. Janssen and S. L. Turner, 'Classical conditioning of sexual arousal in women and men: effects of varying awareness and biological relevance of the conditioned stimulus', *Archives of Sexual Behavior*, 2004, 33(1), pp. 43–53
73. Hatzenbuehler, M. L., J. C. Phelan and B. G. Link, 'Stigma as a fundamental cause of population health inequalities', *American Journal of Public Health*, 2013, 103(5), pp. 813–21

第六章　你該笑一下

1. Winston, J. S., J. O'Doherty and R. J. Dolan, 'Common and distinct neural responses during direct and incidental processing of multiple facial emotions', *NeuroImage*, 2003, 20(1), pp. 84–97
2. Davila-Ross, M., et al., 'Chimpanzees (pan troglodytes) produce the same types of "laugh Faces" when they emit laughter and when they are silent', *PLOS ONE*, 2015, 10(6), p. e0127337
3. Ross, M. D., M. J. Owren and E. Zimmermann, 'Reconstructing the evolution of laughter in great apes and humans', *Current Biology*, 2009, 19(13), pp. 1106–11
4. Panksepp, J. and J. Burgdorf, '50-kHz chirping (laughter?) in response to conditioned and unconditioned

tickle-induced reward in rats: effects of social housing and genetic variables', *Behavioural Brain Research*, 2000, 115(1), pp. 25–38

5. Weisfeld, G. E., 'The adaptive value of humor and laughter', *Ethology and Sociobiology*, 1993, 14(2), pp. 141–69
6. Pellis, S. and V. Pellis, *The Playful Brain: Venturing to the Limits of Neuroscience*, Oneworld Publications, 2013
7. Wild, B., et al., 'Neural correlates of laughter and humour', *Brain*, 2003, 126(10), pp. 2121–38
8. Selden, S. T., 'Tickle', *Journal of the American Academy of Dermatology*, 2004, 50(1), pp. 93–7
9. Claxton, G., 'Why can't we tickle ourselves?', *Perceptual and Motor Skills*, 1975, 41(1), pp. 335–8
10. Berman, R., 'The psychology of tickling and why it makes us laugh', *Big Think*, 2016, bigthink.com
11. Stafford, T., 'Why all babies love peekaboo', *BBC Future*, 2014, bbc.com
12. Vrticka, P., J. M. Black and A. L. Reiss, 'The neural basis of humour processing', *Nature Reviews Neuroscience*, 2013, 14(12), pp. 860–8
13. Messinger, D. S., A. Fogel and K. L. Dickson, 'All smiles are positive, but some smiles are more positive than others', *Developmental Psychology*, 2001, 37(5), pp. 642–53
14. Scott, S., 'Beyond a joke: how to study laughter', *Guardian*, 10 July 2014
15. Chan, Y. C., et al., 'Towards a neural circuit model of verbal humor processing: an fMRI study of the neural substrates of incongruity detection and resolution', *NeuroImage*, 2013, 66, pp. 169–76
16. Hempelmann, C. F. and S. Attardo, 'Resolutions and their incongruities: further thoughts on logical mechanisms', *Humor*, 2011, 24(2), pp. 125–49

17. Franklin, R. G. Jr and R. B. Adams Jr, 'The reward of a good joke: neural correlates of viewing dynamic displays of stand-up comedy', *Cognitive, Affective and Behavioral Neuroscience*, 2011, 11(4), pp. 508–15
18. Pessoa, L. and R. Adolphs, 'Emotion processing and the amygdala: from a "low road" to "many roads" of evaluating biological significance', *Nature Reviews Neuroscience*, 2010, 11(11), p. 773
19. Scott, S. K., et al., 'The social life of laughter', *Trends in Cognitive Sciences*, 2014, 18(12), pp. 618–20
20. Prof Sophie Scott, 2017, ucl.ac.uk/pals/people/profiles/academicstaff/sophie-scott
21. Berk, L. S., et al., 'Neuroendocrine and stress hormone changes during mirthful laughter', *American Journal of the Medical Sciences*, 1989, 298(6), pp. 390–6
22. Dunbar, R. I., et al., 'Social laughter is correlated with an elevated pain threshold', *Proceedings of the Royal Society B: Biological Sciences*, 2012, 279(1731), pp. 1161–7
23. Manninen, S., et al., 'Social laughter triggers endogenous opioid release in humans', *Journal of Neuroscience*, 2017, 37(25), p. 6125
24. Wildgruber, D., et al., 'Different types of laughter modulate connectivity within distinct parts of the laughter perception network', *PLOS ONE*, 2013, 8(5), p. e63441
25. Philippon, A. C., L. M. Randall and J. Cherryman, 'The impact of laughter in earwitness identification performance', *Psychiatry, Psychology and Law*, 2013, 20(6), pp. 887–98
26. Uekermann, J., et al., 'Theory of mind, humour processing and executive functioning in alcoholism', *Addiction*, 2007, 102(2), pp. 232–40
27. Samson, A. C., et al., 'Perception of other people's mental states affects humor in social anxiety', *Journal of*

Behavior Therapy and Experimental Psychiatry, 2012, 43(1), pp. 625–31

28. Wu, C.-L., et al., 'Do individuals with autism lack a sense of humor? A study of humor comprehension, appreciation, and styles among high school students with autism', *Research in Autism Spectrum Disorders*, 2014, 8(10), pp. 1386–93
29. Raine, J., 'The evolutionary origins of laughter are rooted more in survival than enjoyment', *The Conversation*, 13 April 2016
30. Gervais, M. and D. S. Wilson, 'The evolution and functions of laughter and humor: a synthetic approach', *Quarterly Review of Biology*, 2005, 80(4), pp. 395–430
31. Goldstein, J. H. 'Cross cultural research: humour here and there', in A. J. Chapman and H. C. Foot (eds), *It's a Funny Thing, Humor*, Elsevier, 1977
32. Provine, R. R. and K. Emmorey, 'Laughter among deaf signers', *Journal of Deaf Studies and Deaf Education*, 2006, 11(4), pp. 403–9
33. Davila-Ross, M., et al., 'Chimpanzees (pan troglodytes) produce the same type of "laugh faces" when they emit laughter and when they are silent', *PLOS ONE*, 2015, 10(6), p. e0127337
34. Cowan, M. L. and A. C. Little, 'The effects of relationship context and modality on ratings of funniness', *Personality and Individual Differences*, 2013, 54(4), pp. 496–500
35. Benazzi, F. and H. Akiskal, 'Irritable-hostile depression: further validation as a bipolar depressive mixed state', *Journal of Affective Disorders*, 2005, 84(2), pp. 197–207
36. WalesOnline, 'No joking but comedian Rhod is Wales' sexiest man', 2010, walesonline.co.uk/lifestyle/

showbiz/no-joking-comedian-rhodwales-1878454

37. Krebs, R., et al., 'Novelty increases the mesolimbic functional connectivity of the substantia nigra/ventral tegmental area (SN/VTA) during reward anticipation: evidence from high-resolution fMRI', *NeuroImage*, 2011, 58(2), pp. 647–55
38. Boldsworth, I., *The Mental Podcast*, 2017, ianboldsworth.co.uk/themental-podcast/
39. Boldsworth, I., *The ParaPod*, 2017, ianboldsworth.co.uk/project/theparapod/
40. Hyman, S. E. and R. C. Malenka, 'Addiction and the brain: the neurobiology of compulsion and its persistence', *Nature Reviews Neuroscience*, 2001, 2(10), p. 695
41. Heimberg, R. G., *Social Phobia: Diagnosis, Assessment, and Treatment*, Guilford Press, 1995
42. Atkinson, J. W., 'Motivational determinants of risk-taking behavior', *Psychological Review*, 1957, 64(6 pt 1), p. 359
43. Samson, A. C. and J. J. Gross, 'Humour as emotion regulation: the differential consequences of negative versus positive humour', *Cognition and Emotion*, 2012, 26(2), pp. 375–84
44. Gil, M., et al., 'Social reward: interactions with social status, social communication, aggression, and associated neural activation in the ventral tegmental area', *European Journal of Neuroscience*, 2013, 38(2), pp. 2308–18
45. Goh, C. and M. Agius, 'The stress-vulnerability model: how does stress impact on mental illness at the level of the brain and what are the consequences?', *Psychiatria Danubina*, 2010, 22(2), pp. 198–202
46. Gelkopf, M., S. Kreitler and M. Sigal, 'Laughter in a psychiatric ward: somatic, emotional, social, and clinical influences on schizophrenic patients', *Journal of Nervous and Mental Disease*, 1993, 181(5), pp. 283–9

第七章　快樂的黑暗面

1. Flett, G. L., K. R. Blankstein and T. R. Martin, 'Procrastination, negative self-evaluation, and stress in depression and anxiety', in J. R. Ferrari, J. H. Johnson and W. G. McCown (eds), *Procrastination and Task Avoidance*, Springer, 1995, pp. 137–67
2. Sorensen, L. B., et al., 'Effect of sensory perception of foods on appetite and food intake: a review of studies on humans', *International Journal of Obesity*, 2003, 27(10), p. 1152
3. Myers Ernst, M. and L. H. Epstein, 'Habituation of responding for food in humans', *Appetite*, 2002, 38(3), pp. 224–34
4. Brennan, P., H. Kaba and E. B. Keverne, 'Olfactory recognition: a simple memory system', *Science*, 1990, 250(4985), pp. 1223–6
5. Maldarelli, C., 'Here's why twin studies are so important to science and NASA', *Popular Science*, 1 March 2016, popsci.com
6. Kendler, K. S., et al., 'A Swedish national twin study of lifetime major depression', *American Journal of Psychiatry*, 2006, 163(1), pp. 109–14
7. Kensinger, E. A. and S. Corkin, 'Two routes to emotional memory: distinct neural processes for valence and arousal', *Proceedings of the National Academy of Sciences of the United States of America*, 2004, 101(9), pp. 3310–15
8. Hoffmann, H., E. Janssen and S. L. Turner, 'Classical conditioning of sexual arousal in women and men: effects of varying awareness and biological relevance of the conditioned stimulus', *Archives of Sexual

Behavior, 2004, 33(1), pp. 43–53

9. Dusenbury, L., et al., 'A review of research on fidelity of implementation: implications for drug abuse prevention in school settings', *Health Education Research*, 2003, 18(2), pp. 237–56
10. Freeman, B., S. Chapman and M. Rimmer, 'The case for the plain packaging of tobacco products', *Addiction*, 2008, 103(4), pp. 580–90
11. Christiano, A. and A. Neimand, 'Stop raising awareness already', *Stanford Social Innovation Review*, Spring 2017
12. Marteau, T. M., G. J. Hollands and P. C. Fletcher, 'Changing human behavior to prevent disease: the importance of targeting automatic processes', *Science*, 2012, 337(6101), p. 1492
13. Dolcos, F., K. S. LaBar and R. Cabeza, 'Dissociable effects of arousal and valence on prefrontal activity indexing emotional evaluation and subsequent memory: an event-related fMRI study', *NeuroImage*, 2004, 23(1), pp. 64–74
14. Volkow, N. D., G.-J. Wang and R. D. Baler, 'Reward, dopamine and the control of food intake: implications for obesity', *Trends in Cognitive Sciences*, 2011, 15(1), pp. 37–46
15. Petty, R. E. and P. Brinol, 'Attitude change', *Advanced Social Psychology*, 2010, pp. 217–59
16. Beck, J. G. and S. F. Coffey, 'Assessment and treatment of PTSD after a motor vehicle collision: empirical findings and clinical observations,' *Professional Psychology: Research and Practice*, 2007, 38(6), pp. 629–39
17. Clark, R. E. and L. R. Squire, 'Classical conditioning and brain systems: the role of awareness', *Science*, 1998, 280(5360), pp. 77–81

18. Sharot, T., *The Optimism Bias: A Tour of the Irrationally Positive Brain*, Vintage, 2011
19. Cummins, R. A. and H. Nistico, 'Maintaining life satisfaction: the role of positive cognitive bias', *Journal of Happiness Studies*, 2002, 3(1), pp. 37–69
20. Sharot, T., et al., 'Neural mechanisms mediating optimism bias', *Nature*, 2007, 450(7166), pp. 102–5
21. Koob, G. F. and M. Le Moal, 'Plasticity of reward neurocircuitry and the "dark side" of drug addiction', *Nature Neuroscience*, 2005, 8(11), pp. 1442–4
22. Arias-Carrion, O. and E. Poppel, 'Dopamine, learning, and rewardseeking behavior', *Acta Neurobiologiae Experimentalis*, 2007, 67(4), pp. 481–8
23. Koob, G. F. and M. Le Moal, 'Addiction and the brain antireward system', *Annual Review of Psychology*, 2008, 59, pp. 29–53
24. Gardner, E. L., 'Introduction: addiction and brain reward and antireward pathways', *Advances in Psychosomatic Medicine*, 2011, 30, pp. 22–60
25. Arato, M., et al., 'Elevated CSF CRF in suicide victims', *Biological Psychiatry*, 25(3), pp. 355–9
26. Knoll, A. T. and W. A. Carlezon, 'Dynorphin, stress, and depression', *Brain Research*, 2010, 1314C, p. 56
27. Koob, G. F. and M. L. Moal, 'Drug abuse: hedonic homeostatic dysregulation', *Science*, 1997, 278(5335), p. 52
28. 'A tale of anxiety and reward – the role of stress and pleasure in addiction relapse', *The Brain Bank North West*, 2014, thebrainbank.scienceblog.com
29. Michl, P., et al., 'Neurobiological underpinnings of shame and guilt: a pilot fMRI study', *Social Cognitive and Affective Neuroscience*, 2014, 9(2), pp. 150–7

30. Chang, Luke J., et al., 'Triangulating the neural, psychological, and economic bases of guilt aversion', *Neuron*, 2011, 70(3), pp. 560–72
31. Gilovich, T., V. H. Medvec and K. Savitsky, 'The spotlight effect in social judgment: an egocentric bias in estimates of the salience of one's own actions and appearance', *Journal of Personality and Social Psychology*, 2000, 78(2), p. 211
32. Silani, G., et al., 'Right supramarginal gyrus is crucial to overcome emotional egocentricity bias in social judgments', *Journal of Neuroscience*, 2013, 33(39), pp. 15466–76
33. Wolpert, S., 'Brain reacts to fairness as it does to money and chocolate, study shows', *UCLA Newsroom*, 21 April 2008
34. Tabibnia, G. and M. D. Lieberman, 'Fairness and cooperation are rewarding', *Annals of the New York Academy of Sciences*, 2007, 1118(1), pp. 90–101
35. Denke, C., et al., 'Belief in a just world is associated with activity in insula and somatosensory cortices as a response to the perception of norm violations', *Social Neuroscience*, 2014, 9(5), pp. 514–21
36. Blackwood, N., et al., 'Self-responsibility and the self-serving bias: an fMRI investigation of causal attributions', *NeuroImage*, 2003, 20(2), pp. 1076–85
37. O'Connor, Z., 'Colour psychology and colour therapy: caveat emptor', *Color Research and Application*, 2011, 36(3), pp. 229–34
38. Utevsky, A. V. and M. L. Platt, 'Status and the brain', *PLOS Biology*, 2014, 12(9), p. e1001941
39. Costandi, M., 'The brain boasts its own social network', *Scientific American*, 20 April 2017

40. Gil, M., et al., 'Social reward: interactions with social status, social communication, aggression, and associated neural activation in the ventral tegmental area', *European Journal of Neuroscience*, 2013, 38(2), pp. 2308–18
41. Samson, A. C. and J. J. Gross, 'Humour as emotion regulation: the differential consequences of negative versus positive humour', *Cognition and Emotion*, 2012, 26(2), pp. 375–84
42. Isenberg, D. J., 'Group polarization: a critical review and metaanalysis', *Journal of Personality and Social Psychology*, 1986, 50(6), p. 1141
43. Scheepers, D., et al., 'The neural correlates of in-group and selfface perception: is there overlap for high identifiers? ', *Frontiers in Human Neuroscience*, 2013, 7, p. 528
44. Murphy, J. M., et al., 'Depression and anxiety in relation to social status: a prospective epidemiologic study', *Archives of General Psychiatry*, 1991, 48(3), pp. 223–9
45. De Dreu, C. K., et al., 'Oxytocin promotes human ethnocentrism', *Proceedings of the National Academy of Sciences*, 2011, 108(4), pp. 1262–6
46. Hart, A. J., et al., 'Differential response in the human amygdala to racial outgroup vs ingroup face stimuli', *NeuroReport*, 2000, 11(11), pp. 2351–4
47. Avenanti, A., A. Sirigu and S. M. Aglioti, 'Racial bias reduces empathic sensorimotor resonance with other-race pain', *Current Biology*, 2010, 20(11), pp. 1018–22
48. Zebrowitz, L. A., B. White and K. Wieneke, 'Mere exposure and racial prejudice: exposure to other-race faces increases liking for strangers of that race', *Social Cognition*, 2008, 26(3), pp. 259–75
49. Rupp, H. A. and K. Wallen, 'Sex differences in response to visual sexual stimuli: a review', *Archives of Sexual*

Behavior, 2008, 37(2), pp. 206–18

50. Cummins, R. G., 'Excitation transfer theory', *International Encyclopedia of Media Effects*, 2017, pp. 1–9
51. Blaszczynski, A. and L. Nower, 'A pathways model of problem and pathological gambling', *Addiction*, 2002, 97(5), pp. 487–99
52. De Brabander, B., et al., 'Locus of control, sensation seeking, and stress', *Psychological Reports*, 1996, 79(3 Pt 2), pp. 1307–12
53. Patoine, B., 'Desperately seeking sensation: fear, reward, and the human need for novelty', *The Dana Foundation*, 13 October 2009
54. Bouter, L. M., et al., 'Sensation seeking and injury risk in downhill skiing', *Personality and Individual Differences*, 1988, 9(3), pp. 667–73
55. McCutcheon, K., 'Haemophobia', *Journal of Perioperative Practice*, 2015, 25(3), p. 31
56. Burnett, D., 'James Foley's murder, and the psychology of our fascination with the gruesome', *Telegraph*, 20 August 2014
57. Varma-White, K., 'Morbid curiosity: why we can't look away from tragic images', TODAY.com, 19 July 2014
58. Brakoulias, V., et al., 'The characteristics of unacceptable/taboo thoughts in obsessive-compulsive disorder', *Comprehensive Psychiatry*, 2013, 54(7), pp. 750–7
59. Roberts, P., 'Forbidden thinking', *Psychology Today*, 1 May 1995
60. Johnson-Laird, P. N., 'Mental models and human reasoning', *Proceedings of the National Academy of Sciences*, 2010, 107(43), pp. 18243–50

61. Wegner, D. M., et al., 'Paradoxical effects of thought suppression', *Journal of Personality and Social Psychology*, 1987, 53(1), pp. 5–13
62. Mann, T. and A. Ward, 'Forbidden fruit: does thinking about a prohibited food lead to its consumption?', *International Journal of Eating Disorders*, 2001, 29(3), pp. 319–27
63. Etchells, P. J., et al., 'Prospective investigation of video game use in children and subsequent conduct disorder and depression using data from the Avon longitudinal study of parents and children', *PLOS ONE*, 2016, 11(1), p. e0147732

第八章　生命各階段中的快樂

1. Burnett, D., 'Women and yogurt: what's the connection? ', *Guardian*, 30 August 2013
2. Straus, W. Jr and A. J. E. Cave, 'Pathology and the posture of Neanderthal man', *Quarterly Review of Biology*, 1957, 32(4), pp. 348–63
3. Lee, M., 'Why are babies' heads so large in proportion to their body sizes? ', livestrong.com, 13 June 2017
4. Barras, C., 'The real reasons why childbirth is so painful and dangerous', bbc.com, 22 December 2016
5. Shonkoff, J. P. and D. A. Phillips (eds), 'From neurons to neighborhoods: the science of early childhood development', National Research Council and Institute of Medicine, 2000
6. Harlow, H. F., 'Love in infant monkeys', *Scientific American*, 1959
7. Houston, S. M., M. M. Herting and E. R. Sowell, 'The neurobiology of childhood structural brain development: conception through adulthood', *Current Topics in Behavioral Neurosciences*, 2014, 16, pp. 3–17

8. Stafford, T., 'Why all babies love peekaboo', bbc.com, 18 April 2014
9. Center on the Developing Child, 'Five numbers to remember about early childhood development', 2009, www.developingchild.harvard.edu
10. Dahl, R. E., 'Sleep and the developing brain', *Sleep*, 2007, 30(9), pp. 1079–80
11. Danese, A. and B. S. McEwen, 'Adverse childhood experiences, allostasis, allostatic load, and age-related disease', *Physiology and Behavior*, 2012, 106(1), pp. 29–39
12. Shonkoff, J. P., et al., 'The lifelong effects of early childhood adversity and toxic stress', *Pediatrics*, 2012, 129(1), pp. e232–46
13. Avants, B., et al. 'Early childhood home environment predicts frontal and temporal cortical thickness in the young adult brain', Society for Neuroscience annual meeting, 2012
14. Jack, F., et al., 'Maternal reminiscing style during early childhood predicts the age of adolescents' earliest memories', *Child Development*, 2009, 80(2), pp. 496–505
15. Brink, T. T., et al., 'The role of orbitofrontal cortex in processing empathy stories in four-to eight-year-old children', *Frontiers in Psychology*, 2011, 2, p. 80
16. Neisser, U., et al., 'Intelligence: knowns and unknowns', *American Psychologist*, 1996, 51(2), p. 77
17. Sherif, M., et al., *Intergroup Conflict and Cooperation: The Robbers Cave Experiment*, Wesleyan, 1954/1961
18. Houston, S. M., et al., 'The neurobiology of childhood structural brain development: conception through adulthood', *Current Topics in Behavioral Neurosciences*, 2014, 16, pp. 3–17
19. Galbally, M., et al., 'The role of oxytocin in mother–infant relations: a systematic review of human studies',

Harvard Review of Psychiatry, 2011, 19(1), pp. 1–14

20. Wan, M. W., et al., 'The neural basis of maternal bonding', *PLOS ONE*, 2014, 9(3), p. e88436
21. Magon, N. and S. Kalra, 'The orgasmic history of oxytocin: love, lust, and labor', *Indian Journal of Endocrinology and Metabolism*, 2011, 15(7), p. 156
22. Noriuchi, M., Y. Kikuchi and A. Senoo, 'The functional neuroanatomy of maternal love: mother's response to infant's attachment behaviors', *Biological Psychiatry*, 2008, 63(4), pp. 415–23
23. Schore, A. N., 'Effects of a secure attachment relationship on right brain development, affect regulation, and infant mental health', *Infant Mental Health Journal*, 2001, 22(1–2), pp. 7–66
24. Ainsworth, M. D. S., et al., *Patterns of Attachment: A Psychological Study of the Strange Situation*, Psychology Press, 2015
25. Wiseman, H., O. Mayseless and R. Sharabany, 'Why are they lonely? Perceived quality of early relationships with parents, attachment, personality predispositions and loneliness in first-year university students', *Personality and Individual Differences*, 2006, 40(2), pp. 237–48
26. Blustein, D. L., M. S. Prezioso and D. P. Schultheiss, 'Attachment theory and career development', *The Counseling Psychologist*, 1995, 23(3), pp. 416–32
27. Potard, C., et al., 'The relationship between parental attachment and sexuality in early adolescence', *International Journal of Adolescence and Youth*, 2017, 22(1), pp. 47–56
28. Baumrind, D., 'The influence of parenting style on adolescent competence and substance use', *Journal of Early Adolescence*, 1991, 11(1), pp. 56–95

29. Haycraft, E. and J. Blissett, 'Eating disorder symptoms and parenting styles', *Appetite*, 2010, 54(1), pp. 221–224
30. Baumrind, D., 'Current patterns of parental authority', *Developmental Psychology*, 1971, 4(1 pt 2), p. 1
31. Foster, A. D. and M. R. Rosenzweig, 'Learning by doing and learning from others: human capital and technical change in agriculture', *Journal of Political Economy*, 1995, 103(6), pp. 1176–1209
32. Landry, S. H., et al., 'Does early responsive parenting have a special importance for children's development or is consistency across early childhood necessary?', *Developmental Psychology*, 2001, 37(3), pp. 387–403
33. Kaplowitz, P. B., et al., 'Earlier onset of puberty in girls: relation to increased body mass index and race', *Pediatrics*, 2001, 108(2), p. 347
34. Neubauer, A. C. and A. Fink, 'Intelligence and neural efficiency: measures of brain activation versus measures of functional connectivity in the brain', *Intelligence*, 2009, 37(2), pp. 223–9
35. Santos, E. and C. A. Noggle, 'Synaptic pruning', in S. Goldstein and J. A. Naglieri (eds), *Encyclopedia of Child Behavior and Development*, Springer, 2011, pp. 1464–5
36. Carskadon, M. A., 'Patterns of sleep and sleepiness in adolescents', *Pediatrician*, 1990, 17(1), pp. 5–12
37. Owens, J. A., K. Belon and P. Moss, 'Impact of delaying school start time on adolescent sleep, mood, and behavior', *Archives of Pediatrics and Adolescent Medicine*, 2010, 164(7), pp. 608–14
38. McClintock, M. K. and G. Herdt, 'Rethinking puberty: the development of sexual attraction', *Current Directions in Psychological Science*, 1996, 5(6), pp. 178–83
39. Casey, B. J., R. M. Jones and T. A. Hare, 'The adolescent brain', *Annals of the New York Academy of Sciences*, 2008, 1124(1), pp. 111–26

40. Spear, L. P., 'The adolescent brain and age-related behavioral manifestations', *Neuroscience and Biobehavioral Reviews*, 2000, 24(4), pp. 417–63
41. Reyna, V. F. and F. Farley, 'Risk and rationality in adolescent decision making: implications for theory, practice, and public policy', *Psychological Science in the Public Interest*, 2006, 7(1), pp. 1–44
42. Lenroot, R. K. and J. N. Giedd, 'Brain development in children and adolescents: insights from anatomical magnetic resonance imaging', *Neuroscience and Biobehavioral Reviews*, 2006, 30(6), pp. 718–29
43. Henry, J. P., 'Biological basis of the stress response', *Integrative Physiological and Behavioral Science*, 1992, 27(1), pp. 66–83
44. Philpot, R. M. and L. Wecker, 'Dependence of adolescent noveltyseeking behavior on response phenotype and effects of apparatus scaling', *Behavioral Neuroscience*, 2008, 122(4), pp. 861–75
45. Walter, C., *Last Ape Standing: The Seven-Million-Year Story of How and Why We Survived*, Bloomsbury Publishing USA, 2013
46. Weon, B. M. and J. H. Je, 'Theoretical estimation of maximum human lifespan', *Biogerontology*, 2009, 10(1), pp. 65–71
47. Deng, W., J. B. Aimone and F. H. Gage, 'New neurons and new memories: how does adult hippocampal neurogenesis affect learning and memory?', *Nature Reviews Neuroscience*, 2010, 11(5), pp. 339–50
48. Rakic, P., 'Neurogenesis in adult primate neocortex: an evaluation of the evidence', *Nature Reviews Neuroscience*, 2002, 3(1), pp. 65–71
49. Shephard, E., G. M. Jackson and M. J. Groom, 'Learning and altering behaviours by reinforcement:

neurocognitive differences between children and adults', *Developmental Cognitive Neuroscience*, 2014, 7: pp. 94–105

50. Nisbett, R. E., et al., 'Intelligence: new findings and theoretical developments', *American Psychologist*, 2012, 67(2), pp. 130–59
51. Esch, T. and G. B. Stefano, 'The neurobiology of stress management', *Neuroendocrinology Letters*, 2010, 31(1), pp. 19–39
52. Goh, C. and M. Agius, 'The stress-vulnerability model: how does stress impact on mental illness at the level of the brain and what are the consequences?', *Psychiatria Danubina*, 2010, 22(2), pp. 198–202
53. Ulrich-Lai, Y. M., et al., 'Pleasurable behaviors reduce stress via brain reward pathways', *Proceedings of the National Academy of Sciences of the United States of America*, 2010, 107(47), pp. 20529–34
54. Milman, A., 'The impact of tourism and travel experience on senior travelers' psychological well-being', *Journal of Travel Research*, 1998, 37(2), pp. 166–70
55. Glocker, M. L., et al., 'Baby schema in infant faces induces cuteness perception and motivation for caretaking in adults', *Ethology*, 2009, 115(3), pp. 257–63
56. 'Holly Brockwell', from www.hollybrockwell.com
57. Brockwell, H., 'Why can't I get sterilised in my 20s?', *Guardian*, 28 January 2015
58. Feldman, S., 'Structure and consistency in public opinion: the role of core beliefs and values', *American Journal of Political Science*, 1988, pp. 416–40
59. Moussavi, S., et al., 'Depression, chronic diseases, and decrements in health: results from the World Health

Surveys', *Lancet*, 2007, 370(9590), pp. 851–8

60. Pinquart, M., 'Creating and maintaining purpose in life in old age: a meta-analysis', *Ageing International*, 2002, 27(2), pp. 90–114
61. Bonanno, G. A., et al., 'Resilience to loss and chronic grief: a prospective study from preloss to 18-months postloss', *Journal of Personality and Social Psychology*, 2002, 83(5), p. 1150
62. Chang, S. H. and M. S. Yang, 'The relationships between the elderly loneliness and its factors of personal attributes, perceived health status and social support', *Kaohsiung Journal of Medical Sciences*, 1999, 15(6), pp. 337–47
63. Peters, R., 'Ageing and the brain', *Postgraduate Medical Journal*, 2006, 82(964), pp. 84–8
64. Myers, B. L. and P. Badia, 'Changes in circadian rhythms and sleep quality with aging: mechanisms and interventions', *Neuroscience and Biobehavioral Reviews*, 1996, 19(4), pp. 553–71
65. Whalley, L. J., 'Brain ageing and dementia: what makes the difference?', *British Journal of Psychiatry*, 2002, 181(5), p. 369
66. Ebner, N. C. and H. Fischer, 'Emotion and aging: evidence from brain and behavior', *Frontiers in Psychology*, 2014, 5, p. 996
67. Chapman, S. B., et al., 'Shorter term aerobic exercise improves brain, cognition, and cardiovascular fitness in aging', *Frontiers in aging neuroscience*, 2013, 5
68. Almeida, R. P., et al., 'Effect of cognitive reserve on age-related changes in cerebrospinal fluid biomarkers of Alzheimer disease', *JAMA Neurology*, 2015, 72(6), pp. 699–706

69. 'Elderly playgrounds', *Injury Prevention*, 2006, 12(3), p. 170
70. Sharot, T., *The Optimism Bias: A Tour of the Irrationally Positive Brain*, Vintage, 2011
71. Burnett, D., '"Your film has ruined my childhood!" Why nostalgia trumps logic on remakes', *Guardian*, 1 June 2016
72. Sedikides, C. and T. Wildschut, 'Past forward: nostalgia as a motivational force', *Trends in Cognitive Sciences*, 2016, 20(5), pp. 319–21
73. Zhou, X., et al., 'Counteracting loneliness', *Psychological Science*, 2008, 19(10), pp. 1023–9
74. Caspari, R., 'The evolution of grandparents', *Scientific American*, 2011, 305(2), pp. 44–9
75. Jago, C., 'Always Look on the Bright Side of Death', 2017, http://rationalcancer.blogspot.com/

【Life and Science】MX0015

別讓大腦不開心

神經科學家告訴你「快樂」的祕密，讓我們打造更美滿的生活

The Happy Brain:
The Science of Where Happiness Comes From, and Why

作　　者 ❖ 迪恩．柏奈特（Dean Burnett）
譯　　者 ❖ 鄧子衿
封面設計 ❖ 萬亞雰
內頁排版 ❖ 張靜怡
總 編 輯 ❖ 郭寶秀
責任編輯 ❖ 力宏勳
特約編輯 ❖ 林俶萍
行銷業務 ❖ 許芷瑀

發 行 人 ❖ 凃玉雲
出　　版 ❖ 馬可孛羅文化
104 臺北市中山區民生東路二段 141 號 5 樓
電話：(886) 2-25007696
發　　行 ❖ 英屬蓋曼群島商家庭傳媒股份有限公司城邦分公司
臺北市中山區民生東路二段 141 號 11 樓
客服服務專線：(886) 2-25007718；25007719
24 小時傳真專線：(886) 2-25001990；25001991
服務時間：週一至週五 9:00 ～ 12:00；13:00 ～ 17:00
劃撥帳號：19863813　戶名：書虫股份有限公司
讀者服務信箱：service@readingclub.com.tw
香港發行所 ❖ 城邦（香港）出版集團有限公司
香港灣仔駱克道 193 號東超商業中心 1 樓
電話：(852) 25086231　傳真：(852) 25789337
E-mail：hkcite@biznetvigator.com
馬新發行所 ❖ 城邦（馬新）出版集團【Cite (M) Sdn. Bhd. (458372U)】
41, Jalan Radin Anum, Bandar Baru Seri Petaling,
57000 Kuala Lumpur, Malaysia
電話：(603) 90578822　傳真：(603) 90576622
E-mail：services@cite.com.my

輸出印刷 ❖ 中原造像股份有限公司
初版一刷 ❖ 2022 年 1 月
初版三刷 ❖ 2023 年 11 月
定　　價 ❖ 480 元（如有缺頁或破損請寄回更換）

城邦讀書花園
www.cite.com.tw

ISBN：978-986-0767-57-5（平裝）
ISBN：978-986-0767-56-8（EPUB）

國家圖書館出版品預行編目資料

別讓大腦不開心：神經科學家告訴你「快樂」的祕密，讓我們打造更美滿的生活／迪恩．柏奈特（Dean Burnett）著；鄧子衿譯. -- 初版. -- 臺北市：馬可孛羅文化出版：英屬蓋曼群島商家庭傳媒股份有限公司城邦分公司發行, 2022.01
面；　公分. -- (Life and science ; MX0015)
譯自：The happy brain: the science of where happiness comes from,and why.
ISBN 978-986-0767-57-5（平裝）

1. 快樂　2. 腦部

176.51　　110020646